Stimmen der Kirche

Stimmen der Kirche

Verfaßt von
M. H. Bertram

CONCORDIA PUBLISHING HOUSE
ST. LOUIS, MISSOURI
1961

Copyright 1961 by
Concordia Publishing House
St. Louis, Missouri

ISBN: 978-0-7586-2706-3

MANUFACTURED IN THE UNITED STATES OF AMERICA

Foreword

This book needs no defense, for it is a book which is long overdue. Students who have used it will cherish it long after its textbook value has ceased.

The book is an anthology of German prose and poetry. But it differs from all other German anthologies both in content and purpose. It contains almost exclusively selections bearing in some manner and degree on the Christian faith as confessed by Lutherans. It is, therefore, in a sense a religious textbook. Its purpose is to help pretheological Lutheran students preparing for the Lutheran ministry to become acquainted with German religious and theological thought, to increase their theological vocabulary, and thus to equip them for the professional study of theological works published in the German language.

Lutheranism has its deepest roots in the German language. We need think only of Martin Luther's German Bible and of his two catechisms which did more to spread Lutheranism than any other historical phenomenon. Again, German scholarship continues to make most significant contributions also to Lutheran theology. Finally, two whole generations of The Lutheran Church — Missouri Synod wrote almost exclusively in the German language and bequeathed to their descendants a precious theological heritage in that idiom.

Prof. M. H. Bertram, compiler and editor of the present volume, is known in our Synod as a most successful and experienced teacher of the German language. His selection of readings is evidence also of his wide acquaintance with German authors past and present, European and American. His choice of readings is a singularly happy and judicious one, for it covers so wide a range of theological interests that the book will appeal to both instructor and student. It will be read with delight and profit also by many pastors and laymen whose love of German religious thought and culture has not been uprooted by the American *Zeitgeist*. There are, moreover, selections in this book of such merit and theological depth that even the experienced pastor and theologian will be greatly edified by them.

Naturally no two teachers will use the materials presented by Professor Bertram in precisely the same way. Nor has the compiler and editor made any attempt to grade the readings according to difficulty or to arrange them according to some other pattern. This feature allows for a maximum of freedom on the part of the instructor when making the assignments. Nevertheless Professor Bertram did facilitate the work of the student by adding footnotes and by appending a glossary. The student in need of more lexicographic help will wish to use Schoeffler-Weis, *Taschenwörterbuch der englischen und deutschen Sprache*, II, *Deutsch-Englisch* (Dritte Auflage, 1935, Ernst Klett Verlag, Stuttgart) or the *Pocket Oxford German Dictionary: German-English* (Oxford, At the Clarendon Press, 1951).

We trust that this publication is the harbinger of many more textbooks to be used in our schools of higher learning, and that these textbooks, too, will reflect, as does Professor Bertram's book, the ultimate purpose of all learning in life — the promotion of the glory of God in the face of Jesus Christ.

St. Louis, Mo.   PAUL M. BRETSCHER

Vorwort

Schon seit Jahren hat man in den Colleges unserer Kirche das Bedürfnis nach deutscher Klassenlektüre religiösen Inhalts empfunden. Als Notbehelf hat man hier und da zu kirchlichen Zeitschriften gegriffen, auf welche die Schüler dann abonnieren mußten. Dies hat erklärlicherweise seine Nachteile. Nun beschloß die synodale Behörde für höheres Schulwesen vor etlichen Jahren die Herausgabe eines Buches, das den Bedürfnissen mehr entgegenkommen sollte. Diesem Beschlusse verdankt das vorliegende Buch seine Entstehung.

Der Verfasser war sich von vornherein der Unmöglichkeit bewußt, allen Erwartungen gerecht zu werden, und weiß sich auch jetzt fern von der Befriedigung aller Wünsche und Ansprüche. Dieser Leser wird den einen oder andern schönen Aufsatz vermissen, jener wird die Wahl des einen oder andern verzeichneten mißbilligen. Jede auch nur annähernde Vollständigkeit war natürlich ausgeschlossen. Der Verfasser war bemüht, eine möglichst weite Mannigfaltigkeit zu erzielen. Der Leser wird den Inhalt daher auf Lieder, auf Aufsätze erzählender, historischer, erbaulicher, dogmatischer Art usw. verteilt finden. Zugleich war der Verfasser in seiner Auslese bestrebt, dem Interesse der Altersstufe, für die das Buch bestimmt ist, einigermaßen Rechnung zu tragen. Mit Vorbedacht ist die Wahl im großen und ganzen auf Lektüre sprachlich leichten Inhalts gefallen.

In den Fußnoten wird man eine Fülle von Hinweisen auf Nebenlektüre finden. Da die Zeitschrift "Der Lutheraner" allen Schülern in unsern College-Bibliotheken leicht zugänglich sein wird, ist so häufig auf dieses Blatt hingewiesen. Der Inhalt der vorgeschlagenen Nebenlektüre ermöglicht gelegentliches Zusammenarbeiten mit der Abteilung für Religion wie für Geschichte.... Es wird von Nutzen sein, alle Bibelstellen, auf die verwiesen wird, nachschlagen zu lassen. Auf die Weise macht der Schüler mit so manchem deutschen Bibelvers Bekanntschaft. Etliche von den kürzeren Aufsätzen finden leicht als Sprechübungen Verwendung. Die wenigen Lieder, die berücksichtigt werden konnten, könnten wenigstens zum Teil auswendig gelernt werden.

Außer Luther sind erklärlicherweise hauptsächlich amerikanisch-lutherische Theologen deutscher Zunge hier zu Worte gekommen. Die biographischen Aufzeichnungen mußten aus naheliegenden Gründen knapp gehalten werden. Da der Bedeutung Luthers und Walthers mit einigen wenigen Anmerkungen nicht gedient wäre, fehlt an ihrer Stelle alles Biographische. Die Schüler sollten gehalten sein, anderweitig mit dem Leben dieser Gottesmänner näher bekannt zu werden.

Der Verfasser ist dem Ausschuß (Dr. Arthur C. Repp, Dr. P. M. Bretscher, Dr. E. L. Lüker, Dr. John Sullivan), der die Herausgabe dieses Buches beaufsichtigt hat, für Rat und Tat zu Dank verpflichtet. Besonderen Dank schuldet er Dr. Sullivan, Prof. Everette Meier und Prof. Walter Engelhardt für freundliche Hilfeleistung.

Zweck und Aufgabe des vorliegenden Buches ist u. a., unsere Schüler einigermaßen mit dem religiösen und theologischen Wortschatz deutscher Sprache vertraut zu machen und sie dadurch, wenn auch nur anfangsweise, in den Stand zu setzen, von dem reichen Schatz der lutherischen Kirche, den die deutsche Sprache birgt, Gebrauch zu machen.

Möge Gott seinen Segen geben, daß dieses Buch wenigstens einen geringen Beitrag zur Ausrüstung künftiger Pastoren und Lehrer unserer teuren lutherischen Kirche liefere.

Fort Wayne, Ind.   M. H. Bertram

Table of Contents

	PAGE
Foreword	1
Vorwort	3
Der Weisheit Anfang	9
Fang dein Werk mit Jesu an	10
Nicht ich!	10
Aufschrift über einer Studierstube	10
Vernunft und Schrift	11
Aus Luthers Kleinem Katechismus	11
Das Vaterunser	12
Nachtgebet	13
Weisheit aus Kindermund	13
Luther über das christliche Schulamt	14
Luther und der Katechismus	14
Harre, meine Seele!	16
Beschämtes Vorurteil	16
Hausandacht	17
Pastor Friedrich Wyneken	19
Mosis Ende	24
Paulus in Korinth und seine Rückreise	25
Unterschied des Glaubens und des Unglaubens	29
Ein' feste Burg	30
Aus Luthers Tischreden	32
Von der Heiligen Biblia	32
Ein Kaplan aus der Missouri-Synode. 1862	34
Vom Lohn guter, frommer Werke	37
Auszüge aus Wynekens Schrift	41
Höchster Ruhm	45
Ein Zeugnis Schillers gegen Religionsspöttelei	46
Führe mich!	46
Briefe Luthers an seine Frau	47
Ein Heiratsantrag. Walthers Brief an Fräulein Emilie Bünger	49
Das lutherische Pfarrhaus	53
Vom Himmel hoch	54
Dein Wille geschehe	55
Glaubenstreue	56
Ein seelsorgerliches Gebet	56
Luthers Gebetsleben	57
Ich bete an die Macht der Liebe	59
Christi Blut und Gerechtigkeit	60
Das Kreuz auf dem Kirchhof	60
Hausinschriften	60
Was ich war und was ich jetzt bin	61
Heinrich Melchior Mühlenberg	62

	PAGE
Ein Patenbrief vom alten Wyneken	66
Sprüche Luthers	67
Grabschrift Magdalenchen Luthers	68
Luther über das Predigtamt	68
Aus einem Brief Heinrich Melchior Mühlenbergs	71
Aus Luthers Tischreden	73
Die Gemeinde ein Gebetbuch ihres Pastors	75
"Der Lutheraner"	76
Sylvesterabendpredigt	80
Eine Missionsreise in Michigan im Jahre 1865	88
Luthers Anweisung zum rechten Studium der Theologie	100
Aus Luthers Vorrede auf den Psalter	109
Luthers Liebe zur Natur	112
Prof. August Crämer	113
Vom Beruf der Pastoren und Lehrer	115
Das größte und wichtigste Missionsfeld unserer Synode	119
Das evangelisch-lutherische Gesangbuch	123
Die lutherische Lehranstalt zu Altenburg in Perry County, Mo.	133
Heil dem Hause	139
Nicht Natur, nicht Schicksal, nicht der Himmel, sondern Gott	140
Aus Luthers Sendschreiben vom Dolmetschen	142
Befiehl du deine Wege	146
Luthers Ermahnung an die Bürgermeister und Ratsherren	147
Der Toren Reden	153
Jugendfreude	154
Aus Luthers Auslegung der Epistel St. Pauli an die Galater	161
Brief Luthers an den Musikanten Ludwig Senfeln	164
Schöne Gewohnheiten	166
Ich habe nun den Grund gefunden	166
Deine Toten werden leben und mit dem Leichnam auferstehen	167
Die Verwerflichkeit des Unglaubens	169
Wer soll Theologie studieren?	172
Die Wesensbestandteile des seligmachenden Glaubens	173
Grüß Gott	181
Gott erhalte unserer Synode ein gottseliges Ministerium	182
Heines Lossagung vom Atheismus	186
Luther ein Seelsorger für die heutige Zeit	187
Aus einem Ausspruch Heines über Luthers Bedeutung	197
Aus Walthers "Die Stimme unsrer Kirche in der Frage von Kirche und Amt"	198
O Haupt voll Blut und Wunden	212
Ich bin getauft auf deinen Namen	213
Lobe den Herren	214
Luther in seiner letzten Stunde	215
Das Gebet, das ihn seine Mutter lehrte	217
Glossary	219

Stimmen der Kirche

Der Weisheit Anfang

J. W. Theiß

John William Theiss (1863—1932) served parishes in Ohio, Oregon, and California. Prof. Aug. Crull said of his poetry: "Bei aller Korrektheit und Schönheit der äußeren Form atmen sie tiefes und inniges Gefühl." Collections of poems by Theiss: "Gepflückt am Wege"; "In der Feierstunde."

Bist du der Weisheit ohne Gott beflissen,
Halt ein! du sammelst Schalen ohne Kern.
Du bleibst ein Narr bei deinem höchsten Wissen,
Der Weisheit Anfang ist die Furcht des Herrn.

Was gilt's,[1] ob du mit stolzer Geistesschwinge[2]
Durchs Weltall fährst und schwebst von Stern zu Stern?
Das eigene Wissen wird dir nur zur Schlinge,
Der Weisheit Anfang ist die Furcht des Herrn.

Willst du die Welt, willst du dich selbst verstehen
Und Gott erkennen, sei's auch[3] nur von fern,
Mußt du beim Heil'gen Geist zur Schule gehen,
Der Weisheit Anfang ist die Furcht des Herrn.

Des Glaubens Abc im Buch der Bibel
Mit Demutsinn und heil'gem Eifer lern'!
Du weißt nichts von dir selbst, du brauchst die Fibel,
Der Weisheit Anfang ist die Furcht des Herrn.

Ob dich die Menschen einen Toren heißen,
Sitz Gott zu Füßen, trag die Schande gern!
Die Ewigkeit wird doch den Satz beweisen:
Der Weisheit Anfang ist die Furcht des Herrn.

---

[1] was gilt's? (welchen Wert hat es?) — what will it profit?
[2] die Geistesschwinge (die Schwinge — the wing) — soaring of the mind.
[3] sei's auch — even though it be.

Fang dein Werk mit Jesu an[1]

Fang dein Werk mit Jesu an, Jesus hat's in Händen;
Jesum ruf zum Beistand an, Jesus wird's wohl enden.
Steh mit Jesu morgens auf, geh mit Jesu schlafen,
Führ' mit Jesu deinen Lauf,[2] lasse Jesum schaffen.[3]

Nicht ich!

In der Schweiz steht ein Kreuz am Wege, daran sind zwei Worte geschrieben: „Ich" und „Er", das „Ich" ist durchstrichen, das „Er" unterstrichen. Dies Kreuz hält eine ebenso kurze wie treffende Predigt über den Text Gal. 2, 20: „Ich lebe aber, doch nun nicht ich, sondern Christus lebet in mir. Denn was ich jetzt lebe im Fleisch, das lebe ich in dem Glauben des Sohnes Gottes, der mich geliebet hat und sich selbst für mich dargegeben."

Aufschrift über einer Studierstube

Johann Michael Dillherr, der im Jahre 1669 als Pastor zu Nürnberg starb und durch viele schöne Erbauungsschriften bekannt geworden ist, hatte zur Nachricht für die, welche ihn besuchen wollten, folgende Aufschrift über der Tür seines Studierzimmers aufgehängt:

Steh still, lieber Gast! Klopfe nicht an und störe mich nicht, es sei denn, daß[1] es die hohe Not erfordere. Wisse, daß ich die Vormittagsstunden meinem Gott und den Geschäften meines Amtes gewidmet habe. Hast du aber etwas mit mir zu besprechen, daß einigen Aufwand[2] der kostbaren Zeit wert ist, so seien die Nachmittagsstunden für dich, doch also, daß du bedenkest, daß wir für jede einzelne Stunde Gott werden Rechenschaft geben müssen.

---

[1] No. 324 in the German hymnal of The Lutheran Church — Missouri Synod.

[2] führ' mit Jesu deinen Lauf — take Jesus into your life, run your course under Jesus' guidance.

[3] lasse Jesum schaffen — commit it to Jesus' care.

[1] es sei denn, daß — unless, except if.

[2] einigen (etwas) Aufwand — some expenditure.

Vernunft und Schrift

Luther

Vernunft ist auch ein Licht, und ein schönes Licht. Aber den Weg und den Fuß, der da soll aus den Sünden und aus dem Tod gehen zur Gerechtigkeit und zum Leben, kann es nicht weisen noch treffen, sondern bleibt in Finsternis. Gleichwie unsre Wachslichter nicht erleuchten den Himmel, auch die Erde nicht, sondern die engen Winkel in den Häusern, die Sonne aber erleuchtet Himmel, Erde und alles: also ist Gottes Wort auch die rechte Sonne, die uns den ewigen Tag gibt, zu leben und fröhlich zu sein.

Aus Luthers Kleinem Katechismus

Der Apostolische Glaube mit Luthers Erklärung

Der erste Artikel

Ich glaube an Gott den Vater, allmächtigen Schöpfer Himmels und der Erden.

Was ist das?

Ich glaube, daß mich Gott geschaffen hat samt allen Kreaturen, mir Leib und Seele, Augen, Ohren und alle Glieder, Vernunft und alle Sinne gegeben hat und noch erhält, dazu Kleider und Schuh, Essen und Trinken, Haus und Hof, Weib und Kind, Acker, Vieh und alle Güter; mit aller Notdurft und Nahrung des Leibes und Lebens reichlich und täglich versorget, wider alle Fährlichkeit beschirmet und vor allem Übel behütet und bewahret; und das alles aus lauter väterlicher, göttlicher Güte und Barmherzigkeit, ohne alle mein Verdienst und Würdigkeit. Des alles ich ihm zu danken, zu loben und dafür zu dienen und gehorsam zu sein schuldig bin. Das ist gewißlich wahr.

Der zweite Artikel

Und an Jesum Christum, seinen einigen Sohn, unsern Herrn, der empfangen ist von dem Heiligen Geist, geboren aus Maria der Jungfrau, gelitten unter Pontio Pilato, gekreuziget, gestorben und begraben, niedergefahren zur Hölle, am dritten Tage wieder auferstanden von den Toten, aufgefahren gen Himmel, sitzend zur Rechten Gottes, des allmächtigen Vaters, von dannen er kommen wird, zu richten die Lebendigen und die Toten.

Was ist das?

Ich glaube, daß Jesus Christus, wahrhaftiger Gott, vom Vater in Ewigkeit geboren, und auch wahrhaftiger Mensch, von der Jungfrau Maria geboren, sei mein Herr, der mich verlornen und verdammten Menschen erlöset hat, erworben und gewonnen, von allen Sünden, vom Tode und von der Gewalt des Teufels, nicht mit Gold oder Silber, sondern mit seinem heiligen, teuren Blut und mit seinem unschuldigen Leiden und Sterben, auf daß ich sein eigen sei und in seinem Reich unter ihm lebe und ihm diene in ewiger Gerechtigkeit, Unschuld und Seligkeit, gleichwie er ist auferstanden vom Tode, lebet und regieret in Ewigkeit. Das ist gewißlich wahr.

Der dritte Artikel

Ich glaube an den Heiligen Geist, eine heilige christliche Kirche, die Gemeinde der Heiligen, Vergebung der Sünden, Auferstehung des Fleisches und ein ewiges Leben. Amen.

Was ist das?

Ich glaube, daß ich nicht aus eigener Vernunft noch Kraft an Jesum Christum, meinen Herrn, glauben oder zu ihm kommen kann, sondern der Heilige Geist hat mich durch das Evangelium berufen, mit seinen Gaben erleuchtet, im rechten Glauben geheiliget und erhalten, gleichwie er die ganze Christenheit auf Erden berufet, sammelt, erleuchtet, heiliget und bei Jesu Christo erhält im rechten einigen Glauben, in welcher Christenheit er mir und allen Gläubigen täglich alle Sünden reichlich vergibt und am jüngsten Tage mich und alle Toten auferwecken wird und mir samt allen Gläubigen in Christo ein ewiges Leben geben wird. Das ist gewißlich wahr.

Das Vaterunser

Vater unser, der du bist im Himmel.
Geheiliget werde dein Name.
Dein Reich komme.
Dein Wille geschehe, wie im Himmel, also auch auf Erden.
Unser täglich Brot gib uns heute.
Und vergib uns unsere Schuld, als wir vergeben unsern Schuldigern.
Und führe uns nicht in Versuchung.
Sondern erlöse uns von dem Übel.
Denn dein ist das Reich und die Kraft und die Herrlichkeit
In Ewigkeit. Amen.

Nachtgebet[1]

Müde bin ich, geh' zur Ruh', schließe meine Äuglein zu:
Vater, laß die Augen dein über meinem Bette sein!

Hab' ich Unrecht heut' getan, sieh es, lieber Gott, nicht an!
Deine Gnad' und Christi Blut machen allen Schaden gut.[2]

Alle, die mir sind verwandt, Gott laß ruhn in deiner Hand!
Alle Menschen, groß und klein, sollen dir befohlen sein.[3]

Weisheit aus Kindermund

Auf einem Teeabend[1] der Altonaer[2] Diakonissenanstalt[3] 1894 erzählte Bischof Ruperti von einer Visitation des Religionsunterrichts in einem Gymnasium. Im Laufe des Unterrichts fragte der Lehrer, ob es wohl etwas gäbe, was Gott nicht könnte. Wahrscheinlich war er beim ersten Artikel[4] und erklärte die Worte: „allmächtigen Schöpfer Himmels und der Erden." Die Frage war nicht leicht, und mancher Erwachsene hätte sich lange besinnen müssen; auch der zuhörende Bischof Ruperti und die übrigen Herren horchten gespannt auf, was für eine Antwort wohl darauf käme; sie erwarteten jedenfalls, daß gesagt würde: „Gott könne nicht sündigen." Aber es kam ganz anders. Erst gab es ein dumpfes Schweigen auf den Schulbänken, und keine Hand regte sich. Aber siehe da! Ein kleiner Bursche meldete sich. „Nun, was kann Gott nicht?" Der Kleine sagte: „Gott kann nicht schlafen." Allgemeine Verwunderung ob[5] dieser Antwort! Der Lehrer aber fragte weiter: „Warum kann denn Gott nicht schlafen?" „Weil er ja", antwortete der kleine Knirps wieder in selbstverständlichem Tone, „weil er wachen muß, wenn ich schlafe!" „Kannst du mir das auch aus der Bibel be-

---

[1] This song, written by Luise Hensel (1798—1876), the daughter of a Lutheran pastor, is prayed by thousands of German children evening after evening.

[2] Schaden gutmachen — to make amends for damage or wrongdoing.

[3] befohlen (empfohlen) — commended to you.

[1] der Teeabend — evening tea party.

[2] Altona — large city near Hamburg.

[3] die Diakonissenanstalt — home for deaconesses.

[4] der erste Artikel — the First Article of the Second Chief Part in the Catechism.

[5] ob (related to über) — über.

weisen?" Einen Augenblick besinnt sich der Junge. Dann sagt er: "Siehe, der Hüter Israels schläft noch schlummert nicht" (Ps. 121, 4). "Da hatte", so schloß Ruperti, "der Kleine uns allen eine gute Predigt vom Gottvertrauen gehalten."

Luther über das christliche Schulamt

Das sage ich kürzlich[1]: einen fleißigen, frommen Schulmeister oder Magister, oder wer es ist, der Knaben treulich zieht[2] und lehrt, dem kann man nimmermehr genug lohnen und mit keinem Gelde bezahlen, wie auch der Heide Aristoteles[3] sagt. Noch[4] ist's bei uns so schändlich verachtet, als sei es gar nichts, und wollen dennoch Christen sein. Und ich, wenn ich vom Predigtamt und anderen Sachen ablassen könnte oder müßte, so wollte ich kein Amt lieber haben, denn[5] Schulmeister oder Knabenlehrer sein. Denn ich weiß, daß dies Werk nächst dem Predigtamt das allernützlichste, größte und beste ist, und weiß dazu noch nicht, welches unter beiden das beste ist. Denn es ist schwer, alte Hunde bändig und alte Schälke fromm zu machen, daran doch das Predigtamt arbeitet und viel umsonst arbeiten muß, aber die jungen Bäumlein kann man besser biegen und ziehen.

Luther und der Katechismus

Ich, wiewohl ich ein alter Doktor der Heiligen Schrift bin, so bin ich doch noch nicht aus der Kinderlehre[1] gekommen und verstehe die Zehn Gebote Gottes, den Glauben[2] und das Vaterunser noch nicht recht, ich kann's nicht ausstudieren noch auslernen, aber ich lerne noch täglich daran und bete den Katechismus mit meinem Sohn Hans und mit meinem Töchterlein Magdalena.

[1] kürzlich — in brief.
[2] ziehen (erziehen) — to train.
[3] Aristotle (384—322 B.C.) became tutor of Alexander the Great; later returned to Athens, where he "pursued a program of investigation into almost every branch of human knowledge."
[4] noch (dennoch) — nevertheless.
[5] denn (als) — than.

[1] die Kinderlehre — instruction in the Catechism.
[2] der Glaube — the Apostles' Creed.

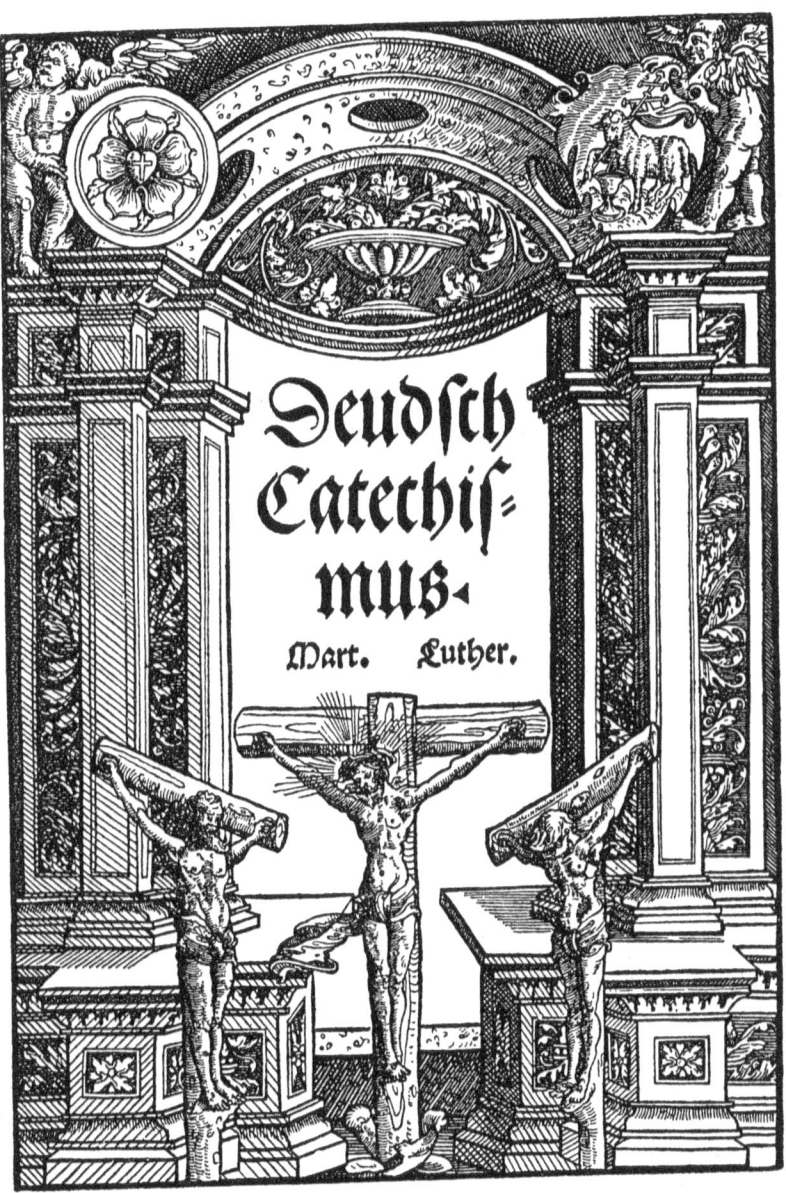

Titelblatt des Großen Katechismus, 1529

Harre, meine Seele!

Friedrich Räder. 1815—1872

Harre, meine Seele, harre des Herrn![1]
Alles ihm befehle, hilft er doch so gern.
Sei unverzagt, bald der Morgen tagt,
Und ein neuer Frühling folgt dem Winter nach.
In allen Stürmen, in aller Not
Wird er dich beschirmen, der treue Gott!

Harre, meine Seele, harre des Herrn!
Alles ihm befehle, hilft er doch so gern.
Wenn alles bricht, Gott verläßt dich nicht:
Größer als der Helfer ist die Not ja nicht.
Ewige Treue, Retter in Not,
Rett' auch unsre Seele, du treuer Gott!

Beschämtes Vorurteil

Als Herzog Georg[1] ein Exemplar von dem Buche Luthers, „Ob Kriegsleute auch in einem seligen Stande sein können", in die Hände bekam, auf welchem Luthers Name weggelassen war, gefiel ihm dasselbe so sehr, daß er zu Lucas Cranach,[2] der damals für ihn in Dresden arbeitete, sagte: „Siehe, Lucas, du rühmst immer deinen Mönch zu Wittenberg, den Luther, wie der allein so gelahrt[3] sei und allein gut Deutsch reden und allein gute Bücher schreiben könne, aber du irrst hierin sowohl als auch in andren Stücken mehr. Siehe, da habe ich auch ein Büchlein, das ist ja gut und besser denn es der Luther nimmer mehr[4] machen könnte." Der Maler besieht das Buch und ein anderes Exemplar desselben Buches aus der Tasche ziehend, spricht er: „Gnädi-

---

[1] des Herrn harren — to put one's trust in the Lord patiently.

[1] George the Bearded (1471—1539), Duke of Saxony, was a bitter enemy of Luther; applauded his 95 Theses, but opposed his doctrine of justification by faith; yet he died relying solely on the mercies of Christ.

[2] Lucas Cranach (1473—1553); his real name was L. Mueller; known as "the painter of the Reformation"; court painter of Elector Frederick the Wise in Wittenberg; painted several pictures of Luther.

[3] gelahrt (gelehrt) — learned.

[4] nimmermehr — ever.

ger Fürst und Herr, dies Büchlein hat Luther gemacht, nur daß sein Name nicht darauf steht. Hier ist eins, das er mir selbst gegeben, darauf sein Name gedruckt ist." Der Herzog sah ein, daß dem so sei,⁵ wurde zornig und sprach: „Ist's doch schade, daß ein heilloser⁶ Mönch ein so gut Büchlein hat machen sollen!"⁷

Hausandacht

Ich war etwa zehn Jahre lang als Soldat im ganzen hannoverschen Lande¹ herumgezogen bis zu meinem dreißigsten Jahre. Ich hieß wohl ein Christ, aber ich lebte ohne Gott und ohne Christentum dahin. Da kamen wir eines Tages in ein Dorf, und ich wurde bei einem Bauer einquartiert, der mich freundlich aufnahm. Da es gerade Mittag war, führte der Bauer mich in die Stube, wo er und seine Familie nebst Knechten und Mägden alle an einem Tisch saßen. Aber wie wurde mir zumute, als vor dem Essen alle mit höchster Ehrerbietung aufstanden, und der Hausvater mit andächtiger Stimme anhob: „Aller Augen warten auf dich, Herr" usw. (Pf. 145, 15), worauf das Vaterunser folgte und dann die Worte: „Diese Speise segne uns Gott Vater, Sohn und Heiliger Geist. Amen." Alle waren still und andächtig wie in der Kirche, sogar der Kleinste, ein Knabe von drei Jahren. Ich war aus natürlicher Höflichkeit mit aufgestanden. Aber die Beine zitterten mir vor innerer Bewegung. Ich aß wenig, und der Bauer meinte, ich sei blöde, und nötigte mich freundlich. Als alle gesättigt waren — und man war recht fröhlich beim Essen gewesen — standen alle wieder so ehrerbietig auf wie vorher und falteten die Hände, und der Hausvater sprach: „Danket dem Herrn, denn er ist freundlich" usw. (Pf. 106, 1), und dann Luthers Danksagung² bis zum Ende. Dann wünschten sich alle eine gesegnete Mahlzeit,³ und jeder ging an seine Arbeit.

⁵ dem so sein — to be true.
⁶ heillos — wicked, impious.
⁷ hat machen sollen — should have been permitted to write.

¹ das hannoversche Land — Prussian province of Hannover; a kingdom prior to 1866.
² Luthers Danksagung — Luther's Thanks (Gratias) in Luther's Small Catechism.
³ eine gesegnete Mahlzeit — according to German custom, guests and hosts wish each other "eine gesegnete Mahlzeit" at the end, and often also at the beginning, of a meal. Freely translated: I hope you enjoy the meal!

Still und in mich gekehrt,⁴ setzte ich mich in eine Ecke. Da kam der kleine Junge zu mir und bat mich: „Erzähl' mir einmal etwas vom lieben Heiland!" Ich fing in meiner Verlegenheit an, von Lämmern und Schafen, Ochsen, Eseln und Pferden zu erzählen. Aber der Knabe blieb bei seiner ersten Bitte und drängte mich so lange, bis ich endlich sagte: „Vom Heiland weiß ich nichts." „Und du bist so groß", sagte das Kind, „und weißt nichts vom Heiland? Dann kommst du auch nicht in den Himmel!" An den Himmel hatte ich freilich auch noch nicht gedacht, und es war mir schrecklich, aus Kindesmund mein Urteil zu hören.

Ich besuchte nun meine Kameraden im Dorf, kam aber aus der Unruhe nicht heraus und ging erst spät nach Haus, um beim Abendessen nicht zugegen sein zu müssen. Doch hatte man mir im Hause mein Teil freundlich aufbewahrt. Ich fing an zu essen, da kam der kleine Junge, der eben zu Bett sollte, wieder angelaufen, sah mich ernst an und sagte: „Erst beten, dann essen!" Das war ein neuer, noch härterer Stoß. Ich konnte ja nicht beten. Da faltete das Kind seine Hände und betete: „Komm, Herr Jesu, sei unser Gast und segne uns, und was du bescheret hast!" „So beten!" sprach das Kind und ging dann zu Bett. Mir blieben fast die Bissen im Munde stecken.

Dann kam wieder das ganze Hausgesinde herein, und nun wurde Abendandacht gehalten. Erst wurde gesungen, daß es einem durch die Seele drang, dann ein Kapitel aus der Bibel gelesen. Endlich knieten alle nieder, ich mit, und da wurde gebetet um Vergebung der Sünden, um den Heiligen Geist, um den Schutz Gottes usw. Ich schämte mich, daß ich die Augen nicht aufschlagen mochte, und doch war mir so wohl ums Herz!⁵ Da habe ich gebetet, ehe ich zu Bett ging: „Du Gott dieses Hauses, sei auch mein Gott!"

Von da an ist's durch Gottes Wort anders bei mir geworden, ich habe den Heiland im Glauben gefunden, weiß auch, daß ich in den Himmel komme, und freue mich darauf, habe auch diesen meinen Herrn und Heiland und sein Wort und Sakrament lieb.

⁴ in sich gekehrt — lost in thought.
⁵ mir ist's so wohl ums Herz — I feel so lighthearted.

Pastor Friedrich Wyneken

Friedrich Konrad Wyneken (1810—1876), the "father of home missions in The Lutheran Church — Missouri Synod." The spiritual needs of his fellow Lutherans in America persuaded him to come to this country in 1838; was sent to the West by the General Synod; became pastor in Fort Wayne and Friedheim, Ind., at the same time covering a vast expanse of territory in Indiana, Ohio, and Michigan; in 1841 returned to Germany in quest of help; in 1845 accepted call to St. Paul Congregation in Baltimore; severed his connection with General Synod and joined the Missouri Synod; became second President (succeeding Dr. Walther) of Missouri Synod; in 1864 was relieved of his office because of his advanced age; moved to Cleveland, where he served Trinity Congregation; died in San Francisco.

Wyneken wurde am 13. Mai 1810 in Hannover geboren. In ihm hatte sich Gott einen künftigen Missionar und Arbeiter für seine Kirche ausgerüstet. Gott hatte ihm einen gesunden, kräftigen Körper gegeben, der viele Arbeit und Strapazen ertragen konnte; in ihm wohnte auch

Pastor Friedrich Wyneken

ein munterer, lebhafter, stets schlagfertiger Geist. Er war ausgerüstet mit einem starken Willen und vorzüglichen Lehrgaben. Liebenswürdig und gewinnend war er in seinem ganzen Wesen. Dazu hatte er etwas Tüchtiges gelernt, unter anderm auch die englische Sprache, was ihm bei seiner Arbeit sehr zustatten kommen sollte. Vor allen Dingen aber hatte er seinen Heiland kennen und lieben gelernt, stand im unerschütterlichen Bibelglauben und war ein bekenntnistreuer Lutheraner,[1] obwohl er zu dieser Zeit noch nicht zur vollen Klarheit in allen Lehren gekommen war. Es beseelte ihn ein herzliches Erbarmen gegen seine Miterlösten. Durch Flugschriften, die in seine Hände kamen, während er in Deutschland auf Anstellung in einer Gemeinde wartete, wurde er bekannt mit der Not seiner Glaubensbrüder in Amerika. Diese Not ging ihm zu Herzen und ließ ihm keine Ruhe, bis er sich entschloß, hinüberzureisen und seinen Brüdern das Brot des Lebens zu brechen. Später schrieb er darüber: „Ich bin mit Widerwillen und großem Kampf hingegangen, aus Pflicht und von meinem Gewissen gezwungen, dies ist mein Trost gewesen, daß ich sagen konnte: ich mußte hinüber."

Im Sommer des Jahres 1838, 28 Jahre alt, landete er in der Stadt Baltimore als ein Fremdling. Nachdem zuerst die Methodisten versucht hatten, ihn zu „bekehren", fand er endlich in der Stadt einen Mann,[2] der Glied der Pennsylvaniasynode war. Durch diesen wurde er auf den Weg gebracht, sein Ziel zu erreichen. Er wollte die zerstreuten Lutheraner im damaligen Westen aufsuchen. Bis Pittsburgh konnte er mit Dampfboot und Eisenbahn reisen. Nachdem er den Ohio-Fluß überschritten hatte, kaufte er sich Pferd und Sattel, und nun ging es in den Urwald hinein. Schon im Staate Ohio traf er verwahrloste Häuflein Lutheraner an, denen er predigte. Aber er hielt sich nicht auf, weil er vor Einbruch des Winters nach Indiana wollte. Sein Auftrag war, nach Adams County in Indiana zu reisen und von da aus die deutschen Ansiedlungen aufzusuchen. Er wurde dort[3] hingewiesen zu dem Vater Buuck als einem, der viel auf Gottes Wort halte. Es bestand dort schon eine kleine Gemeinde, die von Fort Wayne aus bedient wurde. Der Pastor in Fort Wayne aber war einige Tage vor Wynekens Ankunft gestorben.[4] Er machte sich nun gleich auf den Weg, die Gemeinde in Fort Wayne, die ja nun auch ohne Pastor war, aufzusuchen. Die Leute nahmen ihn mit großen Freuden auf und baten ihn, er möge dort bleiben. Er versprach zwar, sie bedienen zu wollen, aber wollte dabei freie Hand behalten, andere Siedlungen aufzusuchen. Schon am 2. Oktober 1838 trat er seine erste große Missionsreise an. Nordwestlich ziehend, kam er bis an den Michigansee und wandte sich dann östlich durch South Bend und Elkhart und machte einen Abstecher nach Michigan hinein. Dann wandte er sich südlich, auf der Westseite des

---

[1] ein bekenntnistreuer Lutheraner — one true to the Lutheran Confessions.

[2] This man was Pastor Häsbart, who had organized St. Paul Congregation just a few years before.

[3] The congregation at Friedheim, Adams County, Indiana.

[4] Pastor Jesse Hoover (Huber), the first pastor of St. Paul Congregation in **Fort Wayne.**

Staates Indiana bis gegen Indianapolis hinunter. Am 16. November traf er wieder in Fort Wayne ein. Er hatte gegen 600 Meilen zurückgelegt, und das alles zu Pferde auf noch ungebahnten Wegen. Überall hatte er verlassene Lutheraner gefunden, hatte an mehreren Orten Gemeinden gesammelt und versprochen, sie weiter zu bedienen. Im Dezember schon wollte der vor Liebe brennende Missionar seine zweite Reise antreten, da aber sein Pferd lahm war, mußte die Reise bis Januar 1839 aufgeschoben werden. Sein diesmaliger Besuch galt ganz besonders South Bend und Elkhart. Schon am ersten Tage mußte er sein Pferd führen und den ganzen Weg zu Fuß machen. Zwei Meilen hinter Elkhart blieb er liegen[5] und mußte umkehren, so leid es ihm tat,[6] da überall Gottesdienste angesagt worden waren.

Wie arbeitete nun Wyneken, wenn er in die Ansiedlung kam? Gleich nach seiner Ankunft wurden Boten ausgesandt, die Leute zusammenzurufen. Die Versammlungen wurden in Häusern gehalten, wo es am passendsten war. Nachdem alle so ziemlich zusammengekommen oder aus Wirtshäusern geholt worden sind, hält der Missionar ihnen eine zu Herzen gehende Predigt, wobei vielen die Freudentränen über die Backen rollen. Nach dem Gottesdienst wird Rat gehalten, über Zusammenschluß zu einer Gemeinde und weitere Versorgung mit Gottes Wort. Sind ungetaufte Kinder vorhanden, so werden diese getauft, die Kranken werden besucht, und wenn noch irgendwie Zeit ist, werden die größeren Kinder im Katechismus unterrichtet. Dann reitet der Missionar weiter in den Urwald und kommt erst nach Wochen und Monaten wieder. So geht es alle Tage bei Wyneken in der Arbeit für seinen Heiland.

Seine Heimat hatte Wyneken in Fort Wayne und in Adams County. Diese Gemeinden beriefen ihn schon im ersten Jahre zu ihrem Pastor, gaben ihm aber Freiheit dabei, der Mission zu dienen. In Fort Wayne war damals weder eine Kirche noch ein Pfarrhaus. Gepredigt wurde hin und her in den Häusern. Eine Wohnstube hatte Wyneken bei dem Müller Rudisill. Der Konfirmandenunterricht wurde auch in Privathäusern abgehalten. Nach einiger Zeit verlegte Wyneken seine Heimat nach Adams County, wo ihm der alte Buuck ein Pfarrhaus einräumte. Das war ein sonderbares Pfarrhaus. Es war ein Blockhaus, etwa 16 und 8 Fuß groß. Die Ritzen zwischen den Blöcken waren nur mit Moos ausgestopft. Der Boden bestand aus rohen Bohlen. Ein ordentliches Fenster war nicht vorhanden, nur einige Fensterscheiben waren zwischen den Blöcken angebracht. In einer Ecke des Hauses stand eine rohgezimmerte Bettstelle mit Strohsack und Bettwerk. Der einzige Tisch und Stuhl waren aus einem Baumstamme gesägt. Das war die

---

[5] liegen bleiben — to get stuck.
[6] so leid es ihm tat — no matter how loath he was.

Heimat des Missionars, dort erholte er sich von den Beschwerden der Reisen.

Und nun die Erscheinung des Missionars selbst! Für den gottesdienstlichen Gebrauch suchte er sich einen anständigen schwarzen Anzug zu bewahren, der aber meistens schon Spuren des Alters oder von dem Leben im Walde zeigte. Auf seinen Reisen trug er, was er gerade hatte, einerlei[7] von welcher Farbe es war oder nach welcher Mode es zugeschnitten sein mochte. Bei Regenwetter kam er in folgendem Aufzuge angeritten: Der alte Schlapphut war mit einem roten Taschentuch auf den Kopf festgebunden, um die Schultern hing ein großer Mantelkragen von grünem Tuch, und die Beine steckten in gelben Hosen von Lederzeug. Bei aller Arbeit[8] und bei aller Armut aber war er fröhlich in seinem Berufe.

Je weiter aber der Missionar herumkam und je länger er seinen Arbeiten nachging, desto deutlicher wurde es ihm, daß er Hilfe haben müsse, wenn nicht viele Seelen verloren gehen sollten. Oft hatte er sich brieflich um Hilfe nach Deutschland gewandt. Seine Briefe waren nicht verstanden worden, und keine Hilfe kam. Es war deshalb sein sehnlicher Wunsch, nach Deutschland zu reisen und persönlich um Arbeiter zu werben. Aber er wollte seine Gemeinden nicht unversorgt lassen.

Als nun im Mai 1841 ein Missionar von Deutschland[9] bei ihm eintraf, der seine Arbeit zeitweilig übernehmen konnte, rüstete er sich zur Reise. Er konnte mit um so größerer Ruhe die Reise antreten, da er doch nicht hätte predigen können, denn durch die vielen Reisen und das häufige Predigen hatte er sich ein Halsleiden zugezogen, so daß er nicht laut reden konnte. Kurz vor seiner Abreise trat er mit einer Tochter des alten Buuck[10] in den heiligen Ehestand. Seine junge Ehefrau begleitete und pflegte ihn auf der Reise in die alte Heimat. In Deutschland angekommen, suchte er zuerst ärztliche Hilfe gegen sein Leiden. Bald aber begann er für seine Brüder in Amerika zu wirken.

Zunächst schrieb er an viele einflußreiche Personen, schilderte ihnen die amerikanischen Zustände und bat sie, sie möchten auf Mittel und Wege sinnen, der Not abzuhelfen. Vornehmlich begehrte er Männer, die bereit wären, um Christi willen die mühsame Missionsarbeit in unserm Lande zu übernehmen. Danach machte er sich auf den Weg, in den größeren Städten vor den Gemeinden auch mündlich zu werben und sich mit leitenden Männern der Kirche zu beraten. Dies tat er zum Beispiel in Hannover, Leipzig, Dresden, München und Neuen-

---

[7] einerlei — it was quite indifferent.

[8] bei aller Arbeit — despite all work.

[9] Missionary G. Jensen.

[10] Marie Sophie Buuck.

dettelsau.¹¹ Am letztgenannten Ort war es vor allen Pastor Löhe,¹² der in der Kirche ein hohes Ansehen genoß, den er für sich gewann. In mehreren Städten bildeten sich Missionsvereine, die helfen wollten, Missionare zu gewinnen und hinüberzusenden. Pastor Löhe fing sogleich an, Jünglinge vorzubereiten für den Dienst in der lutherischen Kirche Amerikas. In der Anstalt Pastor Löhes wurde der Grund gelegt zu dem praktischen Predigerseminar, das später nach Amerika verlegt wurde, und aus welchem Hunderte von treuen Arbeitern hervorgegangen sind.

Endlich verfaßte Pastor Wyneken seine Schrift „Die Not der deutschen Lutheraner in Amerika",¹³ die in beredten Worten die Notlage darstellte und die Bitte um Hilfe zu Gehör brachte. Selten hat wohl eine kleine Schrift größere Wirkung gehabt. Durch sie wurde eine ganze Anzahl Kandidaten bewogen, nach Amerika zu kommen, unter ihnen Dr. Sihler¹⁴ und die nachmaligen Professoren Biewend¹⁵ und Crämer.¹⁶ Noch ehe Wyneken bereit war, heimzukehren, waren ihm schon Missionsarbeiter vorausgeeilt.

For additional information on Wyneken see E. A. W. Krauß, "Lebensbilder aus der Geschichte der christlichen Kirche," pp. 734—794; "Der Lutheraner," I, 31; XXXII, 15, 113; LIV, 3, 10; LXVI, 136, 151, 167, 184; XCVII, 140, 149, 243, 304, 401; C. Hochstetter, "Die Geschichte der Missouri-Synode," pp. 91—119.

11 In 1849 Pastor Löhe founded the Neuendettelsau Missionary Society, whose special mission was to look after the spiritual needs of the German immigrants in America and the American Indians.

12 Johann Konrad Löhe (1808—1872) quickly responded to Wyneken's plea; he collected money to establish the practical seminary in Fort Wayne, which is located in Springfield, Ill., today; later the doctrine of the church and the ministry separated him from the Missouri Synod; he became the founder of the Iowa Synod in 1854. For additional information on Löhe see J. Deinzer, "Wilhelm Löhe"; T. Schäfer, "Wilhelm Löhe"; "Der Lutheraner," XCIX.

13 See excerpts on page 41.

14 Wilhelm Sihler (1801—1885) was impelled to come to America by Wyneken's "Notruf"; became Wyneken's successor in Fort Wayne; first Vice-President of the Missouri Synod and first President of the Central District of that body. See Sihler's "Autobiographie," C. P. H., 1880; "Der Lutheraner," XLII, 17, 26, 34, 42, 50, 59, 67, 83, 91.

15 Adolph Friedrich Theodor Biewend (1816—1858) was pastor in Washington; taught at Columbia College of that city; taught at the practical theological seminary in Fort Wayne; later, at Concordia Seminary in St. Louis.

16 For biographical data on August Crämer see p. 113.

Mosis Ende

5 Mos. 34

(G. Stöckhardts „Die biblische Geschichte des Alten Testaments")

> Georg Stöckhardt (1842—1913) served a German Lutheran congregation in Paris, France; was private tutor in Old and New Testament exegesis at Erlangen; pastor of a congregation in Planitz, Saxony, where he became acquainted with the theological literature of the Missouri Synod; accepted a call to Holy Cross Congregation in St. Louis in 1878; was called to a chair at Concordia Seminary, Saint Louis, in 1887. An excellent exegete, as his commentaries on Romans, Ephesians, etc., attest. His "Biblische Geschichte" is widely known.

Jetzt war die Stunde gekommen, da Gott seinen treuen Diener Mose von hinnen [1] nehmen wollte. Er hatte sein Werk vollbracht. Vorher zeigte Gott noch dem Mose vom Berg Nebo aus, der sich im Gefilde Moabs erhob, das gelobte Land [2] vom fernen Norden an bis zum Süden, bis hin zum Mittelmeer. Das natürliche Auge reichte nicht so weit. Es war eine Wunderwirkung Gottes, daß Mose das ganze Land überschaute und einen Eindruck von seiner Güte und Fruchtbarkeit bekam. Das war eine letzte Wohltat Gottes, die Mose in seinem Leben zuteil wurde. Etwas Ähnliches ist es, wenn Gott einem frommen Christen vor seinem Tode noch einen Einblick in die jenseitige Welt,[3] einen Vorgeschmack der himmlischen Seligkeit gewährt.

Dort, auf dem Berg Nebo starb Mose nach dem Wort des Herrn. Das war ein wunderbares Sterben. Seine Augen waren nicht dunkel geworden, und seine Kraft war nicht verfallen. Er starb, da er noch in voller Kraft stand, weil der Herr es wollte. Der Herr nahm ihn aus diesem irdischen Leben hinweg. Doch etwas Ähnliches gilt von allen Knechten Gottes. Die leben und sterben dem Herrn, sterben nach des Herrn Willen, zu der Stunde, die Gott verordnet hat. Unsere Zeit steht in Gottes Händen (Ps. 31, 16).

Gott selbst begrub Mose, unten am Berg Nebo, im Land der Moabiter. Niemand hat sein Grab erfahren und gefunden. Das war etwas Außerordentliches. Aus dem Briefe Juda wissen wir, daß der Erzengel Michael sich mit Satan um den Leichnam Mosis stritt und denselben dem Satan entriß (Judä 9). Gott hat durch seinen Engel den

---

[1] von hinnen — from the earth.
[2] das gelobte Land — the Promised Land, the Holy Land.
[3] die jenseitige Welt — yonder world, life to come.

Leichnam Mosis der letzten Wirkung des Todes, die vom Satan ausgeht, der Verwesung, entnommen. Der Leib Mosis wurde in den Himmel versetzt und verklärt. So erschien Mose, wie Elias, im verklärten Leibe neben Jesu auf dem Berg der Verklärung.[4] Es gibt jetzt schon verklärte Leiber im Himmel. Das ist eine feste Bürgschaft für die Erfüllung unserer Hoffnung, der Hoffnung auf die Auferstehung des Fleisches, die Verklärung unseres Leibes.

Die Kinder Israel beweinten und beklagten Mose im Gefilde der Moabiter dreißig Tage lang. Das ist ganz recht, wenn Gottes Volk um den Tod großer Männer Gottes trauert. Josua, der Sohn Nuns, trat jetzt an Mosis Statt. Der wurde auch mit dem Geist Gottes erfüllt. So nimmt und gibt Gott seiner Kirche Gaben, Diener, Lehrer, Führer nach seinem Wohlgefallen. Die Kinder Israel gehorchten Josua und taten nach dem Wort und Gebot des Herrn. Das war die Frucht der langen Arbeit Mosis. Treuer Dienst am Wort geht nie ohne Frucht ab.

Mose erhält hier noch das Zeugnis, daß er ein Prophet war ohnegleichen. Kein anderer Prophet hat Gott so von Angesicht zu Angesicht gesehen, so unmittelbar mit Gott verkehrt, so lange in Gottes Nähe geweilt, als Mose, der Mann Gottes. Kein Prophet hat so viele und so große Zeichen getan, wie Mose. Doch Einer ist größer als Mose, der Prophet, auf den Mose selbst geweissagt hat, Christus. Der hat noch in ganz anderer Weise als Mose Gott von Angesicht zu Angesicht gesehen, nämlich als der eingeborene Sohn, der in des Vaters Schoß ist. Der hat noch größere Zeichen getan als Mose. Der ist gestorben und wieder auferstanden von den Toten und erhöht zur Rechten Gottes, und hat durch Leiden, Sterben, Auferstehen eine größere, herrlichere Erlösung zuwege gebracht als Mose, welcher Israel aus Ägypten erlöst hat.

For information on Stöckhardt see O. Willkomm, "Georg Stöckhardt, Lebensbild"; "Der Lutheraner"; "Lehre und Wehre," 1913.

Paulus in Korinth und seine Rückreise

Apost. 18

(G. Stöckhardt „Die biblische Geschichte des Neuen Testaments")

Von Athen lenkte Paul seine Schritte nach Korinth. Die Stadt Korinth, an zwei Meeren gelegen, war die größte, reichste Handelsstadt, die eigentliche Modestadt[1] der alten Welt. Luxus und Lebens-

---

[4] Berg der Verklärung — Mount of Transfiguration.

[1] die Modestadt —

genuß gingen da im Schwange.² Die korinthischen Spiele waren weltberühmt. Der Götzendienst war gerade hier mit der schamlosesten Unzucht verbunden. Auf der Spitze der Burg stand ein Venustempel mit tausend Hurendienern. Korinth stand selbst bei den Heiden im übelsten Ruf.³ Von einem Wollüstling pflegte man zu sagen: Er lebt korinthisch.

Hier in Korinth traf Paulus mit einem jüdischen Ehepaar, Aquila und Priscilla, zusammen, welche aus Pontus in Kleinasien gebürtig⁴ waren, lange Zeit in Rom gewohnt hatten und mit den Juden vom Kaiser Klaudius⁵ aus Rom vertrieben waren. Diese Eheleute erscheinen von Anfang an in der Apostelgeschichte als Christen, waren also durch Christen, mit denen sie auf ihren Reisen zusammenkamen, für das Christentum gewonnen worden. Im Hause des Aquila ließ sich Paulus nieder und arbeitete mit ihm, sie waren gleichen Handwerks, beide Teppichmacher oder Zeltmacher. So hat dieser große Apostel, der mit seiner Predigt mehr ausgerichtet hat, als sonst ein Diener des Evangeliums, mit seiner Hände Arbeit sein Brot sich verdient und damit allen Christen ein Exempel gegeben, sich redlich ihrer Hände Arbeit zu nähren.

Er hat dann den christlichen Gemeinden, gerade auch der Korinthergemeinde, eingeschärft, daß sie schuldig sei, ihre Prediger zu ernähren. Er selbst wollte aber den sonderlichen Ruhm für sich erhalten, daß er das Evangelium „frei umsonst" predigte (1 Kor. 9, 18). Während er seinem Handwerk oblag, richtete Paulus auch in Korinth mit allem Fleiß zugleich sein Apostelamt aus. Er lehrte alle Sabbathe in der Schule der Juden, lehrte Juden und Griechen. Sonderlich als Silas und Timotheus aus Mazedonien zu ihm gekommen waren, setzte er den Juden zu und bezeugte ihnen Jesum als den verheißenen Messias. Als sie aber widersprachen und lästerten, schüttelte er seine Kleider aus und sprach zu ihnen: „Euer Blut sei über Euer Haupt. Ich gehe von nun an rein⁶ zu den Heiden."

Damit sagte er sich von den Juden los und wendete sich ausschließlich den Heiden zu, verlegte auch sofort seine Lehrvorträge aus der Synagoge in das angrenzende Haus eines Heiden, namens Justus, eines Proselyten. Dieses entschiedene Vorgehen machte gerade auf den Synagogenvorsteher Crispus solchen Eindruck, daß er mit seinem ganzen

---

² im Schwange gehen — to prevail, to be in vogue.

³ im übelsten Rufe stehen — to be of the worst repute.

⁴ gebürtig aus — a native of.

⁵ Claudius was emperor of Rome 41—54.

⁶ rein (ausschließlich) — exclusively.

Hause glaubte und sich taufen ließ (1 Kor. 1, 14). Durch Entschiedenheit wird immer nur gewonnen, nicht geschadet. Während er nun an den Heiden arbeitete, erschien der Herr dem Paulus des Nachts in einem Gesicht und sprach zu ihm: „Fürchte dich nicht, sondern rede, und schweige nicht. Denn ich habe ein groß Volk in dieser Stadt." So wurde aus der sittlich verkommenen und verworfenen[7] korinthischen Bevölkerung dem Herrn ein großes Volk gewonnen. Ein Jahr und sechs Monate verweilte Paulus an diesem Ort und lehrte das Wort Gottes. Er war der erste Lehrer und Prediger der korinthischen Gemeinde. In dem weisheitsstolzen Athen war nur ein kleines Häuflein am Worte hangen geblieben. In dem lasterhaften Korinth erblühte in kurzer Zeit eine große Gemeinde. Die Hurer und Ehebrecher kommen eher in das Himmelreich, als die Weisen und Klugen dieser Welt.

Nach Jahr und Tag[8] etwa kam die Sache der Christen, die in Korinth viel von sich reden machte,[9] vor die weltliche Obrigkeit. Die lästernden Juden verklagten Paulus bei Gallion, dem Proconsul der römischen Provinz Achaja oder Griechenland, der in Korinth seinen Sitz hatte, daß er ihrem Gesetz zuwider lehre. Der Richter Gallion ließ Paulus, der sich rechtfertigen wollte, gar nicht zu Worte kommen,[10] sondern schnitt den ganzen Handel sofort mit den Worten ab:

„Wenn es ein Frevel oder Schalkheit wäre, liebe Juden, so hörte ich euch billig, weil es aber eine Frage ist von der Lehre und von den Worten, und von dem Gesetz unter euch, so sehet ihr selber zu, ich gedenke darüber nicht Richter zu sein." Damit trieb er sie von dem Richtstuhl weg. Gallion war in ganz Achaja als ein Mann des Rechts bekannt und beliebt. Er war ein Bruder des berühmten römischen Gelehrten Seneka.[11] Weil er später dem Wüterich Nero tapfer widerstand, wurde er von diesem hingerichtet. So fällt er auch hier ein gerechtes Urteil. Solche Fragen nach dem Gesetz und nach der Lehre gehörten nicht vor seinen Richterstuhl. Sie mochten Juden und Christen unter sich ausfechten, mit der Waffe des Wortes. Doch, wenn alle Richter und Obrigkeiten der Erde dies bedenken möchten, daß sie mit Religionssachen nichts zu schaffen haben, daß sie nur dazu eingesetzt sind, Schalkheit, Frevel, gemeine bürgerliche Verbrechen zu ahnden, daß sie nur Hüter der zweiten Tafel des Gesetzes,[12] nicht auch der ersten sein sollen!

[7] sittlich verkommen und verworfen — degenerate and depraved.
[8] nach Jahr und Tag — after approximately a year.
[9] viel von sich reden machen — to cause a hubbub.
[10] zu Worte kommen — to put in a word, to get an opportunity to speak.
[11] Seneca (4—65), Roman author and philosopher; Nero's teacher; known for his uprightness and stern morals.
[12] die zweite Tafel des Gesetzes — Second Table of the Law.

Die Griechen, welche mit anwesend waren, ergriffen schließlich Sosthenes, den Obersten der Schule, welcher wohl der Wortführer der Klagenden war, und schlugen ihn vor dem Richterstuhl, ohne daß Gallion sich des Dings annahm.

Nachdem er lange Zeit in Korinth verweilt hatte, wollte Paulus wieder an seinen Ort, nach Antiochia in Syrien, zurückkehren. In Kenchreä, der Hafenstadt von Korinth, beschor er sein Haupt, weil er ein Gelübde hatte, das wollte er am nächsten Fest, vielleicht am Osterfest, in Jerusalem durch ein Opfer lösen.[13] Was der Anlaß dieses Gelübdes war, davon erfahren wir nichts. Er, der Heidenapostel, der überall von den Juden abgewiesen, verlästert und verfolgt wurde, gab sich dennoch alle Mühe, um auch von seinem Volk etliche zu gewinnen, und wurde darum den Juden ein Jude. Natürlich hielt er solche äußerliche Satzungen, wie die Gelübdeceremonien, nicht als ein nötiges Gebot, sondern als eine alte, väterliche Sitte.

Mit Aquila und Priscilla begab sich Paulus nach Ephesus, der Hauptstadt der römischen Provinz Asien in Kleinasien, redete dort mit den Juden, ließ sich aber dort nicht länger aufhalten, weil er zur bestimmten Zeit in Jerusalem sein wollte. Er ließ jenes Ehepaar in Ephesus zurück und fuhr zur See nach Cäsarien in Judäa, ging von dort hinauf gen Jerusalem, grüßte die dortige Gemeinde, bezahlte sein Gelübde, reiste aber dann sofort weiter nach Antiochia in Syrien, von wo er ausgesandt war. Damit war seine zweite Missionsreise, die ihn nach Europa geführt hatte, beendet. Nicht lange aber verweilte Paulus in Antiochia, sondern trat bald seine dritte Reise an und durchwanderte zunächst die kleinasiatischen Provinzen Galatien und Phrygien und stärkte die Gemeinden, die er dort bei seiner zweiten Reise gestiftet hatte.

Inzwischen war ein griechischer Jude, namens Apollo, der aus Alexandrien stammte, nach Ephesus gekommen. Derselbe war beredt und in der Schrift bewandert, hatte auch von Christo gehört, indes war diese Erkenntnis noch sehr unvollkommen, er wußte nur von der Taufe Johannis. Ohne Zweifel hatte er durch Johannisjünger die Kunde von Jesu vernommen. Bei seiner schwachen christlichen Erkenntnis war er doch brünstig im Geist (Röm. 12, 11)[14] und redete mit den Juden in Ephesus von dem Herrn Jesu. Als Aquila und Priscilla ihn hörten und merkten, wie viel ihm noch fehlte,[15] nahmen sie ihn zu sich und legten ihm den Weg Gottes noch fleißiger aus.

[13] ein Gelübde lösen — to redeem a pledge.
[14] brünstig im Geist — fervent in spirit.
[15] wie viel ihm noch fehlte — how deficient he still was (in Christian knowledge).

Das ist Pflicht aller gläubigen Christen, einander zu lehren, in der Erkenntnis zu fördern, die Irrenden zurechtzubringen. Nachdem Apollo in der christlichen Lehre recht gegründet war, reiste er weiter nach Achaja oder Griechenland. Die Brüder von Ephesus gaben ihm ein Empfehlungsschreiben mit an die Brüder in Achaja, und so stärkte er die Gläubigen daselbst und bewies den Juden aus der Schrift, daß Jesus der Christ sei. Was Paulus dort in Griechenland, in Korinth gepflanzt hatte, das hat Apollo begossen. Der Herr läßt es seiner Gemeinde nie an treuen Lehrern fehlen, was der eine Lehrer begonnen hat, setzt ein anderer fort.

Unterschied des Glaubens und des Unglaubens

Wolfgang Menzel

Wolfgang Menzel, prominent German literary historian and writer of history of the nineteenth century.

Die Geschichte der großen französischen Revolution hat selbst bewiesen, daß die äußerste Anstrengung der modernen Juden und Heiden die christliche Kirche nicht umzustürzen vermag. Die Jakobiner[1] hatten allerdings die Abschaffung des Christentums dekretiert, und diesem Dekrete fielen tausend christliche Märtyrer zum Opfer, aber das französische Volk schwitzte den Wahnsinn bald wieder aus, und als der erste Konsul[2] die Kirchen wieder öffnete, geschah es mit der allgemeinsten Zustimmung des Volkes, die kurz vorher noch so grimmigen Jakobiner kuschten wie die Hunde, und es gab unter ihnen nicht einen einzigen Märtyrer, der für seinen Unglauben sein Leben eingesetzt hätte.

Darin ist eine große Lehre enthalten. Der Glaube gab den Menschen die sittliche Kraft und den hohen Heroismus, den der Unglaube seinen Anhängern niemals zu verleihen vermag. Für seinen Glauben stirbt der Fromme wie für seine wahrhaft Geliebte. Der Unglaube aber ist nie treu, nicht einmal seinem Unglauben, sondern läßt ihn, wenn er durch ihn kompromittiert wird, wie eine faule Dirne[3] im Stich.

---

[1] The Jacobins derived their name from the former Jacobin Convent in Paris, where they met. They instituted the Reign of Terror under the leadership of Robespierre.

[2] Before becoming emperor of France, Napoleon was made First Consul.

[3] die faule Dirne — common wench.

Ein feste Burg [1]

Ein feste Burg ist unser Gott,
Ein gute Wehr [2] und Waffen,
Er hilft uns frei [3] aus aller Not,
Die uns jetzt hat betroffen.
Der alt böse Feind,
Mit Ernst [4] er's jetzt meint,
Groß Macht und viel List
Sein grausam Rüstung ist:
Auf Erd ist nicht seins gleichen.

Mit unser Macht ist nichts getan,
Wir sind gar bald verloren,
Es streit für uns der rechte Mann,
Den Gott hat selbst erkoren. [5]
Fragst du, wer der ist?
Er heißt Jesus Christ,
Der Herr Zebaoth, [6]
Und ist kein andrer Gott:
Das Feld muß er behalten.

Und wenn die Welt voll Teufel wär
Und wollt uns gar verschlingen,
So fürchten wir uns nicht so sehr:
Es soll uns doch gelingen.

---

[1] This "battle-hymn of the Reformation" is a metrical paraphrase of Psalm 46. For a long time it was assumed that Luther had composed it while he tarried on the Wartburg during the sessions of the Diet of Augsburg (1530). However, this is impossible, since the hymn was contained in the hymnal of 1529. It seems more reasonable that it came into being, as many believe, in 1529, when the evangelical princes lodged their protest (Protestation) at the Diet of Spires against the cruel resolution to execute the Edict of Worms. In his "Einführung in die deutsche Literatur" Johann Meyer remarked: "Lauter noch, als die Fürsten mit ihrer Protestation, legte Luther mit diesem Liede vor allem deutschen Volke Verwahrung ein gegen die Hinderung des Evangeliums." See "Der Lutheraner," XVIII, 25; LXIV, 287; LXXXIV, 34, 50; CII, 351.

[2] die Wehr (Brust- und Schutzwehr) — weapon of defense.

[3] frei helfen (befreien) — to liberate.

[4] Luther often uses the word "Ernst" in the sense of Kampf (cf. blutiger Ernst).

[5] erküren (erwählen) — to choose.

[6] der Herr Zebaoth — God Sabaoth, Lord of Hosts.

Ein feste Burg

Der Fürst dieser Welt,
Wie sauer er sich stellt,[7]
Tut er uns doch nicht.[8]
Das macht, er ist gericht:
Ein Wörtlein kann ihn fällen.

Das Wort sie sollen lassen stahn,[9]
Und kein Dank dazu[10] haben.

[7] wie sauer er sich stellt (wie grimmige Gebärden er auch zeigen mag) —no matter how fierce his demeanor.

[8] nicht — nichts.

[9] stahn — stehen.

[10] dazu (obendrein) — over and above (cf. "Der Lutheraner," XCIII, 411).

Er ist bei uns wohl [11] auf dem Plan [12]
Mit seinem Geist und Gaben.
Nehmen sie den Leib, [13]
Gut, Ehr, Kind und Weib,
Laß fahren dahin,
Sie haben's [14] kein Gewinn:
Das Reich muß uns doch bleiben.

Aus Luthers Tischreden

„Die Tischreden Luthers sind Aussprüche, die er bei Tische im Kreise seiner vertrauten Freunde und Gäste getan, und die von den jüngeren unter ihnen heimlich nachgeschrieben und nach Luthers Tode gesammelt und veröffentlicht wurden. Luther liebte bei Tische eine ungezwungene und lebhafte Unterhaltung und regte diese meist selbst an durch die wiederholt hingeworfene Frage: ‚Was hört man Neues?' Dann hörte er wohl eine Weile die verschiedenen Meinungen an, bis er selbst berichtigend eingreift und seine Meinung in seiner tiefsinnigen, eigenartigen Weise darlegt. Widerspruch ließ er sich gerne gefallen,[1] er selbst gab in der geschicktesten Weise Antwort. Tagesereignisse gaben meist Stoff und Veranlassung, so kam es, daß die Gegenstände der Unterhaltung im buntesten Wechsel [2] aufeinander folgten. Er selbst sprach, wie es die augenblickliche Stimmung ihm eingab oft streng und ernst, ja zuweilen heftig, dann wieder milde und herzbewegend, sehr oft heiter und scherzend. Er stellte Betrachtungen an [3] über Gott und Gottes Wunderwerke in der Natur, über Gottes Wort, über des Christen Leben im Glauben, Geduld und Gottesfurcht, über den Tod, über das Leben in und mit der Welt, über Ehestand und Kindererziehung, über die Musik und viele andere Gebiete." — A. Steger.

Von der Heiligen Biblia

Es sagte einmal der Ehrwürdige Doktor Martinus Luther zum Herrn Philippo Melanchthon,[4] item [5] zu Doktor Justo Jona [6] und an-

[11] wohl — **surely.**
[12] der Plan (der Kampfplatz) — arena, battlefield.
[13] der Leib — **das Leben.**
[14] haben's — haben dessen, haben davon.

[1] sich gerne gefallen lassen — to put up with gladly, to enjoy.
[2] im buntesten Wechsel — in the gayest succession, spontaneously.
[3] Betrachtungen anstellen über — to reflect on, to introduce discussions of.
[4] Melanchthon (Hellenized form of Schwarzerd; 1497—1560) was professor of Greek at the University of Wittenberg; joined humanistic movement; wrote preface to Reuchlin's "Epistolae clarorum virorum" and participated in ensuing feud; his "Loci communes rerum theologicarum" the first Protestant dogmatics; became intimate friend and associate of Luther; made classical languages the basis of instruction for professional studies; his gentle nature was prone to make con-

Aufmerksame Zuhörer Luthers

dern von der Biblia oder Heiligen Schrift, „daß sie wäre ein sehr großer, weiter Wald, darinnen viel und allerlei Bäume stünden, davon man könnte mancherlei Obst und Früchte abbrechen. Denn man hätte in der Biblia reichen Trost, Lehre, Unterricht, Vermahnung, Warnung und Drohung usw. Aber es wäre kein Baum in diesem Walde, daran er nicht geklopft und ein paar Äpfel oder Birnen davon gebrochen oder abgeschüttelt hätte".

„Ich, wiewohl ich ein alter Doktor der Heiligen Schrift bin, so bin ich doch noch nicht aus der Kinderlehre[7] gekommen und verstehe die zehn Gebote Gottes, den Glauben[8] und das Vaterunser noch nicht recht, ich kann's nicht ausstudieren noch auslernen, aber ich lerne noch täglich daran und bete den Katechismus mit meinem Sohne Hans und mit meinem Töchterlein Magdalene. Wann verstehet man doch durchaus und gründlich nur das erste Wort im Vaterunser, als da wir sagen[9]:

cessions in theological questions; composed the Augsburg Confession and its Apology; lies buried in Wittenberg next to Luther.

[5] item (auch) — also, furthermore.

[6] Justus Jonas (1493—1555) assisted Luther in Bible translation; hymn writer; accompanied Luther to Worms and also on his last journey to Eisleben. See "Luther in seiner letzten Stunde," p. 215.

[7] die Kinderlehre — instruction in the Catechism.

[8] der Glaube — the Apostles' Creed.

[9] als da wir sagen — wenn wir zum Beispiel sagen.

,Der du bist im Himmel'? Denn wenn ich diese wenigen Worte verstünde und glaubte, daß Gott, der Himmel und Erde und alle Kreaturen geschaffen und in seiner Hand und Gewalt hat, sei mein Vater, so schlösse ich bei mir gewiß, daß ich auch ein Herr des Himmels und der Erde wäre, item, Christus sei mein Bruder, und alles mein sei. Gabriel müßte mein Knecht und Raphael mein Fuhrmann und alle Engel meine Diener sein in meinen Nöten, denn sie mir von meinem himmlischen Vater zugegeben[10] wären, daß sie mich auf meinen Wegen behüteten, daß ich nicht irgend meinen Fuß an einen Stein stoßen möchte" (Pf. 91, 11).

„Aber daß nun mein Glaube geübet und bewähret werde, so läßt mich mein Vater im Himmel in einen Kerker werfen, oder im Wasser ersäuft werden, alsdann sehen und erfahren wir, wie wohl wir diese Worte verstehen, und wie der Glaube zappelt, und wie groß unsre Schwachheit sei. Da fangen wir denn an, gedenken und sagen: ,Wer weiß, ob auch wahr ist, was in der Heiligen Schrift geschrieben stehet?' Darum ist das einzige Wörtlein Dein oder Unser am allerschwersten in der Heiligen Schrift, wie auch im ersten Gebot zu sehen ist: ,Ich bin der Herr, dein Gott'" (2 Mos. 20, 10).

Ein Kaplan aus der Missouri-Synode, 1862

Unser lieber Bruder, Pastor F. W. Richmann[1] von Schaumburg, Cook Co., Illinois, hat einem erhaltenen Rufe[2] als Kaplan eines Ohio-Regimentes zu dienen, Folge geleistet. Von seinem Ergehen und Wirken in dieser Stellung hoffen wir bald unsern Lesern Mitteilungen machen zu können. Mögen recht viele Brüder desselben fleißig vor dem Herrn gedenken. Es geht die Klage fast durch das ganze Land, daß die Kapläne zumeist ihre Pflicht in grauenhafter Weise vernachlässigen. Möge unser lieber Richmann zu den wenigen gehören, welche die Verantwortlichkeit ihrer Stellung erkennen, sich treu erweisen und vielen der armen Soldaten noch vor den Pforten der Ewigkeit den erkennen lehren, der allein die Tür ist, Jesum Christum, den Heiland aller Sünder („Der Lutheraner", XVIII, 167).

[10] zugeben — to give to boot; to give into the bargain; to place at my side.

[1] It seems that Pastor Richmann was the first clergyman of the Missouri Synod to serve as chaplain in the United States Armed Forces. And as far as can be ascertained, he was the only Lutheran pastor of this body who saw service during the Civil War.

[2] der Ruf (der Beruf) — call.

Aus einem Bericht des Kaplans

Durch Gottes Gnade und seiner heiligen Engel Schutz kam ich Montag, den 26. dieses Monats bei meinem Regimente an und wurde von demselben mit großer Freude empfangen. Eben hatte General Halleck einen Befehl erlassen, daß alle Armee-Kapläne gehalten sein[3] sollten, auf dem Schlachtfelde das Kommando über diejenigen Mannschaften zu führen, welche beordert seien, die Verwundeten, aus den Schlachtreihen zu bringen. So unerwartet mir dies kam, so entschloß ich

Pastor F. W. Richmann

mich nichtsdestoweniger zu bleiben und ließ mich in Gottes Namen in den Vereinigten Staaten-Dienst einschwören, namentlich dadurch über alle Bedenken hinweggehoben, daß mich sämtliche Offiziere baten, bei ihnen zu bleiben. Auch der Oberst klagte, wie er wegen der vielen Kranken und Sterbenden, so[4] nach dem Troste des göttlichen Wortes verlangten, in großer Verlegenheit gewesen sei, so daß er schon mehrere Male Kapläne benachbarter Regimenter habe rufen lassen müssen. Viele der Prediger haben sich nämlich wegen bevorstehender Schlacht aus dem Staube gemacht,[5] so daß kaum die Hälfte der hiesigen Armee versorgt ist. Des folgenden Tages hatte ich bereits die Leiche eines plötzlich verstorbenen Soldaten zu beerdigen und dabei in englischer Sprache zu reden, da der Verstorbene ein Amerikaner war.[6] Ich predigte über

---

3 gehalten sein (verpflichtet sein) — to be obliged.
4 The word "so" is often used as a relative pronoun in elevated or poetical speech.
5 sich aus dem Staube machen — to take to one's heels.
6 Note the meaning of the word "Amerikaner" current in immigrant circles of that day.

1 Sam. 20, 3 und zwar über den letzten Teil. Die Beerdigung vollzog ich natürlich nach dem Ritus der lutherischen Kirche, und es schien in der Tat das Wort Gottes einen tiefen Eindruck auf meine Zuhörer zu machen. Den Gottesdienst werde ich regelmäßig in beiden Sprachen halten müssen, indem zwischen drei- bis vierhundert Mann der deutschen Sprache unkundig sind.

Erst am Mittwoch (den 28. Mai) gelang es dem Oberst, das ganze Regiment zur Parade aufführen[7] und mich demselben als seinen Kaplan vorstellen zu können, bei welcher Gelegenheit ich in einer kurzen Antrittsrede demselben die Gründe vorlegte, die mich bewogen haben, die Kommission des Governors von Ohio anzunehmen, und wie ich mein Amt bei demselben zu verwalten gedächte. Ich sei nämlich nicht gekommen, ihnen Menschenwitz und -weisheit oder Politik oder überhaupt, nachdem ihnen die Ohren jucken,[8] sondern allein Christum den Gekreuzigten zu ihrer Seelen Seligkeit zu predigen. Zu diesem Vornehmen möchten alle Christen unter ihnen mir Gottes Gnadenbeistand erflehen helfen. Ich erhielt darauf von vielen Seiten die Versicherung, man wisse wohl, daß dies die rechte Aufgabe eines christlichen Feldpredigers sei und daß die Armee zu ihrem Schaden leider einen großen Überfluß von ungläubigen oder politisierenden Pfaffen habe. Mit Freuden habe ich zugleich wahrgenommen, daß die Offiziere Gottes Wort nicht lästern, sondern sich bisher wenigstens äußerlich ehrerbietig gegen dasselbe verhalten. Der moralische Zustand meines Regiments scheint im Vergleich mit anderen ein besserer zu sein, wenigstens hört man hier weniger als anderwärts fluchen und sieht kein Saufen und kein Kartenspielen. Merkwürdig bei dieser meiner Berufung ist mir, daß nicht nur fast alle deutsche Offiziere, der Stab, sondern auch der größte Teil der deutschen Kompagnien, wie ich jetzt zu meiner Verwunderung erst erfahre, aus Gliedern der katholischen Kirche besteht. Mögen nun alle Lutheraner beten helfen, daß die lutherische Predigt des lauteren Wortes Gottes auf fruchtbaren Boden falle und hundertfältige Frucht bringe (Luk. 8, 5ff.).

Lutheran chaplains in the Unitel States Armed Forces form an interesting chapter in the history of the church. See "Der Lutheraner" under the caption "Lutherische Kapläne in der Wehrmacht unsres Landes."

[7] zur Parade aufführen — to arrange for inspection.
[8] die Ohren jucken — to have itching ears, to want to hear about.

Vom Lohn guter, frommer Werke

Predigt über Matth. 19, 16—29, der Sammlung
„Erkenntnis des Heils" entnommen

(Der erste Teil der Predigt ist ausgelassen)

Carl Cristoph Schmidt

Carl Christoph Schmidt (1843—1925) was born in Württemberg, Germany; studied theology at Concordia Seminary, St. Louis; served parishes in New York City, Elyria, Ohio, Indianapolis, St. Louis; Vice-President of the Missouri Synod. At Holy Cross Church, in St. Louis, known as the Seminary church, Pastor Schmidt numbered many hundreds of future ministers among his listeners over the years.

In dem Herrn Jesu geliebte Zuhörer!

Daß Gott den Menschen die Seeligkeit schenkt, und daß niemand sich dieselbe verdienen kann, wenn er auch noch so viel Gutes tut, das ist eine Lehre, welche die menschliche Vernunft nie hat begreifen können. Sie ist ihr ärgerlich und scheint ihr ganz unvernünftig zu sein. Es würde ja daraus folgen, meint man, daß frommes Leben gar keinen Wert habe und den Menschen keinen Nutzen bringe. Der Schluß ist jedoch ganz verkehrt. Das heutige Evangelium erinnert daran, daß gute Werke für den Menschen großen Wert haben. „Und ich sage euch auch", spricht der Herr da, „machet euch Freunde mit dem ungerechten Mammon, auf daß, wenn ihr nun darbet, sie euch aufnehmen in die ewigen Hütten" (Luk. 16, 9). Wenn ihr den Menschen mit euren Gütern dient, so werden sie euch einmal in den Himmel aufnehmen, heißt das. Wir wissen, wenn der Herr am Jüngsten Tage den Gläubigen die Seligkeit zusprechen wird, so wird er sich dafür vor der Welt auf die guten Werke derselben berufen.[1] Die geben Zeugnis vom Glauben der Christen, durch welchen dieselben Gottes Kinder und Erben der Seligkeit sind. So kann man wohl sagen, die den Christen das Zeugnis guter Werke geben, nehmen sie in den Himmel auf, indem sie nämlich durch solches Zeugnis diese Aufnahme rechtfertigen. Wie wollte man also sagen, daß unter dem Evangelium von der freien Gnade Gottes die frommen Werke keinen Wert hätten?

Doch daß gute, fromme Werke dem Glauben der Christen Zeugnis geben, ist noch nicht der ganze Wert derselben. Die Heilige Schrift lehrt auch, daß Gott dieselben den Christen reichlich lohnt. Und von

---

[1] sich berufen auf — to justify on the basis of.

dieser gewiß sehr wichtigen Wahrheit handelt der verlesene Text. Auf Grunde desselben rede ich jetzt unter Gottes Beistand[2] zu euch

Vom Lohn guter, frommer Werke

Zweierlei lernen wir darüber aus unserm Text:
1. Zwar ist nicht die ewige Seligkeit dieser Lohn.
2. Doch werden die guten, frommen Werke von Gott hier und dort reichlich belohnt.

Doch bleibt es wahr, daß die guten, frommen Werke von Gott reichlich belohnt werden. Es gibt zwar keinen Menschen, der so fromm lebt, daß er sich damit die Seligkeit verdient, aber es gibt Leute, die fromm und rechtschaffen leben, die Gebote Gottes wirklich halten. Wir lesen: Vers 27. Was Petrus hier sagt, das war wahr. Wir sehen, der Herr läßt es gelten.[3] Weil Jesus zu dem reichen Jüngling gesagt hatte, er solle alles verkaufen und den Armen geben und dann kommen und ihm nachfolgen, er werde dann einen Schatz im Himmel haben, so macht Petrus davon eine Anwendung auf[4] sich und die andern Jünger. Die wörtliche Anwendung wäre gewesen: Siehe, wir haben alles verkauft und den Armen gegeben. So sagt er aber nicht. Die Jünger hatten das nicht getan. Jesus hat es von ihnen auch nicht gefordert. Doch ähnliches haben sie auf Christi Forderung getan, sie haben alles verlassen. Man sieht, Petrus hat den Herrn richtig verstanden, daß er vom ersten Gebot redete, von der Liebe zu Gott, daß sie so stark in uns sein soll, daß wir, wenn der Herr sagt: Gib dies oder das auf um meinetwillen, dazu bereit sind und uns dessen nicht weigern. Und solche Liebe zu Gott, solche Frömmigkeit haben Petrus und seine Gesellen bewiesen. Sie haben, als Jesus es von ihnen begehrte, ihren irdischen Beruf verlassen und auf den Erwerb durch denselben verzichtet. Ja, haben sie nicht auch, um Jesu Jünger bleiben zu können, die Gunst der Menschen, ihrer früheren Bekannte und Freunde, ja, vielleicht auch naher Verwandter drangegeben?[5] Wie kam es, daß sie das konnten, daß sie tun konnten, was dem Obersten unmöglich war? Was war denn der Unterschied? Sie waren Jesu Jünger, sie waren Gläubige.

Die einmal erkannt haben, daß Jesus ihr Mittler und Bürge, ihr Erlöser und Seligmacher geworden ist, durch den sie bei Gott zu Gnaden gekommen sind, die stehen zu[6] den Geboten Gottes ganz anders als

---

[2] unter Gottes Beistand — with the assistance of God.
[3] gelten lassen — to let a thing pass, to approve of.
[4] Anwendung machen auf — to apply to.
[5] darangeben — to give up, to abandon, to sacrifice.
[6] die stehen zu — their attitude towards . . . is

solche, die das nicht erkennen. Die Gnade hat ihr Herz, und ihre Gesinnung geändert. Sie hat ihnen ein neues Herz gegeben, ein Herz, das Gott fürchtet, ihn liebt und ihm vertraut. Was Gott im ersten Gebot fordert, das hat er in die Herzen der Christen gepflanzt. Wie kann es da anders sein, als daß sie das auch in ihrem Leben beweisen, daß sie die Werke tun, die Gott geboten hat? Der Oberste meinte, die Gebote gehalten zu haben, während er gar nicht die Gesinnung, das Vermögen dazu hatte. Und so ist es bei allen, die keine Christen sind. Aber die Christen halten Gottes Gebote, tun gute, fromme Werke. Sie tun nicht alles, was sie tun sollten, ihr Leben ist noch mit vielen Mängeln und Gebrechen behaftet,[7] aber sie tun doch von Herzen, was Gott gefällt. Und Gott, der die Herzen forscht, weiß das und hat darum Gefallen an ihren Werken, wie Eltern auch an den unvollkommenen Werken ihrer Kinder Wohlgefallen haben.

So tun Christen zum Beispiel oft eben das, was Petrus hier von sich und den andren Jüngern sagt, oder wie der Herr Vers 29 weiter ausführt: „Wer verläsfet Häuser oder Brüder oder Schwestern oder Vater oder Mutter oder Weib oder Kinder oder Acker." Christen kommen in die Lage, daß ihnen von Vater oder Mutter, Weib oder Kindern oder Geschwistern zugemutet wird, etwas zu tun, was Gott zuwider ist. Wenn sie sich dann weigern, den Ihren den Willen zu tun, weil sie Gott fürchten und lieben, so tun sie etwas, wodurch sie die Gunst und Liebe der Ihren verlieren können. Sie verlassen sozusagen die Menschen, die ihnen lieb sind, sie tun es um Gottes willen, weil sie Gott nicht beleidigen wollen. Oder Christen können irdischen Vorteil erlangen, aber mit bösem Gewissen, auf Wegen, die Gott nicht gefallen, da lassen sie lieber den Vorteil fahren[8] und bleiben auf Gottes Wegen. Christen erfahren auch, daß in dieser Welt alles eitel ist. Sie haben schwere Verluste an Hab und Gut. Aber so sehr sie den Verlust fühlen, so daß sie allen Lebensmut verlieren möchten, weil sie Gott fürchten und ihm vertrauen, so fassen sie sich doch in Geduld[9] und sprechen mit Hiob: „Der Herr hat's gegeben, der Herr hat's genommen, der Name des Herrn sei gelobt!" (Hiob 1, 21.) Das alles sind fromme, gottgefällige Werke der Christen. Und solche fromme, gottgefällige Werke tun die Christen alle Tage. Sie hüten sich vor Sünden und tun, was Gott gefällt.

Und wie ist es nun: werden solche gute, fromme Werke von Gott belohnt? Petrus fragt: „Was wird uns dafür?" Und was antwortet der Herr? Vers 28f. Ja, seht, „die Gottseligkeit ist zu allen Dingen nütze und hat die Verheißung dieses und des zukünftigen Lebens"

---

[7] behaftet mit — encumbered or afflicted with.
[8] fahren lassen — to give up to, to renounce.
[9] sich in Geduld fassen — to resign oneself to.

(1 Tim. 1, 8). Es ist nicht die Meinung des Herrn, daß wir ihm umsonst dienen sollen. Wir wären es ihm freilich schuldig, da wir seine Knechte sind, aber er ist so reich, daß er alle guten Werke der Menschen wohl belohnen kann, und so gütig und freundlich dazu, daß er es auch gerne tut. Sind wir ja doch auch seine Kinder, warum sollten wir es nicht genießen, daß wir einen so reichen Vater haben? Wie daher ein Vater seinen Kindern für treue Ausrichtung seiner Aufträge Lohn verspricht, den er ihnen nicht schuldig ist, damit er sie reize, und sie sich im Guten recht üben, so tut auch der himmlische Vater mit seinen Kindern.

Darum spricht der Herr hier zu seinen Jüngern, wenn er an jenem Tage kommen und sein Reich offenbaren wird, dann sollen sie sich wundern, welch hohe Ehrenstellen er ihnen im Himmel geben wird. Und alle, die ihm hier auf Erden, wie die Jünger getan haben, in guten Werken dienen, sollen dafür reichlich belohnt werden. „Und das ewige Leben ererben", setzt er zuletzt noch hinzu. Nicht Lohn soll das ewige Leben sein, aber erben, erlangen und haben sollen wir es gewiß. Leben wir fromm im Glauben als Gottes Kinder, im Stande der Kindschaft, im Stande guter Werke, so leben wir in einem Stande, dem die Erbschaft zugesagt, dem die Seligkeit bereitet ist. Wir haben dann in unsrem Leben ein Zeugnis dafür, daß wir Gottes Kinder sind, denen das Erbe der Seligkeit gehört. Das sollte uns ja Lohn genug sein für alle guten Werke, daß wir nicht fragen sollten: „Was wird uns dafür?" Aber dennoch, es soll gelten, sagt der Herr. Ja, ihr sollt auch hier auf Erden schon belohnt werden. Die Christen, die um des Herrn willen Weib und Kind, Vater und Mutter und irdischen Vorteil verleugnen und verlassen, sind die deshalb etwa ganz verlassen, ohne Vater und Mutter, ohne Freunde und ohne die nötigen irdischen Güter? Nimmermehr! „Wenn jemandes Wege dem Herrn wohlgefallen, so macht er auch seine Feinde mit ihm zufrieden" (Spr. 16, 7). Oft gewinnen Christen gerade durch ihre Treue gegen Gott die Ihren für denselben und haben sie nun erst recht.[10] Und wenn sie auch von den Ihren verstoßen und verlassen werden, so sorgt Gott doch, daß es ihnen nicht an Herzen fehlt, die sie lieben und ihnen Gutes erweisen. So weiß Gott auch oft den Seinen reichlich zu ersetzen, was sie um seinetwillen an irdischen Gütern haben fahren lassen. „Hundertfältig", sagt der Herr, sollen den Christen ihre guten Werke auf Erden schon vergolten werden. Gott öffne uns nur die Augen, so werden wir sehen und merken, wie wahr das ist, wie er uns reichlich und täglich an Leib und Seele segnet, und wie seine Wohltaten nicht zu zählen sind.

Doch setzt der Herr, wie uns Markus erzählt, hinzu: „mit Verfolgungen" (Mark. 10, 30). Nicht ungestört sollen wir hier auf Erden den Lohn der guten Werke genießen können. Man liest, daß Gott den from-

---

[10] erst recht — all the more, more than ever.

men Isaak im Philisterlande sehr segnete (1 Mos. 26, 12). Aber da neideten ihn die Philister und verfolgten ihn, daß er ausziehen mußte. So läßt Gott auch heute im Leben seiner Christen mit seinem Segen die Trübsal und Verfolgung Hand in Hand gehen, damit wir das Erbe nicht vergessen, und das Herz auf den Himmel gerichtet bleibe, wo erst der rechte Lohn ohne Verfolgung, ohne Störung, im Vollgenuß[11] unser wartet. An jenem Tage, in der Wiedergeburt, wenn der Herr kommt und sein Reich erneuert und in Herrlichkeit offenbart, dann sollen die, welche ihm hier im Glauben gedient und so viel ihm zu Ehren getan haben, an seiner Herrlichkeit teilhaben. In dem Maße, als wir ihm auf Erden gedient, für ihn gelebt, gearbeitet und Opfer gebracht haben, wird er, der unermeßlich reiche Herr, uns dann in seinem himmlischen Reiche, im ewigen Leben, vor seinen heiligen Engeln ehren und lohnen.

Laßt uns darum alle nur recht fleißig sein in guten Werken, tun, was Gott uns heißt, sonderlich immer wieder beweisen, daß wir unsern Gott und Heiland mehr lieben als alles auf Erden, daß wir gerne uns selbst und das Unsere ihm zum Opfer bringen. Er wird es lohnen und reichlich segnen hier und dort ewiglich. Amen.

Auszüge aus Wynekens Schrift „Die Not der deutschen Lutheraner in Nordamerika"

Ihren Glaubensgenossen in der Heimat ans Herz gelegt von Fr. Wyneken, Pastor in Fort Wayne in Indiana

Ihr findet Tausende von unsrem Volk, die entweder durch leibliche Not gedrungen, oder durch den Fürsten der Finsternis mit der Aussicht auf fleischliche Freiheit und Lebensgenuß verblendet, dort ihre Wohnsitze aufgeschlagen haben.[1] Massen von ihnen, die schon im Vaterlande in den Schmutz der Gemeinheit[2] versunken waren, gehen dort ohne Scheu vor dem Heiligen, durch keine Zucht auch nur im Äußeren mehr zusammengehalten, mit desto größerer Zügellosigkeit ihren tierischen Trieben nach. Grauen und Entsetzen erfüllt mich noch jetzt, da ich dies schreibe, bei dem Andenken an die Schamlosigkeit, womit das Laster in den Straßen einer Hafenstadt wandelte, nicht versteckt in der Dunkelheit der Nacht, sondern frei öffentlich am Tage, und wie ich dort die tiefste Gemeinheit, sowie die allerscheußlichsten Lasterhöhlen[3] gerade im Besitze

---

[11] im Vollgenuß — in full enjoyment.

[1] seinen Wohnsitz aufschlagen — to take up one's abode.
[2] Schmutz der Gemeinheit — coarsest depravity.
[3] die Lasterhöhle — den of iniquity.

von Deutschen fand. Andere, froh, die Bande der Kirche sowie des Staates abgeworfen zu haben, leben zwar in äußerer Ehrbarkeit, aber dennoch ohne Gott, ohne Kirche, ohne Hoffnung, ach auch wohl ohne Sehnsucht nach irgend etwas Höherem dahin. Die vielbewegte und doch so einförmige Gegenwart befriedigt sie ganz und wird das Grab alles heiligen Verlangens nach einer vollkommenen Ruhe und Seligkeit. Die Kinder wandeln den Eltern nach, einige ohne alle Schulbildung, andere lernen in den englischen Schulen, was in diesem Leben ihnen durchhelfen kann. Die meisten schwimmen mit fort in dem Strom der Geldgier, der in Amerika seine höchste Tiefe und seine reißendste Gewalt[4] erlangt hat und dort wohl die meisten Opfer dem Meer des Verderbens überliefert.

Doch Gott sei Dank, nicht alle verlassen so ihren Gott und den Glauben ihrer Väter, ihre Seelen suchen Nahrung, Gemeinden bilden, Kirchen erheben sich, Schulen werden angelegt. Aber wohl in allen größeren Städten ist die Zahl der deutschen rechtgläubigen Prediger zu beschränkt für die Seelenzahl der deutschen Bewohner. Sie haben genug, ja übergenug zu tun mit denen, die sich in Gemeinden sammeln und sich ihrer Seelsorge freiwillig anvertrauen. Aber wer geht hin in die Wohnsitze des Lasters, in die geschäftigen Werkstätten, wo weltlicher Sinn nur für das Brot dieses Lebens arbeitet? Wer ruft die zahllosen Sünder, die sich gar nicht um die Kirche und Gottesdienst bekümmern? Siehe, hier sind Missionare not, die von Eifer für ihren Herrn brennen und weder den bemitleidenden Spott der Weltklugen noch das teuflische Hohngelächter der versunkenen Gemeinheit[5] scheuen, sondern hineindringen in ihre Häuser und ihre Herzen, sie dem Herrn zu gewinnen. Aber sie fehlen.

[Auch das Elend der deutschen Ansiedler in den Wäldern und auf den Prairien beschreibt Wyneken in derselben Schrift.]

Einzeln oder in kleinen Abteilungen ziehen unsre Brüder mit Weib und Kind in den Wald hinein. Oft haben sie meilenweit keine Nachbarn, und haben sie auch solche in der Nähe, der dicke Wald trennt sie voneinander, so daß sie nichts voneinander wissen.

Nun kommt, tritt herein in die Ansiedlungen und Blockhütten deiner Brüder! Siehe, sie müssen hart arbeiten, Mann, Weib und Kind, um die Riesenbäume niederzuschlagen, den Urwald auszuroden, zu pflügen, zu pflanzen, zu säen, denn das bißchen Geld geht zur Neige[6] oder ist schon zu Ende. Brot muß da sein, niemand gibt's ihnen als der Boden, den sie bearbeiten. Siehe, auch in ihren Blockhütten sieht's wunderlich

---

[4] reißendste Gewalt — torrential force.
[5] versunkene Gemeinheit — utter depravity.
[6] zur Neige gehen — to run low.

aus für ein deutsches Auge, da fehlt alles, was dir an Hausrat durchaus notwendig erscheint, alles erbärmlich, an Bequemlichkeit gar nicht zu denken, Kleider und Schuhe reißen auch, und der Winter ist da!

Nun, da ist's ja kein Wunder, daß alles arbeitet, um des Leibes Notdurft zu erhalten. Da ist kein Unterschied zwischen Sonntag und Alltag, zumal da[7] keine Glocke sie ruft zum Hause Gottes, und der festlich geschmückte Nachbar nicht kommt, um seinen Freund abzuholen. Da ist es kein Wunder, wenn sich die müden Glieder aufs Lager strecken ohne Gebet, und die Not sie wieder hinaus= und an die Arbeit treibt ohne Gebet, auch das Tischgebet hat der alte, eingerostete Unglaube oder die neue Not schon lange vertrieben. Bibel und Gesangbuch sind auch oft daheim gelassen, weil ja leider das Volk durch die Aufklärung den Geschmack daran verloren hat. Kein Prediger kommt, um sie herauszurütteln aus ihrem irdischen Treiben und Denken, und die Stimme des süßen Evangeliums ist lange nicht mehr gehört.

So schwindet ein Monat nach dem andern, das Leibliche wird besser, die Not ist gehoben, die Felder stehen üppig, die Blockhäuser sind verschwunden und mit stattlicheren vertauscht, du siehst bessere Kleider und fröhlichere Gesichter. Aber siehe ihre Seelen, sie sind jahrelang nicht gespeist mit dem Worte des Lebens, kein Tisch des Herrn ist ihnen gedeckt. Sie haben sich an den Tod ihrer Seelen gewöhnt, sie können schon ganz gut ohne ihren Herrn fertig werden, liefert ihnen doch der Acker alles,[8] was sie bedürfen, um ihres Leibes Lebens sich zu freuen.[9]

Im Anfang freilich, wenn der Vater oder die Mutter so einsam aus ihrer Hütte hinausschauten in den Wald, und der Hunger oder der Tod in die Hütte herein, oder wenn ein Kindlein geboren, oder das Herz einmal durch Gottes Gnade stille geworden war, und nun in dem Gefühle des Heimwehs sich auch die Erinnerungen an die schönen Gottesdienste der Jugend und damit die Sehnsucht nach oben in die Seele hineinstahl, da ward auch wohl ein Seufzer ausgestoßen: Ach, hätten wir doch eine Kirche, einen Prediger, eine Schule! Was soll aus unsren Kindern werden? Aber ihr wißt ja selbst, wie bald das Irdische dergleichen Regungen erstickt, namentlich wenn das gehörte Wort Gottes nicht nachhilft.

So schwindet durch des Teufels Kunst und des Fleisches eigene Neigung die anfängliche aufglimmende Sehnsucht dahin. Man gewöhnt sich daran, ohne Kirche, ohne Gottesdienst, ohne Schule zu sein, das äußere Leben gewinnt immer mehr Reiz, man lebt sich immer mehr in

---

[7] zumal da — all the more since.

[8] liefert ihnen doch der Acker alles (da der Acker ihnen ja alles liefert) — since the fields supply them with everything.

[9] ihres Leibes Lebens sich freuen — to enjoy their life.

das Irdische hinein¹⁰ und findet's am Ende bequem, nicht mehr von der Wahrheit gestraft und gestört zu werden. Die alten Sünden und Vorwürfe sind vergessen, das ruhige, einförmige und doch so geschäftige Leben im Walde gibt nicht so viel Gelegenheit zum Ausbruch der Sünde, verdeckt also den alten, tiefliegenden Schaden des Herzens, man bildet sich am Ende ein, gut zu sein und gut zu stehen mit seinem Gott, und kann wohl ruhig so hinsterben.

Denke dir, Tausende von Familien über diese weite Länderstrecke zerstreut: die Eltern sterben dahin, ohne Gottes Wort zu hören, niemand erweckt und ermahnt, niemand tröstet sie. Siehe da, Junge und Alte liegen auf ihren Sterbebetten, ihre Seele denkt vielleicht nicht einmal daran, sich auf das ernste Gericht vorzubereiten, aber der Diener des Herrn könnte den Verlorenen hinweisen auf den heiligen Gott, der ohne Christum ein verzehrend Feuer, in Christo ein versöhnter Vater ist, er könnte ihn durch Gottes Gnade und des Wortes Kraft zur Buße und zum Glauben leiten, und die sterbende Seele wäre gerettet. Oder es hat endlich der ernste Schritt in die Ewigkeit und das nahe Gericht hinter dem Vorhang des Sterbebettes ihre Seele aufgeschreckt, und sie möchten sich versöhnen mit ihrem Gott, nun noch, nun im letzten Augenblick, aber siehe, der Brunnen ihres Gedächtnisses ist versiegelt, die alten Trostsprüche wollen nicht mehr heraus, und kein Diener des Herrn ist da, ihnen kräftig mit Gottes Wort von der Gnade in Christo zuzusprechen. Die arme Seele sieht in die ernste Ewigkeit hinein, und die Todesschauer machen das Auge des Geistes dunkel, daß es den versöhnten Gott und den Mittler, den barmherzigen Hohenpriester im Allerheiligsten nicht schauen kann. O welch ein Segen wäre nun der Friedensbote mit der kräftigen Absolution für die bußfertige Seele und mit dem Sakrament des Leibes und Blutes Christi, das die zweifelnde, umherirrende Seele festbannen und ihre Augen hinrichten könnte auf den Leib, der für den Sünder gebrochen, und das Blut, welches für die Sünder vergossen ist zur Vergebung der Sünde. Wieviel Tausende sterben unvorbereitet und ungetröstet dahin in die Ewigkeit!

¹⁰ sich in etwas hineinleben — to accommodate or resign oneself to.

Höchster Ruhm [1]

Friedrich Hiller

Philipp Friedrich Hiller (1699—1769) was pastor in Württemberg; next to the Bible, his "Geistliches Liederkästlein" was said to be the most popular book in Württemberg.

Mir ist Erbarmung widerfahren,[2]
Erbarmung, deren ich nicht wert!
Das zähl' ich zu dem Wunderbaren,
Mein stolzes Herz hat's nicht begehrt.
Nun weiß ich das und bin erfreut
Und rühme die Barmherzigkeit.

Ich hatte nichts als Zorn verdienet
Und soll bei Gott in Gnaden sein!
Gott hat mich mit ihm selbst versühnet[3]
Und macht durchs Blut des Sohns mich rein.
Wo kam dies her, warum geschicht's?[4]
Erbarmung ist's und weiter nichts.

Dies lass' ich kein Geschöpf mir rauben,
Dies soll mein einzig Rühmen sein.
Auf dies Erbarmen[5] will ich glauben,
Auf dieses bet' ich auch allein;
Auf dieses duld' ich in der Not,
Auf dieses hoff' ich noch im Tod.

Gott, der du reich bist an Erbarmen,
Nimm dein Erbarmen nicht von mir,
Und führe durch den Tod mich Armen,
Durch meines Heilands Tod zu dir!
Da bin ich ewig recht erfreut
Und rühme die Barmherzigkeit.

---

[1] Hymn No. 1483 in Knapp's "Evangelischer Liederschatz für Kirche und Haus."
[2] Mir ist Erbarmung widerfahren (Ich habe Erbarmung erfahren) — I have received mercy.
[3] versühnen (versöhnen) — to reconcile.
[4] geschicht's — geschieht es.
[5] auf dies Erbarmen — by reason of or on the strength of this mercy.

Ein Zeugnis Schillers gegen Religionsspöttelei

Auch ist jetzt der große Geschmack, seinen Witz auf Kosten der Religion spielen zu lassen, daß man beinahe für kein Genie mehr passiert,[1] wenn man nicht seinen gottlosen Satyr[2] auf ihren heiligsten Wahrheiten sich herumtummeln läßt.[3] Die edle Einfalt der Schrift muß sich in alltäglichen Assembleen[4] von müßigen Köpfen mißhandeln und ins Lächerliche verzerren lassen,[5] denn was ist so heilig und ernsthaft, daß, wenn man es falsch verdrehet, nicht belacht werden kann?

Führe mich!

Julie von Hausmann, 1826—1901

So nimm denn meine Hände und führe mich
Bis an mein selig Ende und ewiglich!
Ich mag allein nicht gehen, nicht einen Schritt:
Wo du wirst gehn und stehen, da nimm mich mit!

In dein Erbarmen hülle mein schwaches Herz,
Und mach' es gänzlich stille in Freud' und Schmerz!
Laß ruhn zu deinen Füßen dein armes Kind,
Es wird die Augen schließen und glauben blind.

[1] passieren (gehalten werden) — to pass for.
[2] der Satyr (die Satire) — satire.
[3] sich herumtummeln lassen — to exercise, to give vent to.
[4] die Assemblee (vornehme Gesellschaft) — fine party or gathering.
[5] muß sich verzerren lassen — must let itself be distorted.

Wenn ich auch gleich[1] nichts fühle von deiner Macht,
Du führst mich doch zum Ziele auch durch die Nacht:
So nimm denn meine Hände und führe mich
Bis an mein selig Ende und ewiglich.

Briefe Luthers an seine Frau[1]

1

Gnade und Friede im Herrn! Liebe Käthe!

Wir sind heute um 8 Uhr in Halle angekommen, aber nach Eisleben nicht gefahren, denn es begegnete uns eine große Wiedertäuferin[2] mit Wasserwogen und großen Eisschollen, die das Land bedeckte, die dräuete[3] uns mit der Wassertaufe. So konnten wir auch nicht wieder zurückkommen von wegen[4] der Mulda,[5] mußten also zu Halle zwischen den Wassern still liegen, nicht daß uns danach dürstete zu trinken, sondern nahmen gut torgauisch[6] Bier und guten rheinischen Wein dafür, damit labten und trösteten wir uns dieweil, ob[7] die Saale wollte wieder auszürnen.[8] Denn weil die Leute und Fuhrmeister, auch wir selbst, zaghaft waren, haben wir uns nicht wollen in das Wasser begeben und Gott versuchen, denn der Teufel ist uns gram und wohnt im Wasser, und es ist besser verwahrt denn beklagt,[9] und ist ohne Not, daß wir dem Papst eine Narrenfreude[10] machen sollten. Ich hätte nicht gemeint, daß die Saale eine solche Sod[11] machen könnte, daß sie über Steinwege

---

1 wenn ... gleich (wenngleich) — although.

1 The following two letters of Luther addressed to his wife afford a glimpse into their happy family life. Simultaneously, they reflect his droll and merry mood, which does not leave him in the most trying situations, not even in the face of death. On a journey to his native city, Eisleben, undertaken by Luther to adjust a dispute that had arisen among the counts of Mansfeld, he had arrived at Halle on Jan. 25, 1546. Here the river Saale delayed his progress for three days.

2 die Wiedertäuferin — female Anabaptist.

3 dräuen (drohen) — threaten.

4 von wegen (wegen) — because of.

5 die Mulda (Mulde) — tributary of the Elbe.

6 torgauisch — Torgau, a city in the Province of Saxony.

7 dieweil, ob — while we waited to see whether.

8 auszürnen — anger to subside.

9 besser verwahrt als beklagt — better to be safe than be sorry.

10 die Narrenfreude — a fool's joy.

11 die Sod (der Sod) — boiling, brewing.

und alles so rumpeln sollte. Jetzo [12] nicht mehr denn: betet für uns und seid fromm. Ich halte, wärest Du hier gewesen, so hättest Du uns auch also zu tun geraten, so hätten wir Deinem Rate auch einmal gefolgt. Hiemit Gott befohlen,[13] Amen.

Zu Halle am St. Paulus Bekehrungstage [14] Anno 1546

2

Gnade und Friede in Christo, allerheiligste Frau Doktorin! [15]

Wir bedanken uns gar freundlich für Eure große Sorge, dafür [16] Ihr nicht schlafen könnt, denn seit der Zeit Ihr für uns gesorgt habt, wollte uns das Feuer verzehrt haben in unserer Herberge hart vor [17] meiner Stubentür, und gestern, ohne Zweifel aus Kraft Eurer Sorge, hat uns schier [18] ein Stein auf den Kopf gefallen und zerquetscht wie in einer Mausefalle. Denn es in unserm Gemach wohl zwei Tage über unserm Kopf rieselt Kalk und Lehm, bis wir Leute dazu nahmen, die den Stein anrührten mit zwei Fingern, da fiel er herab so groß wie ein lang Eisen und einer großen Hand breit, der hatte im Sinn, Eurer heiligen Sorge zu danken,[19] wo [20] die lieben, heiligen Engel nicht gehütet hätten. Ich sorge, wo Du nicht aufhörst zu sorgen, es möchte uns zuletzt die Erde verschlingen und alle Elemente verfolgen. Lehrst Du also den Kattegisseman [21] und den Glauben? Bete Du und laß Gott sorgen. Es heißt: „Wirf dein Anliegen auf den Herrn, der sorgt für dich", Ps. 55 und viel mehr Orten.

Wir sind, gottlob, frisch und gesund, ohne daß uns die Sachen [22] Unlust machen, und Dr. Jonas wollte gern einen bösen Schenkel haben, daß er sich an eine Lade ohngefähr [23] gestoßen, so groß ist der Neid in den Leuten, daß er mir nicht wollte gönnen, allein einen bösen Schenkel

---

[12] jetzo (jetzt) — now.
[13] Gott befohlen — I commend you to God's care.
[14] St. Paulus Bekehrungstag — Jan. 25.
[15] Written eight days before Luther's death.
[16] dafür (wegen der) — because of which.
[17] hart vor (dicht vor) — immediately in front of.
[18] schier (beinahe) — almost.
[19] Eurer Sorge zu danken (sich für Eure Sorge zu bedanken) — to thank you for your worry.
[20] wo (wenn) — if.
[21] Kattegisseman — Kathe's misspelling of Katechismus.
[22] die Sachen — questions in dispute.
[23] ohngefähr — accidentally.

zu haben. Hiemit²⁴ Gott befohlen. Wir wollten uns fort gern los sein²⁵ und heimfahren, wenn's Gott wollte, Amen, Amen, Amen.

Am Tage Scholasticä,²⁶ 1546

Ein Heiratsantrag

Walthers Brief an Fräulein Emilie Bünger
Perry County, Mo.

Die Dame, um deren Hand Dr. Walther im folgenden Briefe anhielt, war Christiane Emilie Bünger. Sie stammte, wie auch Walther

selbst, aus einem alten Predigergeschlecht. Die Trauung fand in Dresden, Perry Co., Mo., statt und wurde von Pastor Keyl¹ vollzogen. Der Ehe entsprossen sechs Kinder. Während vierundvierzig Jahre glücklicher Ehe war Emilie ihrem Gatten eine treue Gehilfin. Nach ihrem Tode im Jahre 1885 schrieb er an seine Kinder in New York:

24 hiemit — hiermit.
25 wir wollten uns fort gern los sein (wir möchten schon gern frei sein) — we should like to be free already.
26 Tag Scholasticä — Feb. 10.

1 Pastor Keyl was the first pastor of the Saxon immigrants in Perry County, Mo. See "Der Lutheraner" for information on his life and work.

„... Laßt Euch denn diese Beschreibung ihrer letzten Leiden nicht in allzu große Traurigkeit versenken, Gott hat sie in diesem Ofen des Elends auserwählt gemacht wie Gold und Silber (Spr. 17, 3). Sie hat wie eine Heldin gekämpft und herrlich gesiegt. Ihr Glaube, ihre Liebe, ihre Geduld ist von Gott bewährt gefunden worden. Ihr Leiden, so groß es war, ist nicht wert der Herrlichkeit (Röm. 8, 18), die sie bereits außer allem Zweifel genießt. Ihr Mund ist jetzt voll Jauchzens und ihre Zunge voll Rühmens (Pf. 126, 1 f.). Wir sehnen uns wohl zu ihr, sie aber nicht zu uns. Sie ist in Sicherheit, wir noch in der Gefahr. Wir kämpfen und laufen noch, sie ruht und triumphiert. Ihr Gedächtnis wird in Segen sein [2] (Spr. 10, 7) so lange es Menschen geben wird, die sie kannten. Feinde hat sie nicht gehabt. Meine Tränen sind freilich reichlich geflossen, denn was ich mit dieser meiner treuen Gehilfin verloren habe, das ist nicht auszusagen. Aber je mehr ich daran denke, daß sie nächst Gott nur für mich Tag und Nacht gelebt und gearbeitet hat, um so mehr muß ich es ihr gönnen, daß sie zur Ruhe gekommen ist und ihre Werke ihr nachfolgen (Offenb. 14, 13). O daß ich sie nur mehr geehrt hätte, als ich getan habe in dem Drang meiner Berufsarbeit! Das demütigt mich sehr, aber ihr holdseliges Aufmichblicken ist mir eine trostreiche Absolution gewesen. O wie freue ich mich darauf, sie bald wieder zu sehen!"

St. Louis, den 10. August 1841

Teure, herzlich geliebte Emilie!

Sowenig ich auch bis jetzt ein Recht habe, an Sie, und zwar mit einer solchen Überschrift, zu schreiben, so kann ich doch nicht anders, wenn ich aufrichtig gegen Sie sein will. Schon sind beinahe zwei Jahre verflossen, daß ich Ihnen, wie Sie sich vielleicht noch erinnern werden, durch Ihren lieben Bruder Fritz einen teuren, hohen Wunsch meines Herzens wenigstens von fern zu erkennen gegeben habe, den niemand in der Welt als Sie erfüllen können. Aber wie wunderbar sind die Wege gewesen, die der treue himmlischer Vater in den letztvergangenen [3] zwei Jahren mich geführt hat! Ich brauche Ihnen nichts davon zu erzählen, mein Leben ist an dem Ihrigen vorübergegangen. Nur so viel muß ich Ihnen bekennen, daß ich oft mit tiefer Wehmut meiner Seele aus Gottes dunklen Führungen erkennen zu müssen glaubte, daß es sein heiliger Wille nicht sei, mich der Erfüllung meines teuersten Wunsches für diese Erde zu würdigen.

Doch auch an mir ist die Verheißung des 103. Psalms in Erfüllung gegangen: „Er wird nicht immer hadern, noch ewiglich Zorn halten." Gott hat sein freundliches Antlitz mir wieder zugewendet, und ver-

---

[2] ihr Gedächtnis wird in Segen sein — her memory will be blessed.
[3] letztvergangen — past.

trauensvoll habe ich daher wieder meinen alten Wunsch zu den Füßen meines Gottes und Heilandes niedergelegt. Auch vor Ihrer teueren Mutter habe ich heute mein Herz ausgeschüttet. So sind nun nur Sie es noch, deren Ja oder Nein mir meines gnädigen Gottes Willen offenbaren wird.

Ich kann daher auch nicht länger warten, jenen meinen Wunsch auch gegen Sie nun offen auszusprechen. Es ist dieser: Wollen Sie, teuerste Emilie, die Gefährtin meines Lebens werden? Können Sie die Liebe wenigstens einigermaßen mir erwidern,[4] die, wie ich jetzt gewiß hoffe, Gott gegen Sie in meinem Herzen angezündet hat? Glauben Sie, daß Sie in einer so innigen und bis in den Tod unzertrennlichen Verbindung, wie die des heiligen Ehestandes ist, mit mir glücklich, zufrieden und gottwohlgefällig werden leben können?

Es bedarf, wie ich glaube, keiner Geständnisse von meiner Seite, durch die Sie erst in den Stand gesetzt[5] werden müßten, mich kennen zu lernen. Sie kennen mich, meine Gemütsbeschaffenheit, meinen Glauben, meine Fehler und Gebrechen, meine äußerliche Lage. Sie wissen, daß Sie bei mir kein zeitliches Glück, keine Ehre vor der Welt, keine gesicherte Zukunft finden können, ich kann Ihnen daher nur die Zusicherung hinzufügen, daß Sie an mir einen Sie herzlich und durch Gottes Gnade treuliebenden Gatten finden würden. Ich habe niemanden, den ich bitten möchte, bei Ihnen das Wort für mich zu reden,[6] ich habe daher nur den lieben Gott gebeten, selbst mein Elieser[7] zu sein und Ihr Herz nach seinem heiligen Willen und zu unser beider zeitlichem und ewigem Wohle zu lenken. Folgen Sie seinem Zuge und schreiben Sie mir dann mit der Rückkehr der Überbringer dieses Briefes Ihre mit Gott gefaßte Entschließung.

Da jedoch die Kommunikation zwischen hier und Perry County oft so lange unterbrochen ist, so werden Sie mir, wie ich zu Ihrer Liebe hoffe, es nicht verargen,[8] wenn ich Ihnen folgenden Vorschlag mache. Können Sie mir auf diese meine Anfrage das Jawort in Gottes Namen schicken, so wollen wir diese Ihre dann erfolgte Erklärung für die geschehene Vollziehung unserer Verlobung ansehen, da Ihre teure Mutter mir heute und meine gute Mutter bereits in Deutschland im voraus ihre elterliche Einwilligung dazu gegeben haben. Ich würde daher in diesem Falle nicht eher als zu unsrer Trauung nach Perry County kommen. Wäre Ihnen nun dies recht, so wünschte ich, daß das

---

[4] die Liebe erwidern — to requite or reciprocate another's love.

[5] in den Stand setzen (instandsetzen) — to place in a position.

[6] das Wort reden für — to plead someone's cause.

[7] Elieser — cf. Gen. 24:1 ff.

[8] es verargen — to take amiss.

Aufgebot in Frohna⁹ und hier an den Sonntagen: 13., 14. und 15. nach Trinitatis (also den 5., 12. und 19. September) und die Trauung etwa am Montag nach dem letzten Aufgebot, also den 20. September, in der Kirche zu Frohna erfolgte. Der Tag meiner Ankunft und der Ihrer lieben Mutter würde, wenn Sie diesen meinen Vorschlag annehmen würden, so der Herr wollte, der 15. oder 16. September sein. Der inliegende, an meinen lieben Schwager gerichtete Brief enthält bereits die Aufforderung, mich an den gedachten Tagen[10] mit Ihnen aufzubieten und zu trauen, ich bitte Sie daher, denselben nicht eher an meinen lieben Schwager abzugeben, als bis auch Sie ihm erklären können, daß Sie mir Ihr teures Jawort gegeben haben.

Fast muß ich mich über mich selbst wundern, wie ich es wagen kann, schon in diesem ersten Brief so frei von Verlobung, Aufgebot, Trauung usw. zu reden. Wieviel mehr werden Sie sich vielleicht wundern! Aber erkennen Sie hieraus nichts anderes als mein herzliches Zutrauen zu Ihnen, daß Sie, wenn Sie mir auch Ihre Hand nicht reichen könnten, mir's wenigstens gewiß gönnen werden, daß ich mich einmal recht lebendig in die Lage versetzt habe, als ob Sie schon meine aus lauter Gnaden, ohne mein Verdienst und Würdigkeit, mir von Gott bescherte liebe, verlobte Braut seien.

Nun, dem Herrn und der Leitung seiner Liebe und Gnade sei alles mein Wünschen und Hoffen heimgegeben. Er gebe Ihnen einen fröhlichen Entschluß und mache dann Ihr Herz recht fest, sicher und gewiß, daß Sie in seiner Gnade ruhen und unter seinem heiligen Wohlgefallen stehen, und führt uns so Gott zusammen, so wollen wir ihm auch dann gemeinschaftlich dienen, Tag und Nacht ohne Unterlaß treu bis in den Tod durch die Kraft seiner allmächtigen Gnade in Christo Jesu, Ihrem und meinem Heilande. Amen.

Ich bitte Sie, grüßen Sie den lieben Ernst nebst Liddy[11] von mir recht herzlich und sagen Sie ihnen, daß ich hoffe, sie recht bald, wenn der Herr wollte, zu sehen.

Ihr täglicher Fürbitter vor Gott,

Karl Ferd. Wilh. Walther

On Dr. C. F. W. Walther see Günther, "Dr. C. F. W. Walther, Lebensbild"; "Der Lutheraner" (cf. index).

[9] Frohna — a small town in Perry County, Mo.
[10] an den gedachten Tagen — on the aforementioned days.
[11] Ernst und Liddy — Dr. Ernst Bünger and Lydia Bünger, brother and sister of Emilie.

Das lutherische Pfarrhaus

Aus einer Rede über Dr. Luther und die deutsche Nation

Heinrich von Treitschke

> Heinrich von Treitschke (1834—1896) was a German historian. His chief work is "Deutsche Geschichte im 19. Jahrhundert."

Dies mit allen Flüchen der römischen Kirche beladene Haus lebt in unser aller Herzen. Wir denken seiner, wenn am Weihnachtsabend vor dem Tannenbaum die hellen Stimmen unsrer Kinder die frohe Botschaft singen ‚Vom Himmel hoch, da komm' ich her', wir sehen ihn vor Augen, den alten Doktor, wie er, ein Gewissensrat seiner lieben Deutschen, allen Zweifelnden und Beladenen, die von nah und fern zu ihm eilen, Lehre, Trost und Hilfe spendet und immer mit seinem freien Gemüt Partei nimmt für das Recht des Herzens, für die Stimmen der Natur, für die Billigkeit und die Liebe, wir hören sein herzliches Lachen, wenn er den zagenden Melanchthon mit kräftigem Zuspruch aufrichtet oder in neidloser Freundschaft die Größe seines kleinen Griechen Melanchthon preist, wir freuen uns seiner goldenen Laune, wenn er abends um seinen gastlichen Tisch den Becher kreisen läßt und die deutscheste der Künste, Frau Musika, ladet:[1]

Hie kann nicht sein ein böser Mut,[2]
Wo da singen Gesellen gut,

wir klagen mit ihm, wenn er überwältigt vom menschlichsten Schmerze, an der Bahre seines Lenchens[3] weint.

So war das erste evangelische Pfarrhaus. Und wie viele Tränen sind seitdem von den Frauen unsrer Landpfarrer getrocknet, wie viele gute und hochbegabte Männer in diesen friedlichen Heimstätten einer gelehrten und doch der Natur nicht entfremdeten Bildung erzogen worden!

[1] laden (einladen) — to invite.
[2] der Mut — mood, frame of mind.
[3] Magdalene died in 1542. After she had breathed her last, Luther consoled his wife with the words: "Ich habe eine Heilige in den Himmel geschickt. O hätten wir einen solchen Tod! Einen solchen Tod wollte ich auf diese Stunde annehmen." See her epitaph on page 68.

Vom Himmel hoch [1]

Luthers Weihnachtslieder sind zumeist aus alten Kirchengesängen entstanden. Hierüber wird folgendes erzählt.

Im Jahre 1535, am vierten Adventssonntage, trat Luther in seinem schlichten Rock aus dem Sakristeipförtchen der Wittenberger Schloßkirche. Er ging nach dem Walle zu, als ein unscheinbares Männchen in abgeschabtem Mantel rasch auf ihn zutrat. Es war Meister Kaspar, der Stadtmusikus, zu dessen Obliegenheiten es gehörte, am Christabend mit seinen Kurrendeschülern vom Kirchturm herab ein Weihnachtslied zu singen. „Herr Doktor", redete der Meister eifrig Luther an, „habt Ihr denn nicht ein deutsches Lied, das ich dieses Jahr blasen und singen lassen kann? Die Kurrendeschüler verstehen das 'Quem pastores laudavere' („Den die Hirten lobten sehre") nicht, was bis jetzt gebräuchlich war,

---

[1] No. 41 in German hymnal of the Missouri Synod.

und treiben während des Singens allerhand Allotria² auf dem Turm. Ich meine, es wäre Zeit, daß wir nun auch auf gut Deutsch blasen."

Luther verspricht, eins zu besorgen, und setzt sich, zu Hause angekommen, zum Staunen seiner Käthe gleich an den Arbeitstisch, was er sonst sonntags nicht tat. Er liest und sinnt, und sinnt und schreibt. Er nimmt gar seine Laute vor und klimpert und summt, schreibt zuletzt Noten auf das Papier, und am anderen Morgen macht er's ebenso. Endlich gegen Abend steht Luther fröhlich vom Stuhle auf und ruft Käthe und die Kinder herein. Während alle nun andächtig lauschen, singt er zum erstenmal ihnen das herrliche Weihnachtslied vor: „Vom Himmel hoch, da komm' ich her." Und am Christabend, als die laute Freude in den Häusern verstummt war, da klang es mit einem Male so wunderherrlich von der Höhe des Kirchturms herab. Und die Wittenberger hörten zum erstenmal in der lieben deutschen Muttersprache klar und vernehmlich durch die mondhelle Nacht und den glitzernden Schnee:

> Vom Himmel hoch, da komm' ich her,
> Ich bring' euch gute, neue Mär,
> Der guten Mär bring' ich so viel,
> Davon ich sing'n und sagen will.
>
> Euch ist ein Kindlein heut' gebor'n,
> Von einer Jungfrau auserkor'n,³
> Ein Kindelein so zart und fein,
> Das soll eur' Freud' und Wonne sein.

Dein Wille geschehe

Zu Doktor Luther kam eines Tages ein Freund und klagte: „Mir geht alles zuwider, alle meine Wünsche werden zunichte, meine Hoffnungen werden zertrümmert, meine Pläne umgestoßen."

„Lieber Freund, das ist deine Schuld", antwortete Luther.

„Meine Schuld?"

„Ja, siehe, warum betest du alle Tage: ‚Dein Wille geschehe'? Mußt lieber beten: ‚Mein Wille geschehe', solange du aber betest, daß Gottes Wille geschehe, so lange mußt du es auch ruhig hinnehmen, wenn er nach deinem Gebet tut."

² Allotria treiben — to be up to tricks, to waste time on trivialities.
³ auserkoren (p.p. of ausküren) — chosen, elect.

Glaubenstreue

Als Johann Kepler,[1] der berühmte Sternkundige, unter glänzenden Aussichten zum Übertritt in die römische Kirche aufgefordert wurde, schrieb er an den bayrischen Geheimrat Herwart, einen Verbündeten der Jesuiten:

„Ich bin ein Christ, ich habe das Augsburgische Glaubensbekenntnis aus dem elterlichen Unterricht, aus oftmals wiederholter genauer Prüfung, aus täglichen Übungen der Versuchung geschöpft, ich hange ihm an, heucheln habe ich nicht gelernt, Glaubenssachen behandle ich mit Ernst, nicht wie ein Spiel, darum bekümmere ich mich ernstlich um die Übung der Religion, den Gebrauch des Wortes Gottes und der Sakramente."

Ein seelsorgerliches Gebet

Johann Friedrich Bünger

Johann Friedrich Bünger (1810—1882) came to America with Saxon immigrants; one of the founders of the college in Altenburg, Mo.; pastor of Immanuel Congregation in St. Louis. Bünger was a candidate of theology at the time when he composed this prayer.

Welche Gesinnung Pastor Friedrich Bünger, einen der Väter der sächsischen Einwanderung,[1] beseelte, zeigen unter anderem die Gebete, die er in sein Tagebuch einschrieb. Eins derselben lautet folgendermaßen:

„O lieber Gott, gnädiger Vater, du hast mich zum Prediger deines heilsamen Wortes berufen und weißt, daß ich deine Geheimnisse ohne deine göttliche Hilfe und Beistand würdiglich zu handeln[2] nicht vermag. Darum bitte ich dich herzlich, du wolltest mir geben deinen Heiligen Geist, der mich leite, führe und regiere, daß ich in solchem meinem Berufe nichts anderes gedenke, rede, vornehme und tue, als das da gereicht dir, o Herr, zu Lob und Ehren und den mir befohlenen Seelen zu Nutz und Trost. Behüte mich, gnädiger Gott, vor dem Vater der Lüge, der ein abgesagter Feind[3] des heiligen Predigtamts ist, daß ich ja nichts

---

[1] Johann Kepler (1571—1630), German astronomer and mathematician, discovered the law of planetary motion.

[1] Sächsische Einwanderung — immigration of Lutherans from Saxony to Perry County, Mo., in 1839. See "Der Lutheraner," XIV, 1; XCV (under caption "Sächsische Einwanderung und Jahrhundertfeiern").

[2] Geheimnisse handeln — to administer the mysteries.

[3] ein abgesagter Feind — a sworn enemy.

anderes lehre als dein Wort, welches allein die Wahrheit und das Leben mit sich bringt. Gib, daß ich auch ein solches Leben führe, dadurch meine lieben Christen nicht geärgert, sondern vielmehr gebessert werden und ich nicht eine Ursache sei, daß dein heiliges, gnadenreiches Wort von den Ungläubigen gelästert werde. Insonderheit aber bitte ich dich, mein Herr und mein Gott, du wollest deine gnädige, väterliche und tröstliche Verheißung, die du durch deinen Diener Jesaias hast verkündigen lassen, nämlich daß dein heiliges Wort, so aus deinem Munde gehet, nicht wieder leer kommen soll, sondern tun, was dir gefällt, und soll ihm gelingen, dazu du es sendest (Jes. 55, 11), heutzutage an mir, deinem Knecht, desgleichen an denen, die es hören werden, gnädiglich erfüllen und wahr lassen werden, also daß meine Predigt gereichen möge dir, Herr Gott, zu Lob und Dank, mir aber und allen Zuhörern zur Besserung unsres Lebens, zu Trost unsrer schwachen Gewissen, zur Stärkung unsres Glaubens und endlich zu unser aller Heil und Seligkeit. Durch Jesum Christum, deinen geliebten Sohn, unsern Herrn. Amen."

Luthers Gebetsleben

Luthers Leben war ein Gebetsleben. Das mögen statt einer längeren Ausführung einige Beispiele und Aussprüche dartun.

Am Tage vor dem Reichstage zu Worms betete er: „Gerecht ist die Sache und dein, du treuer Gott! Ich verlasse mich auf keinen Menschen, du mußt es tun wider aller Welt Vernunft und Weisheit!" Das lange Gebet jener Nacht gehört zu dem Erbaulichsten, was man von Gebeten lesen kann.

In Weimar[1] hat er einst seinen Freund Melanchthon aus großer Krankheit herausgebetet und „unserm Herrgott den Sack aller seiner Verheißungen ausgeschüttet"!

Zur Zeit des Reichstags zu Augsburg[2] hat Luther auf der Feste Coburg täglich drei Stunden, „so dem Studium am allerbequemsten sind", zum Gebet genommen und dabei, wie sein damaliger Genosse Veit Dietrich[3] erzählt, mit solcher Ehrfurcht und doch wieder mit solchem Glauben und solcher Hoffnung mit Gott geredet, daß es schien, als redete er mit seinem Vater und Freunde.

---

[1] Weimar — city in Thuringia; for many years the residence of Goethe.
[2] The German princes and estates were summoned to a diet in Augsburg in June 1530. Here the confession of faith, later known as the Augsburg Confession, was presented by the Lutherans. It was prepared by Melanchthon and approved by Luther.
[3] Veit Dietrich (1506—1549) was Luther's confidential secretary in 1527.

So oft er die Landstraße auf Reisen betrat oder befuhr,[4] legte er ein „starkes Vaterunser vor den Wagen".

Einst war er verzagt, da ging er in einem Nachbarort Wittenbergs spazieren und hörte, wie eben eine Mutter mit ihrem Kinde für ihn und das Evangelium Fürbitte tat. Da kehrt er um, klopft spät noch an Melanchthons Fenster und ruft hinein: „Sei gutes Mutes, Philipp, die Kinder beten für uns!"

Etwa ein Jahr vor seinem Tode schrieb er: „Wachet mit Gebet und erhaltet das Wort Gottes, dies schwache Windlicht unsres Gottes, denn der Teufel schlägt die Scheiben ein und reißt die Türen auf und deckt die Dächer ab, damit diese unsre einzige Leuchte erlösche."

Mit dieser Leuchte ging er dem Todestal entgegen. Das letzte Wort, das von ihm bezeugt ist, lautet: „Vater, in deine Hände befehle ich meinen Geist."

Und wie hoch er von der Kraft des Gebets gehalten hat, spricht er auch in diesen Worten aus: „Niemand glaubet, wieviel das Gebet vermag, denn der, den es die Erfahrung gelehret und der es versucht hat. Es ist ein groß Ding, wenn einer fühlet die große Not, die ihn dringet, daß er alsdann kann das Gebet ergreifen. Das weiß ich: so oft ich mit Ernst gebetet habe, so bin ich ja reichlich erhöret worden und habe mehr erlanget, denn ich gebeten habe, wohl hat Gott bisweilen verzogen, aber er ist dennoch kommen."

Weil Luther selbst ein Gebetsleben führte und das Beten, „eines Christen rechtes Handwerk", übte, darum kann er auch über das Beten belehren. Oft wiederholt er den Satz, daß der wahre Glaube nicht ohne Gebet sein könne und daß wir unsere Kindschaft bei Gott durch das Beten bewähren. Er sagt: „Dadurch werden wir würdig, erhört zu werden, daß wir glauben, wir seien unwürdig, und es allein auf Gottes Treue wagen.[5] Das ist das erste Stück, daß unser Gebet sich gründe auf Gottes Gehorsam. Wo wir nicht bitten, so wird Gott strafen."

Aber Beten ist nicht ein äußeres Werk, „wie die Rosenkränze und die Gebete der Pfaffen und Mönche gewest[6] und eitel Geplapper und Gewäsch geworden sind", sondern ein herzliches Anrufen Gottes im Geist und in der Wahrheit. Solch Flehen wird erhört. Wer aber daran zweifelt, der macht seinen „allergetreuesten und wahrhaftigen Gott zum Lügner und einem losen Mann. Der Glaube macht das Herz still und fest empfänglich göttlicher Gaben."

Den Kleingläubigen erinnert Luther an die Gebetsgemeinschaft der

---

[4] die Landstraße auf Reisen betreten oder befahren — to travel on the highway afoot or by carriage.

[5] es wagen auf etwas — to venture in view of something.

[6] gewest — gewesen.

wahren Christen und sagt: „Denke nicht, daß du allein kniest, sondern alle frommen Christen bei dir in einträchtigem Gebet, welches Gott nicht verachten kann."

Und der Gedanke, daß Gott am besten weiß, was uns frommt, macht geduldig und ergeben, wenn die Erhörung nach unsrem Wunsche ausbleibt. Da soll man wissen, daß „Gott der Herr viel mehr für uns sorgt und uns zu geben bereit ist, als wir es sind, zu nehmen und zu suchen, in solchem Vertrauen stecke Gott nicht Ziel und Tage, noch Weise und Maße,[7] sondern bitte, daß du warten mögest frisch und fröhlich."

Und bei dem Gebet und der Bitte soll auch das Danken nicht fehlen. „Ich mache", schreibt Luther, „aus jedem Gebot und Gebet ein vierfach Kränzlein: erstlich eine Lehre, und denke, was der Herr von mir fordert, zum andern eine Danksagung, zum dritten eine Beichte, zum vierten ein Gebet. Denn durchs Danken wird alles Anrufen süß und angenehm und wird so das edelste Gebet unter der Sonnen."

Auch im Beten sollen und wollen wir rechte Kinder Luthers, rechte Lutheraner, sein.

Ich bete an die Macht der Liebe[1]

Gerhard Tersteegen

> Gerhard Tersteegen (1697—1769) was a German Reformed hymnwriter; indifferent to the recognized church, he became a leader in private devotional meetings; his chief fame rests on his hymns, many of which are pietistic and sentimental in tone.

Ich bete an die Macht der Liebe, die sich in Jesu offenbart,
Ich geb' mich hin dem freien Triebe, womit ich Wurm geliebet ward.
Ich will, anstatt an mich zu denken, ins Meer der Liebe mich versenken.

O Jesu, daß dein Name bliebe im Grunde tief gedrücket ein,
Möcht' deine süße Jesusliebe in Herz und Sinn gepräget sein!
In Wort und Werk, in allem Wesen sei Jesus und sonst nichts zu lesen.

Lob sei dem hohen Jesusnamen, in dem der Liebe Quell entspringt,
Von dem hier alle Bächlein[2] kamen, aus dem die sel'ge Schar dort trinkt.
Wie beugen sie sich ohne Ende! Wie falten sie die frohen Hände!

---

[7] Ziel und Tage, Weise und Maße stecken — to set limits of time, method, and measure.

[1] No. 2010 in Knapp's "Evangelischer Liederschatz für Kirche und Haus."

[2] alle Bächlein — all the little rivulets (of love).

Christi Blut und Gerechtigkeit

This beloved children's prayer is the first of thirteen stanzas of a song by Count Nikolaus von Zinzendorf (1700—1760), the founder of the Moravian Church, or Unity of Brethren; established Moravian colonies in Pennsylvania; wrote many hymns, strongly subjective in character.

Christi Blut und Gerechtigkeit,
Das ist mein Schmuck und Ehrenkleid,
Damit will ich vor Gott bestehn,
Wenn ich zum Himmel werd' eingehn.

Das Kreuz auf dem Kirchhof

Auf einen christlichen Kirchhof gehört das Kreuz, das auf den Friedhöfen unseres Landes leider nur zu selten gefunden wird. Statt dessen sind viele Gräber mit oft ganz nichtssagenden, oft auch heidnischen Figuren und Symbolen auf den Grabsteinen geziert.

Das Kreuze, das die Gräber ziert,
Bezeugt, man habe triumphiert.

Auch die Inschriften auf den Grabsteinen und Denkmälern lassen selten erkennen, ob unter ihnen ein Kind Gottes oder ein Ungläubiger begraben liegt. Wie gern liest man auf den Grabsteinen ein Schriftwort oder einen Liedervers als Ausdruck des Glaubens und der Hoffnung eines entschlafenen Gotteskindes und seiner Angehörigen, die ihm das Denkmal setzten! Solche Grabsteine sind den Friedhofsbesuchern stumme und doch beredte Prediger. Christen sollten alle heidnischen und auch alle von Zeit und Mode diktierten Formen vom Ruheplatz ihrer im Herrn Entschlafenen fernhalten und an den Weisen der frommen Väter treulich festhalten.

Hausinschriften

Ein Haus, das Gott der Herr bewacht,
Ist wohl gegründet und bedacht.[1]
Wo Gott nicht gibt zum Haus sein' Gunst,
Da ist all unser Bau'n umsunst.[2]

Wer Gott vertraut,
Hat wohlgebaut.

[1] gegründet und bedacht — substantial from the foundation to the roof.
[2] umsunst (umsonst) — in vain.

Dieses Haus steht in Gottes Hand,
Der Herr bewahr's vor Feuer und Brand,
Und alle, die gehn aus und ein,
Laß dir, o Herr, befohlen sein.

Allein auf Gott setz dein Vertrauen,
Auf Menschen Hilf' sollst du nicht bauen.

Wir bauen hier so feste
Und sind nur fremde Gäste,
Doch wo wir sollen ewig sein,
Da richten wir uns wenig ein.

Die Eintracht baut ein Haus,
Die Zwietracht reißt es nieder.

Was ich war und was ich jetzt bin
(Mit der Bibel in der Hand zu lesen)

Lieber Freund!

Ich wohnte einst bei 2 Tim. 3, 4 und wandelte in Eph. 2, 3. Da hörte ich eines Tages, daß ein Erbgut für mich vorhanden sei und erhielt auch eine Beschreibung davon, die du noch 1 Petr. 1, 4 lesen kannst. Ein gütiger Herr der in Hebr. 4, 14 wohnt, hatte es mir erworben und den Preis dafür mit 1 Petr. 1, 19 bezahlt. Aber, die Wahrheit zu gestehen, ich glaubte der Angabe nicht, da ich den Mann gar nicht kannte und aus langjähriger Erfahrung wußte, daß wir von Fremden keine Gunstbezeugungen aus bloßer Liebe zu erwarten hatten, und von Freunden selten solche, die viel kosten. Dennoch sprach ich in 2 Tim. 3, 16 vor, da meine Aussichten in Eph. 2, 12 so schlecht waren, wie sie nur sein konnten.

Ich fand das Haus, das ich suchte, in 2 Kor. 5, 1, und die Bedingungen, unter denen es zu haben war — du findest sie aufgezeichnet Jes. 55, 1. 2 und Joh. 7, 37 — waren in der Tat wunderbar einladend für Arme und Hilfsbedürftige. Das Haus hatte aber nur eine einzige Tür, und es dauerte eine Zeitlang, ehe ich sie in Joh. 10, 9 fand. Meine bleibende Wohnung wird nun in 2 Kor. 5, 1 sein. Aber wenn du in Hebr. 4, 16 einmal vorsprechen willst, wirst du mich und viele andere, meine Brüder und Schwestern, dort finden, weil wir dort täglich zusammentreffen. Wenn du kommen willst, so kannst du dich auf das, was der Knecht Luk. 14, 22 sagt, fest verlassen.

Heinrich Melchior Mühlenberg
Otto F. Hattstädt und C. W. G. Eifrig

Mühlenberg, der Vater der lutherischen Kirche in Amerika, hat seinen Namen unauslöschlich in die Geschichte dieser Kirche eingegraben. Im Jahre 1711 in der Provinz Hannover geboren, bezog er 1735 die Universität Göttingen, wo besonders Professor Oporin, ein gläubiger Theologe, heilsam auf ihn einwirkte und ihn in die christliche Theologie einführte. Bis zum Jahre 1738 verblieb Mühlenberg in Göttingen und

Heinrich Melchior Mühlenberg

besuchte dann auf Anraten von Freunden die Universität Halle. Diese Schule war damals bekanntlich der Hauptsitz des Pietismus.[1] Hier trat Mühlenberg namentlich in Verkehr mit Prof. Gotthilf August Francke, dem Sohn des Stifters der Franckeschen Anstalten,[2] und dieser übte einen solchen Einfluß auf ihn aus, daß er zeitlebens einen pietistischen Zug in seinem Wesen bekundete.

Um 1740 gelangte an Professor Francke ein Gesuch von den Gemeinden in und bei Philadelphia um einen rechtgläubigen, lutherischen

---

[1] Pietismus — a movement of the late 17th and the early 18th centuries in Germany. Pietists felt that the doctrine of justification had been stressed at the expense of sanctification, resulting in a dead orthodoxy. Pietism is marked by emotionalism, which deprecated doctrine. It was strengthened especially through the activity of Aug. H. Francke (1663—1727).

[2] Franckeschen Stiftungen — institutions of mercy established by Aug. H. Francke.

Prediger. Professor Francke legte Mühlenberg, der damals Pastor in Großhennersdorf war, diesen Beruf nahe.³ Nach einigem Zögern nahm Mühlenberg an. Auf der Reise nach Amerika kehrte er erst auf etliche Wochen in London bei Pastor Ziegenhagen, dem damaligen Hofprediger König Georgs II.,⁴ vor, um sich von diesem über die Verhältnisse in Amerika näher belehren zu lassen, denn Ziegenhagen stand mit den Lutheranern in Amerika in enger Verbindung. Hier in London machte sich Mühlenberg auch einigermaßen mit der englischen Sprache vertraut.

Der junge Pastor stand damals im 32. Lebensjahr. Er war ein Mann von großer Begabung. Ein heller Blick und ein klarer Verstand waren ihm eigen,⁵ und dabei hatte er auch ein nüchternes Urteil. Vor allem hatte er, wie sich später zeigte, großes organisatorisches Talent. Nie hat er das Bekenntnis seiner Kirche preisgegeben, wie er es denn zeitlebens zur Richtschnur seines Denkens und Handelns machte. So war der Mann geartet, der nach langer, stürmischer Seefahrt am 23. September 1742 in Charleston, South Carolina, landete.

Ehe er seinem Endziele, Philadelphia, zureiste, machte er einen Abstecher nach Ebenezer in Georgia⁶ zu den Salzburger Glaubens= genossen,⁷ wo er herzlich bewillkommt und aufgenommen wurde. Dann schiffte er sich in Charleston wieder ein, um seinem Berufe nach Phila= delphia Folge zu leisten.

Die Kirche in Pennsylvania fand Mühlenberg in schrecklich ver= worrenem Zustande, die Lutheraner entsetzlich verwahrlost. Zweifelhafte Charaktere, die sich für Pastoren ausgaben,⁸ hatten sich in die Gemein= den eingeschlichen und die Gemüter verwirrt. Dazu kam, daß damals Graf Zinzendorf, der 1745 Bethlehem, das amerikanische Herrnhut,⁹ gegründet hatte, überall für die herrnhutische Brüdergemeinde Anhänger zu werben suchte. Aber trotz dieser und ähnlicher Umtriebe gewann Mühlenberg bald aller Herzen für sich. Mit staunenswerter Kraft schuf

---

3 einem etwas nahe legen — to urge a thing upon a person.

4 Ziegenhagen — Because of the German members in the English royal family, the chapel in St. James Palace in London also had a German chaplain. In that capacity Ziegenhagen proved himself a strong advocate and supporter of missions in North America. He was espe- cially friendly to the missionaries from Halle, sent to the Lutherans in America.

5 waren ihm eigen — he possessed.

6 Ebenezer — name of the first settlement of the Salzburgers in Georgia. Cf. 1 Sam. 7:12.

7 Salzburger — From time to time edicts were issued against the Protestants living in the Austrian crownland of Salzburg; the last one in 1731. A small number found refuge in the Colony of Georgia in 1734.

8 sich ausgeben für — to pretend to be, to palm oneself off as.

9 Herrnhut — Zinzendorf's estate in Germany.

er bald Ordnung, und durch seine herrliche Predigtgabe wirkte er bald überall bessere Erkenntnis. Ein ganz neues Leben kam in die Gemeinden, und bald konnten sie wieder als lutherisch gelten.

Mühlenberg predigte und hielt auch Schule in seinen drei Gemeinden in Philadelphia, in New Hannover und in Trappe, wo er wohnte. Die Kirche in Trappe, die 1745 eingeweiht wurde, steht heute noch genau in der Form und Einrichtung, die sie damals bekam. Die zweite Kirche war die Michaeliskirche in Philadelphia, in der 1799 vom Kongreß die Gedächtnisfeier für Washington abgehalten wurde.

Die wichtigste und am meisten in die Augen fallende [10] Tätigkeit Mühlenbergs war seine Missions- und Organisationsarbeit. Bald meldeten sich auch andere Parochien bei Mühlenberg um Bedienung. Schließlich konnte er der Arbeitslast nicht länger allein gerecht werden,[11] und er wandte sich an Halle um Hilfe, die ihm auch gewährt wurde. Seine Mitarbeiter legten fleißig mit Hand an,[12] und in kurzer Zeit mehrten sich die Gemeinden. Da ein Zusammenschluß der Pastoren sich als wünschenswert erwies, so gründete Mühlenberg im Jahre 1748 die erste lutherische Synode hierzulande, das Pennsylvania Ministerium, das noch jetzt innerhalb der Vereinigten Lutherischen Kirche (**United Lutheran Church**) besteht.[13] Da damals weder deutsche Schulbücher noch Kirchenbücher zu haben waren, verfaßte Mühlenberg Gesangbuch und Agende.

In Trappe, wo er sechszehn Jahre lang mit aller Treue und großem Erfolg wirkte, trat er 1745 mit einer Tochter des berühmten und einflußreichen pennsylvanischen Obersten Konrad Weiser [14] in den Stand der heiligen Ehe.

Als er im Jahre 1761 als erster Pfarrer wieder nach Philadelphia versetzt wurde, stand er in hohem Ansehen bei seinen Glaubensgenossen wie auch in weiteren Kreisen. Sämtliche lutherische Gemeinden von New York bis hinunter nach Georgia standen unter seiner Aufsicht. Unzählige Male begehrte man seinen Rat, und nicht umsonst, denn er scheute nicht Mühe und Arbeit, um anderen zu dienen. Wie groß er auch in der Achtung der Welt stand, ist daraus ersichtlich, daß ihm von der Universität von Pennsylvania der Doktortitel verliehen wurde, etwas was äußerst selten geschah.

Im Jahre 1776 legte Mühlenberg sein Amt in New York zu

[10] in die Augen fallen — to strike the eye or senses.
[11] einer Sache gerecht werden — to do justice to a thing.
[12] Hand anlegen — to lend a hand.
[13] Minutes of the first session are found in Schulze's "Hallesche Nachrichten," I, 208.
[14] Konrad Weiser rendered valuable services to church and state in his negotiations with the Indians, whose language he mastered.

Gunften ¹⁵ feines Schwiegerfohnes Dr. Kunze nieder und zog wieder nach Trappe, wo er noch zehn Jahre lang diefer und der Gemeinde zu New Hannover vorftand. Die Gebrechen des Alters machten fich allmählich bei ihm bemerkbar.¹⁶ Sein Gehör nahm ab. Schließlich ftellte fich die Wafferfucht ein. Nur ein Jahr verlebte er noch im Ruheftande. Am 7. Oktober 1787 ging er ein zur Ruhe feines Herrn. Unter dem Zulauf einer ungeheuren Menfchenmenge wurde er auf dem Kirchhof in Trappe zu Grabe gebracht.

Drei feiner Söhne fchickte Mühlenberg im Jahre 1763 zufammen nach Halle in Deutfchland, damit fie da Theologie ftudierten. Peter, der ältefte, wurde fpäter Paftor in Woodftock, Virginia. Er war es, der eines Sonntags nach Ausbruch des amerikanifchen Freiheitskrieges vor der Gemeinde feinen Talar abnahm und nun in Offiziersuniform vor ihr ftand. Er kehrte nicht wieder ins Predigtamt zurück, fondern bekleidete mehrere hohe Ämter ¹⁷ im Staat. Eine Statue von ihm fteht im Kapitol in Wafhington. Der zweite, Friedrich, wurde bald Paftor in New York, von wo er aber fliehen mußte, da die Engländer eine Belohnung auf den Kopf irgendeines der Mühlenbergs ausgefetzt hatten. Auch er betrat die politifche Laufbahn, von der auch er nicht den Weg zurück ins Pfarramt fand. Er war zweimal Präfident der **State Assembly** von Pennfylvania und fpäter der erfte Vorfitzer im Kongreß der Vereinigten Staaten. Heinrich, der dritte Sohn, war fpäter Paftor in Lancafter und Gründer und Präfident des dortigen Franklin-College.¹⁸ Er wurde der erfte bedeutende Botaniker in unferem Lande, nach dem eine Anzahl Pflanzen benannt worden find.

Vier der Töchter heirateten hervorragende Männer. Eine wurde die Gattin Dr. J. C. Kunzes, der erft in Philadelphia, fpäter in New York das Pfarramt bekleidete und Mitbegründer der Columbia-Univerfität und einer ihrer erften Profefforen wurde. Eine andere wurde die Frau des Predigers Chr. Emanuel Schulze und fo die Mutter des fpäteren Gouverneurs von Pennfylvania, eine dritte heiratete General Swain von Wafhingtons Armee und eine vierte den Kongreßabgeordneten Matthias Richards, deffen Familie hervorragend in der lutherifchen Kirche in den Südftaaten wurde.

Es ift ein bemerkenswertes Zufammentreffen, daß der Patriarch der lutherifchen Kirche im mittleren Weften und der Miffouri-Synode, C. F. W. Walther, faft genau hundert Jahre fpäter geboren und geftorben ift: Mühlenberg, geboren den 6. September 1711, Walther den 25. Oktober 1811. Erfterer ftarb den 7. Oktober 1787, letzterer am 7. Mai 1887.

[15] zu Gunften — in favor of.
[16] fich bemerkbar machen — to make itself felt.
[17] ein Amt bekleiden — to occupy an office.
[18] present-day Franklin and Marshall College.

Ein Patenbrief[1] vom alten Wyneken

Nachfolgender Brief ist vom alten Wyneken an eins seiner Patenkinder nach dessen Konfirmation geschrieben worden. Es ist ein Privatbrief, der seit 1857 vom Empfänger und dessen Familie aufbewahrt worden ist. Er wurde aber später veröffentlicht, teils um einen Blick zu gewähren[2] in das Gemüt dieses Gottesmannes, sodann aber auch, um Paten zu reizen, ihrer Patenkinder in ähnlicher Weise zu gedenken. Der Brief lautet:

St. Louis, Mo., den 1. Mai 1857

Mein lieber Friedrich!

Du hast mir durch Dein Schreiben eine große Freude gemacht, und obgleich viel Geschäfte vor mir liegen, so will ich es doch gleich beantworten, weil ich dadurch hoffe, Dir Lust zu machen, auch ferner noch hin und wieder an mich zu schreiben.

Zuerst meinen herzlichsten Glückwunsch zu Deiner Konfirmation. Dem Herrn sei Dank für seine Gnade und Treue, daß er Dir nicht allein in der heiligen Taufe Vergebung der Sünde, Leben und Seligkeit samt dem Kindesrecht und dem himmlischen Erbe mitgeteilt, sondern Dir auch reichlich Gelegenheit in Kirche und Schule durch treuen Unterricht bei Deinem Lehrer und Seelsorger gegeben hat, diese unendlichen Schätze und Reichtümer, die er Dir in der heiligen Taufe geschenkt hat, zu erkennen und schätzen zu lernen, so daß Du, wie ich zu meinem Gott hoffe, mit aufrichtigem und fröhlichem Herzen Deinen Taufbund erneuert und Dich von neuem Deinem lieben Herrn und Heiland zugeschworen hast,[3] während auch von seiner Seite Dir der selige Bund bestätigt und seine teure Bundesverheißung durch das Sakrament seines Leibes und Blutes besiegelt ist.

Mein lieber Friedrich, halte das nun auch für Dein ganzes Leben fest, daß Du armer Sünder, der Du ohne die göttliche Liebe und Gnade, wie wir alle, hättest ewig verlorengehen müssen, durch das teure und heilige Blut und bittere und unschuldige Leiden und Sterben Deines Heilands Jesu Christi einen versöhnten und gnädigen Gott und Vater im Himmel hast, der Dich wie sein liebes Kind im Herzen und auf den Händen trägt und nichts auf Dich kommen lassen will, sondern mit lauter Gnade und Herrlichkeit Dich krönen will. Vergiß die Liebe nicht, die alle Deine Sünde auf sich genommen und darunter am Kreuz ein Fluch geworden ist (Gal. 3, 13). Vergiß den hohen Preis nicht, der für Deine Seele hat bezahlt werden müssen, damit Du ihren Wert erkennst und sie nicht durch Sünde beschmutzest oder gar verlierst, auch den je

---

[1] Patenbrief — a godfather's letter.
[2] einen Blick gewähren — to afford an insight or a glimpse.
[3] zuschwören (Treue schwören) — to swear allegiance.

länger, je mehr lieben, und ihm von Herzen mit allen Kräften Leibes und der Seele dienen lernst, der Dich so sehr geliebt und so teuer erkauft und so mächtiglich errettet hat und nun wie ein treuer Hirte Dich auf seinen Achseln in den Himmel tragen will.

Mein lieber Friedrich, vergiß Deinen Herrn und Heiland Jesum Christum nicht, sondern getröste Dich seiner und folge ihm, wie Du von neuem versprochen hast, dann bist und bleibst Du ein glücklicher und seliger Mensch, wenn's auch äußerlich mitunter schlimm hergehen sollte, und kannst mit Freuden Deine Pilgerschaft vollenden und durch einen seligen Tod in das ewige Leben eingehen. Das ist dann freilich besser, als hier die kurze Zeit seinen Lüsten zu leben und endlich mit Schimpf und Schande und ewigem Herzeleid in die Hölle zu fahren.

Lies nun auch fleißig Gottes Wort, wozu ich Dir entweder nächsten Herbst eine schöne Bibel mitbringen oder, so ich vorher noch Gelegenheit finde, Dir zuschicken will, lerne auch sonst noch und sammle Dir so viel nützliche Kenntnisse, als Du kannst, damit der liebe Heiland Dich auch zum Nutz Deines Nächsten gebrauchen kann. Denn darin erweisen wir recht unsre Liebe gegen unsren Herrn, wenn wir unsren Nächsten herzlich lieben und ihm dienen.

Nun, mein lieber Friedrich, will ich schließen, indem ich Dir den Segen des Herrn wünsche. Grüß Deine lieben Eltern, denen Du gewiß ein gehorsamer Sohn sein wirst, ihnen zur Freude. Grüß auch Deinen teuren Seelsorger und habe ihn lieb und folge ihm, er meint es gut und treu mit Dir. Auch Deinen lieben Lehrer. Schreib auch einmal wieder und behalte lieb Deinen Dich herzlich liebenden Paten

Fr. Wyneken

Sprüche Luthers [1]

Wie einer liest in der Bibel,
So stehet am Hause sein Giebel.

Ein jeder lern sein Lektion,
So wird es wohl im Hause stohn.[2]

Glaube nicht alles, was du hörest,
Sage nicht alles, was du weißt,
Tue nicht alles, was du magst.

---

[1] Additional proverbial sayings culled from Luther's works are found in "Der Lutheraner," XVII, 27, 36, 54.

[2] stohn — stehen.

Es ist auf Erden kein besser List,[3]
Denn wer seiner Zungen ein Meister ist.
Viel wissen und wenig sagen,
Nicht antworten auf alle Fragen.
Rede wenig, und mach's wahr,
Was du borgest, bezahle bar.
Laß einen jeden sein, wer er ist,
So bleibst du auch wohl, wer du bist.

Christus läßt wohl sinken
Aber nicht ertrinken.

Iß, was gar ist,
Trink, was klar ist,
Red, was wahr ist!

Grabschrift Magdalenchen Luthers

Luther

Hier schlaf' ich, Lenchen, Doktor Luthers Töchterlein,
Ruh' mit allen Heiligen in meinem Bettelein,
Die ich in Sünden war geboren,
Hätt' ewig müssen sein verloren,
Aber ich leb' nun und hab's gut,
Herr Christe, erlöst mit deinem Blut.

Luther über das Predigtamt

„Das ist je gewißlich wahr, so jemand ein Bischofsamt begehret, der begehret ein köstlich Werk." — 1 Tim. 3, 1.

Wer will oder kann alle Ehre und Tugend erzählen eines rechten, treuen Pfarrherrn, so er vor Gott hat? Es ist ja kein teurer Schatz noch edler Ding auf Erden und in diesem Leben denn ein rechter treuer Pfarrherr und Prediger. Denn rechne du selbst, was Nutzens[1] das liebe Predigtamt und die liebe Seelsorge schafft, dieselbige schafft gewißlich auch dein Sohn, der solch Amt treulich führt, als[2] daß so viele Seelen täglich durch ihn gelehrt, bekehrt, getauft und zu Christo gebracht

---

[3] die List — art (originally List was synonymous with Wissen).

[1] was Nutzens — welchen Nutzen.

[2] als — zum Beispiel.

und selig gemacht werden und von Sünden, Tod, Hölle und Teufel erlöst, zur ewigen Gerechtigkeit, zum ewigen Leben und Himmel durch ihn kommen, daß wohl Daniel 12, 3 sagt, daß die, so viel zur Gerechtigkeit weisen, sollen sein wie die Sterne in Ewigkeit. Denn weil Gottes Wort und Amt, wo es recht geht,[3] muß ohne Unterlaß große Dinge tun und eitel Wunderwerke treiben, so muß dein Sohn auch ohne Unterlaß große Dinge tun vor Gott, als Tote auferwecken, Teufel austreiben, Blinde sehend, Taube hörend, Aussätzige rein, Stumme redend, Lahme gehend machen, ob's nicht leiblich geschieht, so geschieht's doch geistlich in der Seele, daß es viel größer ist, wie Christus spricht Joh. 14, 12: „Wer an mich glaubt, der wird die Werke tun, die ich tue, und noch größere Werke tun."

Wenn du gewiß wärest, daß dein Sohn dieser Werke eins an einem einzigen Menschen tun sollte, nämlich daß er nur einen Blinden sollte sehend machen, einen Toten auferwecken, eine Seele dem Teufel nehmen, einen Menschen aus der Hölle erretten, oder welches der eines[4] wäre, solltest du nicht billig mit allen Freuden dein Gut daran wagen, daß er zu solchem Amt und Werke möchte erzogen werden, und vor großen Freuden springen, daß du mit deinem Gelde vor Gott so ein groß Ding hättest gestiftet? Denn was sind alle Stifte und Klöster, wie sie jetzt sind und im Brauche gehen,[5] mit ihren eigenen Werken gegen einen solchen Pfarrherrn, Prediger oder Schulmeister?

Nun siehe, dein Sohn tut solcher Werke nicht eines allein, sondern viele, ja allesamt, dazu täglich, und was das allerbeste ist, vor Gott tut er sie, derselbige sieht sie dafür an und hält sie so teuer und hoch, wie gesagt ist, ob's gleich die Menschen nicht erkennen und achten, ja wenn die Welt ihn gleich einen Ketzer, Verführer, Lügner, Aufrührer schilt, das ist so viel desto besser und ein gut Zeichen, daß er ein rechtschaffener Mann ist und seinem Herrn Christo ähnlich. Mußte doch Christus selbst auch ein Aufrührer, Mörder, Verführer sein[6] und also mit den Mördern gerichtet und gekreuzigt werden. Was läge mir daran, wenn ich ein Prediger wäre, daß mich die Welt einen Teufel hieße, wenn ich weiß, daß mich Gott seinen Engel heißt? Die Welt heiße mich einen Verführer, wie lange sie will, indes heißt mich Gott seinen treuen Diener und Hausknecht, die Engel heißen mich ihren Gesellen, die Heiligen heißen mich ihren Bruder, die Gläubigen heißen mich ihren Vater, die elenden Seelen heißen mich ihren Heiland, die Unwissenden heißen mich ihr Licht, und Gott spricht Ja dazu, es sei also, die Engel auch samt allen Kreaturen.

[3] wo es recht geht — when they are properly administered.
[4] der eines (derselben eines) — one of.
[5] im Brauche gehen — to be the custom or the vogue.
[6] Mußte doch Christus ... sein — after all, was not Christ also accounted as.

Das ist nun gesagt von den Werken und Wundern, die dein Sohn tut gegen die Seelen, von Sünden, Tod und Teufel zu helfen. Über das [7] tut er auch gegenüber der Welt eitel große, mächtige Werke, nämlich daß er alle Stände berichtet [8] und unterweiset, wie sie äußerlich in ihren Ämtern und Ständen sich halten sollen, damit sie vor Gott recht tun, kann die Betrübten trösten, Rat geben, böse Sachen schlichten, irrige Gewissen entrichten,[9] Friede helfen erhalten, versöhnen, vertragen, und der Werke ohne Zahl viel und täglich. Denn ein Prediger bestätigt, stärket und hilft erhalten alle Obrigkeit, allen zeitlichen Frieden, steuert den Aufrührerischen, lehret Gehorsam, Sitten, Zucht und Ehre, unterrichtet Vateramt, Mutteramt, Kinderamt, Knechtamt und Summa, alle weltlichen Ämter und Stände.

Wiederum auch sollst du wissen, was du für Schaden tust, wo du hierin das Widerspiel [10] tust. Denn so dir Gott ein Kind gegeben hat, tüchtig und geschickt zu solchem Amte, und du erziehst's nicht dazu, siehest allein auf den Bauch und zeitliche Nahrung, so nimm vor dich das Register, droben gestellt, und durchlauf dasselbe in seinen angezeigten guten Werken und Wundern, so wirst du sehen und finden, welch Frömmlein [11] und Kräutlein [12] du bist. Denn soviel an dir ist, so entziehst du Gott einen Engel, einen Diener, einen König und Fürsten in seinem Reich, einen Heiland und Tröster der Menschen an Leib und Seele, an Gut und Ehre, einen Hauptmann und Ritter wider den Teufel, damit du einräumest dem Teufel und förderst ihm sein Reich, also daß er die Seelen in Sünden, Tod und Hölle behält und viel mehr hinein täglich bringt und allenthalben obliegt, die Welt in Ketzerei, Irrtum, Unfriede, Krieg und Hader bleibt und täglich ärger wird, dazu Gottes Reich, christlicher Glaube, die Frucht des Leidens und Blutes Christi, das Werk des Heiligen Geistes, das Evangelium und aller Gottesdienst untergeht und aller Teufelsdienst und Mißglauben überhand nimmt. Welches alles hätte mögen unterbleiben und verhindert, dazu auch gebessert werden, wo dein Kind dazu gezogen und gekommen wäre.

[7] Ueber das — furthermore.

[8] berichten (unterrichten) — to instruct.

[9] irrige Gewissen entrichten — to direct or set straight erring consciences.

[10] das Widerspiel (das Gegenteil) — opposite.

[11] das Frömmlein (der Frömmler) — the hypocrite.

[12] das Kräutlein — the scamp.

Aus einem Brief Heinrich Melchior Mühlenbergs

Unterm 12. August 1743 an einen Freund in Deutschland[1]

Ich erinnere mich noch gar wohl des angenehmen Briefes, welchen ich von E. H. in London erhalten. Ein Wort war mir aus demselben vor anderen besonders tröstlich und nachdrücklich, nämlich da E. H. beliebet zu schreiben, der Herr würde es mit meiner Seereise und übrigen Umständen wohl machen. Gewiß, der versöhnte Vater in Christo hat es mit mir unwürdigen und unnützen Wurm nach seiner Barmherzigkeit wohl gemacht. Wohl in London bei dem Herrn Hofprediger Ziegenhagen. Wohl, da ich allein als ein Fremdling zu Schiffe ging. Wohl, da ich auf dem Schiffe unter einer fremden Nation und Sprache sein mußte. Wohl, da ich auf dem Schiffe durch manche Prüfung, schwere Krankheit und Zufälle gehen mußte. Wohl, da wir mit einem alten Schiffe contraire[2] Winde, durch Feinde und gefährliche Gegenden ohne menschlichen Convoye[3] wandern mußten. Wohl, da ich Gelegenheit hatte, den Sündern, meinen Brüdern, das große Heil in dem Weltheilande und das unausbleibliche Gericht wegen Verachtung der Gnade in der englischen Sprache vorzulegen. Wohl, da wir mit gewaltiger Hitze und peinlichem Durste gezüchtigt wurden. Wohl, da der Herr das Gebet und Seufzen der Elenden erhörte und guten Wind bescherte, wenn er im Glauben ausgebeten wurde. Wohl, da er uns aus Gefahr, Mangel und Trübsal errettete und wohlbehalten vor Charlestown landen ließ. Wohl, da er mich auch auf der Reise von Carolina über den Land-Fluß nach der Landschaft Georgia zu den lieben Salzburgern, unsren Glaubensbrüdern, nach Ebenezer geführet, und daselbst viel Gutes hören, sehen und genießen lassen. Der Herr hat es wohl gemacht, da er mich über den Land-Fluß wieder zurück nach Charlestown gebracht. Wohl, daß er in Charlestown mir, als einem Fremdling, verlassenen, angefochtenen Menschen, kräftig beigestanden und mich gestärket. Wohl, da ich in der Winterzeit mit einer schlechten Schaluppe über die See durch Sturm, Ungemach und schwere Krankheit nach Pennsylvanien reisen mußte. Ach, würdiger Vater, helfen Sie doch mit den übrigen Freunden Christi den barmherzigen und langmütigen Gott loben und preisen!

Von den hiesigen Umständen etwas zu melden: In der Hauptstadt

---

[1] After an arduous journey, Mühlenberg had arrived in Philadelphia on Nov. 25, 1742. As can be inferred from the date of this letter, it was written approximately nine months later.

[2] *contraire* (konträr) — contrary.

[3] Convoye — convoy.

Philadelphia, welche sehr groß, ist eine englische Episkopalkirche,[4] welche zwei Prediger hat, die von der **Societate de propaganda cognitione Christi**[5] in London salariert werden. Die englischen Presbyterianer haben in dieser Stadt Philadelphia ein Versammlungshaus. Auch die Quäker, wie auch die englischen Anabaptisten[6] haben ihr Versammlungshaus in der Stadt. Die Mährischen Brüder oder Moravians sind dazugekommen und haben auch ein Versammlungshaus gebauet. Die Katholischen haben ihr Versammlungshaus und zwei bis drei Prediger. Die Schweden[7] haben eine Kirche. In dem Lande sind noch fast unzählige Sekten und Sektenhäuser.

Geld hat man hier nicht viel, aber das Land ist an allerlei Früchten so reich, daß man auch sagen kann, es fließet darinnen Milch und Honig (2 Mos. 3, 8). Von einer Seite haben wir die Indianer oder Heiden noch, und von der anderen Seite haben wir das Meer. Pennsylvanien ist nach dem Klimate die beste Landschaft für die Teutschen[8] in ganz Amerika. Im Lande sind die Häuser nicht beieinander, wie in Teutschland die Dörfer, sondern es sind allemal[9] etliche Tausend Acker an einem Stück, und davon hat ein Mann bisweilen 500, 400, 300, 200, 100, 50, 20, oder soundso viele Acker. Eine solche Gegend ist anfänglich lauter Wald. Wenn es nun angebauet ist, so wird es ein Township oder Flecken[10] genannt. Dazu sind dann gewisse Straßen angelegt, welche nach der Stadt Philadelphia gehen. Wenn man auf der Straße reiset, so reiset man beständig im Busch oder Walde. Hier stehet einmal ein Haus, über etliche Meilen wieder ein Haus an der Straße. Die meisten Häuser aber stehen tief hinein von der Straße.

Im Lande fließen verschiedene Flüsse, welche geschwinde aufschwellen und wieder fallen. Man hat keine Brücken darüber, sondern muß durchreiten und bisweilen auch überfahren mit dem Kahne. Wenn ich von Philadelphia zu den Landgemeinden reise, so muß ich allezeit drei Flüsse[11] passieren. Im Winter sind sie öfters gefährlich.

[4] englische Episkopalkirche — Christ Church.

[5] The Society for the Propagation of Christian Knowledge was established in 1699; the Society for the Propagation of the Gospel in Foreign Parts received its patent in 1701 and was, at the same time, united with the former.

[6] Anabaptists — the Baptists or the Mennonites are meant here.

[7] The Swedes converted a blockhouse, erected in 1669 as a defense against the Indians, into a church.

[8] Teutschen — Deutschen.

[9] allemal (immer) — always.

[10] der Flecken — country town, market town (cf. Matt. 21:2).

[11] In all probability Mühlenberg means the Wissahickon, Perkiomen, and Shippach rivers.

[In Mühlenbergs Tagebuch finden wir unter dem 5. Januar 1743 Angaben über den verwahrlosten Zustand der Gemeinden.]

Es scheinet, als wenn jetzo die Zeit wäre, da Gott hier in Pennsylvanien uns mit besonderer Gnade heimsuchen wollte. Es ist gewiß hohe Zeit. Wenn es noch etliche Jahre so geblieben, so wären unsre armen Lutheraner völlig zerstreut gewesen und ins Heidentum gekommen. Es sind wohl einige, die nicht getauft, haben geheiratet und Kinder gezeuget, die auch nicht getauft worden. Und dabei gibt es unzählige Sekten, Meinungen und Verführungen.

[Und in einem Brief aus derselben Zeit.]

Es fehlet auch nicht an Atheisten, Deisten,[12] Naturalisten[13] und Freimaurern. Summa, es ist wohl keine Sekte in der Welt, die hier nicht geheget wird. Es gibt hier Leute von fast allen Nationen in der Welt. Was man in Europa nicht duldet, das findet hier Platz. Man höret frei und öffentlich die allerschändlichsten Dinge wider Gott und sein heiliges Wort reden. In dem ganzen Lande sind viel Tausende, welche der Taufe, Erziehung und Konfirmation nach sollten Lutheraner sein, aber sie haben sich zum Teil zerstreuet. Es ist ein solcher erbärmlicher Zustand und Verfall unter unsern armen lutherischen Leuten, daß es mit Bluttränen nicht genug kann beweinet werden. So habe ich es gefunden, als ich in Philadelphia ankam.

Aus Luthers Tischreden

Von Gottes Werken

Doktor Martinus Luther sagte, daß kein Mensch auf Erden sei, der da vermöchte zu bezahlen die Unkosten, so unserm Herrgott täglich aufgehen,[1] daß er nur die unnützen Vögel ernähret und speiset. Und ich glaube es gänzlich, daß der König von Frankreich mit alle seinem Reichtum, Zinsen und Renten nicht vermöchte zu bezahlen, was allein auf die Sperlinge gehet. Was soll ich denn von den andern Vögeln, als Raben, Dohlen, Krähen, Zeisig, Stieglitz, Finken und dergleichen Vögel Speise sagen? So denn nun Gott die Vögel so reichlich und über-

---

[12] Deism, a system or belief which holds that the universe is a self-sustained mechanism from which God withdrew immediately after creation, or that God is still active in the universe, but only through natural means.

[13] In theology, naturalism asserts (among other things) that only nature and not revelation can be the source of religious truth, and denies everything miraculous and supernatural and consequently all fundamentals of Christianity.

[1] die Unkosten, so aufgehen — the expenses or prohibitive costs that arise.

flüssig nähret, wer wollte denn vom Menschen verzweifeln, daß Gott
ihm nicht Nahrung, Futter, Decke und alle Notdurft geben sollte? Die
Sperlinge sind die geringsten und losesten Vögel, doch haben sie die
allergrößte Herrlichkeit. Sie haben das ganze Jahr über die allerbesten
Tage und tun auch den größten Schaden. Im Winter liegen sie in
Scheunen und auf den Kornböden, im Lenz fressen sie den Samen auf
dem Felde, item Pflanzen und andre Gewächse, zur Erntezeit haben
sie aber auf dem Felde genug zu essen, im Herbste sind die Weinberge
und Obst ihr Labsal. Also sind die Frommen über alle Verfolgung
erhaben.[2]

Von der Ehe und den Kindern[3]

Eine jegliche[4] Person in der Ehe soll ihr Amt tun, was ihr gebührt.
Der Mann soll erwerben, das Weib soll ersparen. Darum kann das
Weib den Mann wohl reich machen und nicht der Mann das Weib, denn
der ersparte Pfennig ist besser denn der erworbene. Also ist rätlich sein
das beste Einkommen. Man soll die Kinder nicht zu hart stäupen, denn
mein Vater stäupte mich einmal so sehr, daß ich ihn floh und ward ihm
gram,[5] bis er mich wieder zu sich gewöhnte.

Die Liebe und Sorge der Eltern gegen die Kinder ist so groß und
kräftig, daß, je mehr sie der Eltern Liebe und Warnung bedürfen, je
fleißiger und sorgfältiger die Eltern ihrer warten[6] und erhalten. Darum
ist mein Martinchen mein liebster Schatz, denn er bedarf meines Dienstes
und meiner Hilfe mehr denn Johannes und Magdalene, dieselben können
nun reden und fordern, was sie wollen und ihnen not ist, darum bedürfen
sie so große Sorge nicht.

Vom Tode

Es ist kein besser Sterben denn St. Stephani, der sagt: „Herr, nimm
meinen Geist auf!" (Apost. 7, 59), daß man die Register[7] alle hinweg
lege von unsern Sünden und allein auf die bloße Gnade sterbe.[8]

Eine große Torheit ist's, derer man sich billig verwundern sollte,
daß ein Mensch sich vor dem Tode also sehr fürchtet, dem er doch nicht

---

[2] über alle Verfolgung erhaben — beyond all persecution or indifferent to.

[3] For Luther's domestic life see Köstlin, "Martin Luther," pp. 760—773; Meurer, "Luthers Leben," pp. 372—377; Fick, "Das Lutherbuch," pp. 107—111; "Der Lutheraner," LXXXI, 187, 202, 212, 213, 346, 358, 362; LXXXII, 46; LXXXV, 363; XCVIII, 36, 51.

[4] jegliche — jede.

[5] ihm gram sein — to bear him a grudge.

[6] warten (with gen.) — to nurse.

[7] das Register (Sündenregister) — catalog, list.

[8] auf die Gnade sterben — im Vertrauen auf die Gnade sterben.

entlaufen kann, denn er ist gemein⁹ und herrschet über alle Menschen, verschonet keines, er sei arm oder reich, hohes oder niedriges Standes, sie müssen ihm alle herhalten.¹⁰ Und wenn wir gleich länger leben wollen, so ist's doch eine kleine Frist. Gleichwenn¹¹ ihrer viele gegen Düben¹² oder nach Leipzig wanderten, etliche um vier Uhr, etliche um sieben oder acht, ehe sie hineinkommen, gegen Abend, doch müssen sie alle über Nacht da herbergen. Also ist uns der Altvater wenig¹³ Stunden zuvorgekommen. Er wird doch nicht mehr denn eine Nacht geruht haben, gleich wie wir.

Die Gemeinde ein Gebetbuch ihres Pastors

Als Kandidat¹ sollte ich zum ersten Male in meinem Heimatsorte predigen. An dem Tage vorher fühlte ich, wie das ja leicht erklärlich ist, ein gewisses Bangen. Da begegnete mir am Sonnabend ein einfacher Mann im Arbeitsgewande, von dem, wie ich wußte, galt:

    Es glänzet der Christen inwendiges Leben,
    Obgleich sie von außen die Sonne verbrannt.²

Er wußte, daß ich am folgenden Tage predigen sollte und sagte deshalb beim Abschied zu mir: „Treten Sie nur frisch auf und denken Sie, Sie tun's zu Gottes Ehre, ich will auch ein Wort für Sie einlegen." Aus diesem etwas seltsamen Ausdruck war ersichtlich, daß der Mann ein Gebetsleben führte. Als ich am nächsten Tage auf der Kanzel stand und sofort auch diesen Mann unter den Zuhörern bemerkte, war alle Befangenheit verschwunden. Ich kann gar nicht sagen, wie mich der Gedanke erhob: da ist einer von denen, deren Gebet „viel vermag" (Jak. 5, 11), und der für dich und dein Predigen gebetet.

So sollte es immer sein, daß der Pastor mit seiner Arbeit getragen

---

9 gemein (allgemein) — general.
10 ihm herhalten — to submit to it.
11 gleichwenn — just as if.
12 Düben — town in the province of Saxony.
13 wenig — wenige.

1 der Kandidat — one licensed to preach after an examination, while yet unordained.
2 Es glänzet usw. — opening line of a hymn by Chr. Fr. Richter (1676—1711), physician and theologian. It is found in Knapp's "Evangelischer Liederschatz für Kirche und Haus," No. 1518.

wird von der Fürbitte seiner Gemeinde. Kann man mit Paulus die Gemeinde einen „Brief" (2 Kor. 3, 2) des Pastors nennen in Hinsicht auf [3] andere Menschen, so kann man in Beziehung auf [4] Gott die Gemeinde des Pastors Gebetbuch nennen. Nennt man die Gemeinden Gebetbücher, dann sind die Gemeindeglieder die Blätter darinnen. Ach, wie viele Blätter in diesen Gebetbüchern sind unbeschrieben! Oder sollten gar ganze Gebetbücher verloren gegangen sein? — Wie der Apostel Paulus in seinen Briefen so oft seinen Lesern die Versicherung gibt, daß er für sie bete, so forderte er sie auch immer wieder auf zur Fürbitte für ihn. Den Ephesern sagt er: „Ich beuge meine Knie gegen den Vater unsers Herrn Jesu Christi, daß er euch Kraft gebe ... stark zu werden durch seinen Geist" (Eph. 3, 14). Aber er sagt ihnen auch: „Betet für mich" (Eph. 6, 18 ff.). Den Kolossern schreibt er: „Wir hören nicht auf, für euch zu beten und zu bitten", aber er fordert sie auch auf: „Betet zugleich auch für uns" (Kol. 1, 9 ff.; 4, 3 ff.).

„Der Lutheraner"

Mit den im folgenden Abschnitt angeführten „Vorbemerkungen" führte sich „Der Lutheraner", der 1844 zum ersten Male erschien, drei Jahre später öffentliches Organ der Missouri-Synode wurde, und heute (1961) im 117. Jahrgang steht, bei seinen Lesern ein, indem er darin besonders Ursache seines Entstehens und Zweck seines Daseins betonte.

Diese Zeitschrift wurde das Mittel, das viele Lutheraner, die damals im Lande hin und her zerstreut wohnten, zusammenbrachte und so zur Bildung eines Synodalkörpers, der Missouri-Synode, führte.

Vorbemerkungen über Ursache, Zweck und Inhalt des Blattes „Der Lutheraner"

Die deutsche Bevölkerung des Westens von Amerika wird offenbar mit jedem Tage größer. Mit derselben wächst hier zugleich die Anzahl derjenigen, welche sich zu dem Glauben bekennen, den einst Luther den Deutschen gepredigt hat. Es stehen jedoch die Glieder keiner andern kirchlichen Gemeinschaft so verwaist da, als die der evangelisch-lutherischen. So viel ihrer auch hier sein mögen,[1] die sich noch Lutheraner nennen, so leben sie doch so zerstreut und sind von allen Mitteln meist so entblößt, daß sie an vielen Orten kaum imstande sind, in einen Gemeindeverband zu treten und einen Prediger ihres Bekenntnisses zu

---

[3] in Hinsicht auf — in consideration of.
[4] in Beziehung auf — with reference to.

[1] so viel ihrer auch sein mögen — however many there may be.

bestellen, der ihnen diene. Die deutschen Lutheraner sind daher hier in nicht geringer Versuchung, den Glauben ihrer Väter zu verlassen; entweder nach Kirche, Gottesdienst u. dgl.² gar nichts zu fragen, oder in anderen hier bestehenden Gemeinschaften Befriedigung ihrer religiösen Bedürfnisse zu suchen. Unsere teuren Glaubensbrüder in diesem Teile unseres neuen Vaterlandes bedürfen darum allerdings der Ermunterung, ihrem Glauben treu zu bleiben; sie bedürfen der Warnung vor den Gefahren des Abfalls, deren so viele ihnen hier drohen; sie bedürfen Waffen, sich gegen diejenigen zu verteidigen, die es ihnen streitig machen,³ daß der Glaube der rechte sei, den sie von Jugend auf aus ihrem Katechismus gelernt haben; sie bedürfen den Trost, daß die Kirche, zu der sie sich bekennen, noch nicht verschwunden sei, daß sie daher keineswegs Ursache haben, bei irgend einer andern Gemeinschaft Zuflucht zu suchen.

Dieses gewiß von vielen empfundene Bedürfnis, und die Überzeugung, daß es unsere Pflicht sei, unsern hiesigen Mitbürgern darüber Rechenschaft abzulegen,⁴ was in unserer Kirche geglaubt und gelehrt, und nach welchen Grundsätzen daher von uns gehandelt werde: dies hat den Unterzeichneten bewogen, in Verbindung mit mehreren seiner Amts- und Glaubensbrüder in Missouri und Illinois, ein Blatt unter obigem Titel herauszugeben. Dasselbe soll nämlich dazu dienen: 1. mit der Lehre, den Schätzen und der Geschichte der lutherischen Kirche bekannt zu machen; 2. den Beweis dafür zu liefern, daß diese Kirche nicht in der Reihe der christlichen Sekten stehe, und nicht eine neue sondern die alte wahre Kirche Jesu Christi auf Erden sei, daß sie daher noch keineswegs ausgestorben sei, ja, nicht aussterben könne, nach Christi Verheißung: „Siehe, ich bin bei euch alle Tage bis an der Welt Ende" [Matth. 28, 20]. Unser Blatt soll ferner 3. dazu dienen, zu zeigen, wie ein Mensch als ein wahrer Lutheraner recht glauben, christlich leben, geduldig leiden und selig sterben könne; und endlich 4. die im Schwange gehenden⁵ falschen, verführerischen Lehren zu entdecken, zu widerlegen und davor zu warnen, und insonderheit diejenigen zu entlarven, die sich fälschlich lutherisch nennen, unter diesem Namen Irrglauben, Unglauben und Schwärmerei verbreiten und daher die übelsten Vorurteile gegen unsere Kirche in den Gliedern anderer Parteien erwecken.

Vielleicht nicht wenige, wenn sie dieses lesen, werden uns entweder die Fähigkeit absprechen, das Ziel, das wir uns selbst gesteckt haben, zu erreichen; oder sie werden fürchten, daß unser Blatt den Geist der Unduldsamkeit atmen, und somit Haß Verschiedenglaubender unter-

---

² u. dgl. (und dergleichen) — and the like.
³ streitig machen — to dispute.
⁴ Rechenschaft ablegen — to render an account.
⁵ im Schwange gehen — to prevail, to be in vogue.

Der Lutheraner.

"Gottes Wort und Luthers Lehr vergehet nun und nimmermehr."

Herausgegeben von C. F. W. Walther.

| Jahrg. 1. | St. Louis, Mo., den 7. September 1844. | No. 1. |

Bedingungen: Der Lutheraner erscheint alle zwei Wochen einmal für den Subscriptionspreis von Einem Dollar fünf und zwanzig Cents für die auswärtigen Unterschreiber, welche davon die Hälfte vorauszubezahlen und das Postgeld zu tragen haben. — In St. Louis wird jede einzelne Nummer für 6¼ Cents verkauft.

Vorbemerkungen über Ursache, Zweck und Inhalt des Blattes.

Die deutsche Bevölkerung des Westens von Amerika wird offenbar mit jedem Tage größer. Mit derselben wächst hier zugleich die Anzahl derjenigen, welche sich zu dem Glauben bekennen, den einst Luther den Deutschen gepredigt hat. Es fehlen jedoch hier die Glieder keiner andern kirchlichen Gemeinschaft so verwaist da, als die der evangelisch-lutherischen. So viel ihrer auch hier sein mögen, die sich noch Lutheraner nennen, so leben sie doch zerstreut und sind von allen Mitteln meist so ganz entblößt, daß sie an vielen Orten kaum im Stande sind, in einen Gemeindeverband zu treten und einen Prediger ihres Bekenntnisses zu bestellen, der ihnen diene. Die deutschen Lutheraner sind daher hier in nicht geringer Versuchung, den Glauben ihrer Väter zu verlassen, weder nach Kirche, Gottesdienst u. dergl. gar nichts zu fragen, oder in anderen ihr Bestehendes Gemeinschaften Befriedigung ihrer religiösen Bedürfnisse zu suchen. Unsere theuern Glaubensbrüder in diesem Theile unsres neuen Vaterlandes bedürfen darum allerdings der Ermunterung, ihrem Glauben treu zu bleiben; sie bedürfen der Warnung vor den Gefahren des Abfalls, die ihnen zu vielen drohen; sie bedürfen Waffen, sich gegen diejenigen zu vertheidigen, welche es ihnen stritig machen, daß der Glaube der rechte sei, den sie von Jugend auf aus ihrem Catechismus gelernt haben; sie bedürfen des Trosts, daß die Kirche, zu der sie sich bekennen, noch nicht verschwunden sei, daß sie daher keineswegs Ursache haben, bei irgend einer andern Gemeinschaft Zuflucht zu suchen.

Dieses gewiß nicht eben empfundene Bedürfniß, und die Ueberzeugung, daß es unsere Pflicht sei, unsern hiesigen Mitbürgern zuerst Rechenschaft abzulegen, was in unserer Kirche geglaubt und gelehrt, und nach welchen Grundsätzen daher von uns gehandelt werde: dieß hat den Unterzeichneten bewogen, in Verbindung mit mehreren seiner Amts- und Glaubensbrüder in Missouri und Illinois, ein Blatt unter obigem Titel herauszugeben. Dasselbe soll nehmlich dazu dienen: 1. mit der Lehre, den Schätzen und den Geschichten der lutherischen Kirche vertraut zu machen; 2. den Beweis dafür zu liefern, daß diese Kirche nicht in der Reihe der christlichen Sekten stehe, und nicht eine neue sondern die alte wahre Kirche Jesu Christi auf Erden sei, daß sie daher noch keineswegs ausgestorben sei, ja, nicht aussterben könne, nach Christi Verheißung: „Siehe, ich bin bei euch alle Tage bis an der Welt Ende." Unser Blatt soll ferner 3. dazu dienen, zu zeigen, wie ein Mensch als ein wahrer Lutheraner recht glauben, christlich leben, geduldig leiden und selig sterben könne; und endlich 4. die im Schwange gehenden falschen, verführerischen Lehren zu entdecken, zu widerlegen und davor zu warnen, und insonderheit diejenigen zu entlarven, die sich fälschlich lutherisch nennen, unter diesem Namen Irrglauben, Unglauben und Schwärmerei verbreiten und die übelsten Vorurtheile gegen unsere Kirche in den Gliedern anderer Parteien erwecken.

Vielleicht nicht wenige, wenn sie dieses lesen, werden und entweder die Fähigkeit absprechen, das Ziel, das wir uns selbst gesteckt haben, zu erreichen; oder sie werden fürchten, daß unser Blatt den Geist der Unduldsamkeit athmen, und somit Haß Verschiedengläubigen unterhalten und vermehren werde. Auf das erste Bedenken haben wir nur dieß zu antworten: Wir erkennen selbst gern, wie viel unslebendiges, als irgend jemand, wie viel und abgeht, den Beruf des Herausgebers eines christlichen Zeitungsblattes in seinem ganzen Umfange zu erfüllen; wir wissen aber, daß es in göttlichen Dingen nicht auf große Gelehrsamkeit und Beredtsamkeit ankommt, seinen Brüdern nüzlich zu sein, sondern auf eine lebendige Erkenntniß der seligmachenden Wahrheit und auf ein einfaches Zeugniß derselben. Uebrigens haben wir die Absicht, in diesem Blatte die geistreichsten Lehrer unserer Kirche, insonderheit Luthern, selbst reden zu lassen, und wir meinen, auf diese Weise hin mit dem Blatte dargebotenen Gaben dasselbe so gehaltvoll machen werden, daß sich der Leser das Unsrige wenigstens als eine geringe Zugabe gefallen lassen kann. Was das zweite Bedenken betrifft, so wird es gewiß bald gehoben werden, wenn die Leser nur einige Blätter mit Aufmerksamkeit und ohne Vorurtheil werden geprüft haben. Wir sind selbst eine geraume Zeit von mancherlei Irrthümern gefangen gewesen, und Gott hat mit uns Geduld gehabt und uns mit großer Langmuth auf den Weg der Wahrheit geleitet; dessen eingedenk werden daher auch wir gegen unsere irrenden Nächsten Geduld beweisen und uns alles ständlichen Richtens und Verdammens durch Gottes Gnade enthalten. Wir werden nicht sowohl die irrende Person, als vielmehr ihren Irrthum angreifen. Wir werden und auch nicht als solche geberden, die allein rein lutherisch sein und die Wahrheit allein besitzen wollen, sondern nur Zeugniß geben, daß Gott auch an uns Großes gethan und uns zur lebendigen Erkenntniß der alleinseligmachenden Wahrheit geholfen hat.

St. Louis, Mo., im August 1844.

C. F. W. Walther,
Pastor der deutschen ev. luth. Gemeinde ungeänderter Augsburgischer Confession hier.

Zeugnisse Luthers:

Welches der Hauptartikel der christlichen Lehre sei.

In seiner herrlichen Auslegung des Briefes an die Galater schreibt derselbe: „In meinem Herzen herrscht allein und soll auch herrschen dieser einige Artikel, nehmlich der Glaube an meinen lieben Herrn Christum, welcher aller meiner geistlichen und göttlichen Gedanken, so ich immerdar Tag und Nacht haben mag, der einige Anfang, Mittel und Ende ist. Und wiewohl ich sehr viel Worte davon gemacht, empfinde ich dennoch gleichwohl, daß ich von der Höhe, Tiefe und Breite dieser unmäßigen, unbegreiflichen und unendlichen Weisheit kaum und gar wenig ein geringes, schwaches Anfänglein erreichen, und kaum etliche kleine Spähnlein und Bröcklein aus der allerköstlichsten Fundgrube habe an das Licht bringen mögen. Dieser Artikel ist der einige feste Fels und die einzige beständige Grundveste alles unseres Heils und Seligkeit; nehmlich, daß wir nicht durch uns selbst, viel weniger durch unsere eigene Werke und Thun (welche freilich viel geringer und weniger sind, denn wir selbst) sondern daß wir durch fremde Sohn Gottes, Jesum Christum, von Sünden, Tod und Teufel erlöset und zum ewigen Leben gebracht sind."

halten und nähren werde. Auf das erste Bedenken haben wir nur dieses zu antworten: Wir erkennen selbst gewiß lebendiger, als irgend jemand, wie viel uns abgeht, den Beruf des Herausgebers eines christlichen Zeitungsblattes in seinem großen Umfange zu erfüllen; wir wissen aber, daß es in göttlichen Dingen nicht auf große Gelehrsamkeit und Beredsamkeit ankommt, seinen Brüdern nützlich zu sein, sondern auf rechte lebendige Erkenntnis der seligmachenden Wahrheit und auf ein einfaches Zeugnis von derselben. Übrigens haben wir die Absicht, in diesem Blatt die geistreichsten Lehrer unserer Kirche, insonderheit Luthern, selbst reden zu lassen, und wir meinen, daß schon allein diese mit dem Blatte dargebotenen Gaben dasselbe so gehaltvoll machen werden, daß sich der Leser das Unsrige [6] wenigstens als eine geringe Zugabe gefallen lassen [7] kann. Was das zweite Bedenken betrifft, so wird es gewiß bald gehoben [8] werden, wenn die Leser nur einige Blätter mit Aufmerksamkeit und ohne Vorurteil werden geprüft haben. Wir sind selbst eine geraume Zeit von mancherlei Irrtümern gefangen gewesen, und Gott hat mit uns Geduld gehabt und uns mit großer Langmut auf den Weg der Wahrheit geleitet; dessen eingedenk werden daher auch wir gegen unsere irrenden Nächsten Geduld beweisen und uns allen sündlichen Richtens und Verdammens durch Gottes Gnade enthalten. Wir werden nicht sowohl die irrende Person, als vielmehr ihren Irrtum angreifen. Wir werden uns auch nicht als solche gebärden, die allein rein lutherisch sein und die Wahrheit allein besitzen wollen, sondern nur Zeugnis geben, daß Gott auch an uns Großes getan und uns zur lebendigen Erkenntnis der alleinseligmachenden [9] Wahrheit gebracht hat.

St. Louis, Mo., im August 1844

     C. F. W. Walther
     Pastor der deutschen ev.-luth. Gemeinde
     ungeänderter Augsburgischer Konfession
     hier

[6] das Unsrige — our contribution (to the periodical).

[7] sich gefallen lassen — to tolerate, to submit to.

[8] ein Bedenken heben — to remove doubts and misgivings.

[9] alleinseligmachend — only-saving, claiming the monopoly of the means of grace.

Georg Stöckhardt

Sylvesterabendpredigt [1]

Georg Stöckhardt

„Er sagte ihnen aber dies Gleichnis: Es hatte einer einen Feigenbaum, der war gepflanzt in seinem Weinberge; und kam und suchte Frucht darauf, und fand sie nicht. Da sprach er zu dem Weingärtner: Siehe, ich bin nun drei Jahre lang alle Jahre gekommen und habe Frucht gesucht auf diesem Feigenbaum und finde sie nicht. Haue ihn ab; was hindert er das Land? Er aber antwortete und sprach zu ihm: Herr, laß ihn noch dies Jahr, bis daß ich um ihn grabe und bedünge ihn, ob er wollte Frucht bringen; wo nicht, so haue ihn darnach ab." — Luk. 13, 6—9.

Der Jahresschluß mahnt zum Dank. Wenn wir zurückschauen auf das, was Gott an uns getan, so müssen wir ausrufen: „Lobe den Herrn, meine Seele, und vergiß nicht, was er dir Gutes getan hat" (Pf. 103, 2).

[1] Sylvesterabend — New Year's Eve (named for Pope Sylvester I).

Auch für das Kreuz muß ein Christ hinterdrein, wenn auch nicht ohne Seufzen, dennoch danken. Denn Gott hat es ihm tragen helfen und wohl auch hin und wieder zu verstehen gegeben, daß und warum die Trübsal nötig und heilsam war. Der Jahresschluß mahnt aber auch zur Buße. Wenn wir auf unser Handeln und Wandeln[2] zurückschauen, dann müssen wir sprechen: „Herr, habe Geduld mit mir!" (Mark. 18, 26). „Gehe nicht ins Gericht mit deinem Knecht!" (Ps. 143, 2). Der Jahresschluß ist ein Abrechnungstermin. Ein gewissenhafter Geschäftsmann mustert da seine Bücher und rechnet nach, wie viel er im alten Jahr gewonnen hat, und freut sich, wenn er einen Überschuß mit in das neue Jahr hineinnimmt. So sollte auch ein Christ am Schluß des Jahres eine Weile in die Stille gehen[3] und das Buch aufschlagen, darin seine Werke, gute und böse, geschrieben stehen, in sein Gedächtnis und Gewissen zurückgreifen, und forschen und prüfen, ob es ihm in geistlichen Dingen ebenso geglückt und gelungen ist wie in irdischen, ob er in seinem Christentum vorwärts gekommen oder rückwärts gegangen ist. Wenn wir aufrichtig vor Gottes Angesicht unsern Wandel erforschen, ach, dann werden wir wohl mit Seufzen das Buch wieder zuschlagen und uns selbst anklagen, daß der himmlische Schatz, der uns anvertraut ist, so wenig Gewinn, so kärgliche Frucht abgeworfen hat. Nicht sowohl diesen und jeden Fehltritt und Mißgriff, sondern unsre Trägheit und Saumseligkeit bei Erfüllung unsers himmlischen Berufs, unsere Untätigkeit und Unfruchtbarkeit wird uns auf das Gewissen fallen.

Der Jahresschluß ist ein Termin, den Gott gesetzt hat. Gott der Herr macht Tage, Zeiten und Jahre und mißt uns ein Jahr nach dem andern zu und kommt nun alle Jahre wieder und sieht nach der Frucht, die wir das Jahr über gebracht. Durch den Wechsel der Zeiten selbst mahnt er das Gewissen. In den letzten Stunden des Jahres fühlt und erkennt man einigermaßen, welch ein Gewicht ein Lebensjahr für den Menschen hat. Sind nicht des Tages zwölf Stunden? (Joh. 11, 9.) — Und wir sollten wirken und Gutes tun, solange es Tag ist (Joh. 11, 4). Wieviel kann man an einem Tage wirken! Und nun sind 365 Tage wieder verstrichen, und wo ist die Frucht, der Gewinn dieser vielen Tagewerke? Ach, wir alle müssen heute vor dem König, der mit uns rechnet, niederfallen, um Erbarmen flehen und sagen: Herr, habe Geduld mit mir, ich bin dein Schuldner! Wir wollen nur aber nicht die Torheit begehen und mit jenem Schalksknecht im Gleichnis hinzufügen: „Ich will dir alles bezahlen!" (Matth. 18, 29.) Wir würden uns das neue Jahr von vornherein verbittern und verderben, wollten wir die alten Verbindlichkeiten aus dem alten ins neue Jahr nur hinübernehmen.

[2] Handeln und Wandeln — deeds and conduct.
[3] in die Stille gehen — to withdraw from life's routine.

Nein, wir wollen lieber gleich heute alles richtig machen. Aber wie ist das möglich? Nun, wir haben ja einen Freund und Genossen, der uns auch beim Übergang ins neue Jahr zur Seite geht und steht, der die Jahre und Zeiten mit uns durchmißt. Das ist „Jesus Christus gestern und heute und derselbe auch in Ewigkeit" (Hebr. 13, 8). Das ist unser Mittler und Bürge. Der zahlt für uns, der hat bezahlt, der durchstreicht das Schuldregister des vergangenen Jahres mit seinem rosinfarbenen⁴ Blute. Er bittet für uns, daß Gott Geduld mit uns habe und uns weiter Frist schenke. Frist, nicht damit wir den Schaden wieder gutmachen können — das hat er ja getan, sondern Frist, damit wir ferner in der Kraft des Herrn Gutes wirken und doch etliche Frucht mit von der Erde hinwegnehmen möchten. Und so gehen wir, obwohl mit Zittern und Zagen,⁵ doch an der Hand unsers Herrn und Heilandes Jesu Christi getrost und wohlgemut aus dem alten Jahr ins neue. Wir sagen auf Grund des⁶ verlesenen Textes:

Mit Zittern, aber doch nicht ohne Trost und Hoffnung tritt ein Christ aus dem alten Jahr ins neue

1. Er zittert wohl, wenn er sich selbst und sein Leben ansieht;
2. Aber er faßt Trost und Hoffnung, wenn er zu Jesu, dem treuen Mittler und Fürsprecher, aufblickt.

Den Galiläern, die über ihre Volksgenossen, deren Blut Pilatus mit ihrem Opfer vermischt hatte, berichteten und meinten, jene Ermordeten seien vor andern Sünder gewesen, sagte Jesus das Gleichnis vom Feigenbaum. Einer hatte einen Feigenbaum; das war ein guter Baum, der gute Früchte brachte, und den pflanzte er in seinen Weinberg, in ein gutes Land. So konnte er Frucht erwarten und fordern. Sicherlich hatte der Weinbergsherr dem Weingärtner auch Befehl gegeben, diesen Baum zu pflegen und zu umgraben, um die Frucht zu fördern. Und nun kam der Herr Jahr für Jahr und suchte Frucht auf diesem Feigenbaum und fand sie nicht. Die ersten Jahre schwieg er und vertröstete sich immer aufs⁷ folgende Jahr. Aber am Ende des dritten Jahres brach sein Herz in Klage und Seufzer aus: „Diese drei Jahre habe ich Frucht gesucht und finde sie nicht." Er hatte lange Geduld gehabt. Es war fürwahr keine Ungerechtigkeit und Härte, daß er jetzt zu dem Weingärtner sprach: „Hau ihn ab!" Ja, es diente nur seinem Weinberg zum besten, wenn er diesen unfruchtbaren Baum ausrottete, denn er hinderte das Land. Andere Gewächse hätten auf diesem guten Acker, auf

---

⁴ rosinfarben — raisin-colored (Rosinfarbe — Purpurfarbe).
⁵ mit Zittern und Zagen — with fear and trembling.
⁶ auf Grund des — on the basis of.
⁷ sich vertrösten auf — to hold out hopes (for the future).

eben derselben Stelle, Frucht getragen. Dem Volk Galiläas, dem Volk Israel überhaupt, war zunächst dies Gleichnis vermeint. Israel war ein guter Baum, ein Feigenbaum; war schon in den Vätern geheiligt, war der erwählte Same. Gott hatte sich dieses Volk ausgesondert von den Heiden, hatte es am Sinai förmlich in seinen Bund aufgenommen und zu einem königlichen Priestertum gemacht (2 Mos. 19, 1—9). Und dann hatte er ihm ein schönes Erbe gegeben, das gute Land Kanaan. Aber er hatte ihm auch eine unversiegliche Quelle geistlichen Segens geöffnet, hatte sein gütiges Wort dort niedergelassen; und nicht nur das Gesetz, sondern auch die Verheißung gegeben; und ließ durch Priester und Könige das Heiligtum pflegen und schützen und durch die Propheten die Verheißung auslegen und bekräftigen. Jahrhunderte lang arbeitete er treulich an diesem Volk, mit Gericht und Gerechtigkeit, mit Gnade und Barmherzigkeit. Wenn es übermütig ward, gab er es in die Hand seiner Feinde; wenn es dann zu ihm schrie, errettete er es. Durch Ernst und Güte wollte er es zum Gehorsam bewegen. Aber Israel versagte den Gehorsam, versagte die schuldige Frucht, war von Anfang an ein ungehorsames, halsstarriges Volk. Zuletzt schickte Gott seinen lieben Sohn und ließ durch ihn die Juden an die Frucht mahnen und dachte: „Sie werden sich vor meinem Sohn scheuen" (Luk. 20, 13). Drei Jahre lang hatte Jesus, da er dieses Gleichnis sprach, durch Predigt und Wunder an Israel gearbeitet, aber sie hatten sich nicht gebessert. Wenn sie auch ab und zu [8] Gott priesen, der sein Volk heimgesucht, so war es doch keine rechtschaffene Buße, und es fehlten die rechtschaffenen Früchte der Buße. Wahrlich, Israel hatte die Geduld Gottes erschöpft. Es war ein langsamer Zorn, der nun Gericht und Verderben beschloß. Gott war gerecht in seinem Gericht. Er war es dem Weinberg auf Erden, dem Himmelreich hienieden [9] schuldig, schließlich dieses widerspenstige Volk zu vertilgen. Denn der unfruchtbare Feigenbaum hinderte nur das Land; um Israels willen wurde Gottes Name unter den Heiden gelästert (Röm. 2, 24). Und der Herr wollte doch seinen Weinberg andern Weingärtnern, den Heiden, auftun, die ihre Frucht brachten zu ihrer Zeit.

Das unfruchtbare Israel ist ein Bild aller unbußfertigen Sünder. Heute noch, allenthalben gewahrt man solche unfruchtbare, vertrocknete Feigenbäume. Wie viele Namenchristen wandeln neben uns, die durch die Taufe einst auch in das gute Land, in den Weinberg des Herrn, in die christliche Kirche, eingepflanzt, die durch die Taufe wiedergeboren, erneuert, gut gemacht waren, die dann auch etwa in ihrer Jugend Gottes Wort gelernt und das Heil, das ihnen widerfahren,[10] erkannt

---

[8] ab und zu — now and then.

[9] hienieden — here on earth.

[10] das ihnen widerfahren — which they received.

haben, aber dann ist Saft und Kraft vertrocknet, der Glaube ist gestorben! Sie haben sich von der lebendigen Quelle abgewendet, sind von der Wahrheit abgetreten und wandeln nun in Finsternis. Manchmal verläuft sich solch ein Abtrünniger, etwa am Weihnachten, am Sylvester in die Kirche, aus der er ausgegangen ist. Solcher Mensch erkenne in dem unfruchtbaren Feigenbaum sein Bild, erkenne seine böse Art, seinen Undank, mit dem er bisher alle Bemühungen des treuen Gottes abgewiesen und abgelehnt, höre das Urteil, das der gerechte Richter spricht: Haue ihn ab — bedenke, daß er mit seinem Unglauben nicht nur die eigene Seele verdirbt und verdammt, sondern seine Strafe und Verdammnis dadurch steigert und erschwert, daß er das Land hindert, durch sein böses Exempel andere irre macht. Ach wie schrecklich, wenn man nicht nur ein, zwei, drei Jahre, sondern Jahrzehnte, etwa das ganze bewußte Leben lang der Sünde gedient und also das ganze Leben vergeudet hat! Aber auch unter den Christen finden sich solche unglücklichen Menschen, die jenem Feigenbaum im Gleichnis ähneln. Sie tragen etwa nur zum Schein Blätter, vollen Schmuck der Blätter, wie jener Feigenbaum, den der Herr auf seinem Weg von Bethanien nach Jerusalem verfluchte (Matth. 21, 19). Sie singen, hören, beten mit den Christen, sie ehren Gott mit ihren Lippen, aber ihr Herz ist ferne von ihm (Matth. 15, 8; Mark. 7, 6; Jes. 29, 13), und so verleugnen sie auch in ihrem Wandel und Werk die Kraft der Gottseligkeit, und bringen keine Früchte, oder böse Früchte. Ach, solche Heuchler betrügen sich selbst und betrügen andere! Der Gott, dem sie schmeicheln, wird doch zu seiner Zeit über sie sprechen: „Haue sie ab, ich kann das Geplärr ihrer Lippen, ihrer Lügenreden nun nicht länger vertragen." Und ihre Verdammnis ist gewiß und um so schwerer, dieweil[11] sie anderen rechtschaffenen aber schwachen Christen hinderlich gewesen sind. Sie haben andern falsche Gedanken vom Christentum in den Kopf gesetzt, als bestehe das Reich Gottes nur in Worten und nicht in der Kraft (1 Kor. 4, 20). Prüfe ein jeder, ob nicht manches, was er für gute Frucht gehalten, bloßer Blätterschmuck war, mit dem er Gott und Menschen belogen hat.

Aber wir halten das Gleichnis unsres Textes gerade auch den wahren Christen vor, die nicht heucheln. Denn alles, was in der Schrift geschrieben, gerade auch was die Schrift von dem Gericht der Unbußfertigen sagt, ist uns zur Warnung geschrieben (2 Tim. 3, 16). Wir sollen alle Lehre und Strafe der Schrift auf uns selbst anwenden. Und leider, dies Gleichnis trifft auch unser Gewissen. Wir Christen wissen und erkennen es, wie Großes Gott an uns getan hat (Ps. 126, 3), daß er uns aus dem Reich Satans in das Reich seines lieben Sohnes versetzt, aus argen Bäumen uns zu guten Bäumen umgeschaffen; daß er

---

[11] dieweil — weil.

von Jugend auf das neue geistliche Leben in uns mit seinem Worte genährt und gepflegt, uns in unsrer Schwachheit gehoben, gestärkt, durch Freud und Leid an unsrer Seele gearbeitet hat. Nun, diese Arbeit Gottes war nicht ganz verloren, seine Gnade an uns ist nicht ganz vergeblich gewesen (1 Kor. 15, 10). Wir reden jetzt eben von und zu Christen. Aber wahrlich, wir dürfen uns deshalb nicht selber rühmen, als wären wir von der Natur besser, als hätten wir uns, aus uns selber,[12] dankbarer und empfänglicher erwiesen als die andern, die in Finsternis wandeln und der Sünde dienen, als die unfruchtbaren, verdorrten Bäume. Daß wir nicht ganz dem Feigenbaum im Gleichnis gleichen, daß sich doch etliche Früchte bei uns gefunden, das ist allein das Werk, die Gnade unsers Gottes. Aber dieweil wir vor andern begnadigt sind, so haben wir auch größere Verantwortung. Und wie steht's nun? Haben wir der großen, unermüdlichen Gnade und Geduld Gottes, die wir rühmen müssen, nach Gebühr[13] gedankt? Entspricht die Ernte der Aussaat? Ach nein, nein! Du hast viel Gnade empfangen, hast du nun auch viel geliebt? (Luk. 7, 36.) Gottes Kraft war in dir mächtig (2 Kor. 12, 9). Wie kannst du dich immer noch mit deiner Schwäche entschuldigen? Dein Wille ist erneuert; hast du nun immer ernstlich gewollt, was zu deinem Frieden diente? (Luk. 19, 42.) Welche Frucht habt ihr aus den Predigten und Gottesdiensten des vergangenen Jahres davongetragen? Welche Frucht habt ihr selber aus eurer Bibel gesammelt? Ach, ihr habt viel versäumt und verwahrlost;[14] aber hättet ihr alles, was ihr wirklich gehört, gelesen und verstanden habt, wirklich tief zu Herzen genommen und wäret auch immer Täter des Wortes gewesen und nicht Hörer allein (Jak. 1, 22), es stünde anders um euch;[15] ihr hättet dann nicht so viele Versäumnisse, Mängel und Schäden zu beklagen. Wie steht's in Haus und Familie? Ist die Frucht des Herrn, Gehorsam, Zucht, Sittigkeit, Gebet, gemeinsames Gotteslob Zier und Schmuck eures Hauses? Sproßt und blüht da in der Stille solche liebliche, Gott angenehme Frucht? Woher kommt's doch, daß unsre Kinder, Jünglinge und Jungfrauen so vielfach die Früchte der Gottseligkeit, die auch die Welt an der christlichen Jugend zu sehen erwartet, vermissen lassen?[16] Sie sind selbst nicht ohne Schuld, aber auch die Eltern haben wohl ihres Weingärtneramtes nicht recht gepflegt, oder sind den Jüngeren öfter gar wohl hinderlich gewesen. Habt ihr Gutes gesät auf den geistlichen Acker, den Weinberg

[12] aus uns selber — by our own strength.
[13] nach Gebühr — duly, properly.
[14] versäumen und verwahrlosen — to neglect grossly.
[15] es stünde anders um euch — you would conduct yourselves differently, you would be different.
[16] vermissen lassen — to fail to show.

des Herrn — Gutes getan an denjenigen Brüdern, an Glaubensgenossen — die Kirche Gottes bauen helfen — und das nach dem Vermögen, das Gott euch darreichte? (1 Petr. 4, 11.) Wir mögen hinblicken, wohin wir wollen, wir müssen uns selbst das Urteil sprechen: Wenig Früchte, viel zu wenig! Gott könnte mehr beanspruchen. Oft haben wir Saft und Kraft, der in die Zweige aufsteigen wollte, zurückgedrängt, oft den Geist Gottes gedämpft (1 Thess. 5, 19). Wir haben uns selbst geschadet, manches Segens uns beraubt und haben mit unsrem lauen Christentum andre gehindert und zurückgehalten. Wir könnten es darum Gott nicht verargen, dürften Gott nicht der Härte und der Ungerechtigkeit beschuldigen, wenn er am Schluß dieses Jahres über uns das Urteil fällte: „Haue ihn ab, wirf ihn ins Feuer!" Ja, nach Recht und Gerechtigkeit muß Gott also sprechen und richten; und wir wären verloren, wenn uns nicht noch wo andersher [17] Trost, Hilfe und Hoffnung käme. Mit Zittern und Zagen also, doch nicht ohne Trost und Hoffnung treten die Christen aus dem alten Jahre in das neue ein. Der Weingärtner im Gleichnis nimmt den Befehl des Weinbergsherrn — Haue ihn ab, was hindert er das Land? — nicht ganz stillschweigend hin. Er hat dem Herrn etwas zu erwidern. Er spricht: „Herr, laß ihn noch dies Jahr! Habe noch eine Weile Geduld!" In diesem Weingärtner, der für den unfruchtbaren Feigenbaum bittet, zeichnet der Herr Jesus sein eigenes Bild. Zu ihm, dem treuen Mittler und Fürsprecher erheben wir jetzt an der Jahreswende unsre Augen. Er tritt vor Gott, sobald ein Jahr sich zu Ende neigt und bittet Gott, daß er den Sündern auf Erden noch ein Jahr zulegen möge. „Habe Geduld, mein Vater! Noch ein Jahr!"

Ja, jedes neue Jahr ist uns von Jesu erbeten, darum ist es in Wirklichkeit ein Gnadenjahr. Unsre Zeit, die Zeit der Welt ist eigentlich längst verstrichen. Würden uns jetzt die Augen geöffnet, könnten wir jetzt in die obere Welt, in das Jenseits hineinschauen, wir würden Jesum sehen, zur Rechten Gottes, wie er dem Vater seine durchgrabenen Hände zeigt und wie er die angenehme Frucht seines willigen Gehorsams, den er im Fleisch geleistet,[18] den Augen Gottes vorhält und zu ihm spricht: „Nun Vater, tue es mir zuliebe[19] und schenke der Welt noch ein neues Jahr!" So erbat er einst seinem Volke Israel noch längere Gnadenfrist; so erbittet er ohne Unterlaß für die Sünderwelt; so bittet er für einen jeglichen unter uns. Der Fürbitte Christi und der Geduld Gottes verdanken wir unsere Zukunft, die Tage und Jahre, die noch vor uns liegen. Die Gerechtigkeit Gottes hat das Schwert schon gezückt, und die Welt ist reif zum Gericht. Aber die Gnade Jesu

[17] wo andersher (anderswoher) — from elsewhere.
[18] Gehorsam leisten — to render obedience.
[19] einem etwas zuliebe tun — to do something as a favor to someone.

Christi fällt der Gerechtigkeit in den Arm[20] und hält noch eine Weile den Schlag zurück, der die Welt zerschmettern soll. Es ist wahr, Gott erhält die böse, undankbare Welt auch um der Christen willen, aber nicht um unsrer Frömmigkeit und Gerechtigkeit willen, sondern weil die Christen um ihr Leben und das Leben der Welt zu Christo beten, sich auf das Verdienst und die Fürbitte Jesu Christi berufen.

Ach, wer darum noch sich selber lebt, sich selbst und seinem Verderben überlassen ist, der benütze doch das neue Gnadenjahr und wende sich von seinem verkehrten Wege zu Christo, dem treuen Mittler und Bürgen, damit seine Seele nicht nur etliche wenige Gnadenjahre, sondern ewig am Leben erhalten werde! Und wir alle, die wir Jesum kennen, wollen aufs neue uns ihm, dem Fürsprecher, in die Arme werfen, ihm die Zukunft, Leib und Seele und alles befehlen, ihm leben und ihm sterben!

Der Weingärtner spricht zum Weinbergsherrn: „Laß ihn noch dieses Jahr, bis daß ich um ihn grabe und dünge ihn, ob er wollte Frucht bringen!" So hat der treue Hirte Israels am Volk der Juden durch die Predigt der Apostel noch eine Weile gearbeitet. So rüstet er sich gleichsam — an der Jahreswende — zu neuer Arbeit und spricht bei sich selbst: „Ich will graben und düngen." Er schickt sich an und will und wird im neuen Jahr mit seinem Wort, mit seinem Evangelium, mit seinem Geist die Seelen der Menschen suchen, locken, bereden; wird die Sünder rufen, die Abtrünnigen, die Scheinheiligen strafen und doch zugleich ernstlich zurückrufen; wird uns mit ernsten und gelinden Worten zureden, ermuntern, antreiben, daß wir mehr Früchte bringen.

Ach, so macht auch ihr euch auf, wachet auf vom Schlaf (Eph. 5, 14) und sprecht: „Ja, wir wollen seinen Dienst, seine Liebe annehmen." Bittet ihn brünstig, auch in dieser Nacht, daß seine fernere Arbeit an euch nicht vergeblich sei. Kommet her alle, die ihr noch ferne seid, und tut Buße, glaubt dem Evangelium und wandelt im Licht (Joh. 12, 35; Eph. 5, 9). Und ihr alle, die ihr in Christo Jesu seid, bleibt in ihm, in den treuen, starken Händen des Weingärtners, wachset in der Gnade und Erkenntnis Jesu Christi, bleibt in ihm, er ist der Weinstock, ihr seid die Reben (Joh. 15, 5), bleibet in ihm, so werdet ihr viel Früchte bringen. „Wo nicht, so haue ihn darnach ab" — so schließt unser Text. Das Ende, das Gericht kommt. Ein jeglicher Baum, der bis zuletzt die Frucht versagt, wird abgehauen und ins Feuer geworfen (Matth. 7, 19). Israel ist schon vom Zorn ereilt. Die Gnadenfrist dauert nicht ewig. Das Ende der Jahre naht, das Ende kommt bald. Darum eilet, rettet eure Seele und wirket Frucht, die da bleibt ins ewige Leben! (Joh. 6, 27.) Amen.

[20] der Gerechtigkeit in den Arm fallen — to stay the hand of justice.

Pastor Ferdinand Sievers

Eine Missionsreise in Michigan im Jahre 1865 [1]

Im Jahre 1931 geschildert von dem jüngsten
Reisegefährten, Pastor Bernhard Sievers

Es war im Jahre 1865, als der damalige Nördliche Distrikt unsrer Synode, zu welchem auch der Staat Michigan gehörte, darüber beriet, wie die in der Gegend von Big Rapids, Mecosta Co., zerstreut wohnenden Lutheraner kirchlich bedient und zu Gemeinden gesammelt werden könnten. Bei dem damaligen Mangel an Verkehrsmitteln konnte nur ein solcher mit diesem Werke betraut werden, der nicht nur vom heiligen Eifer, dem Heiland zu dienen, erfüllt war, sondern von dem man auch

---

[1] Missions and missionary journeys form an interesting chapter in the history of the church. "Der Lutheraner" contains a wide variety of reports on these under the captions: Mission; Missionsbericht; Reiseprediger; Reisebericht, usw.

wußte, daß er vor keinen Hindernissen zurückschrecken, der, an Strapazen aller Art gewöhnt, mit eiserner Energie die Arbeit in Angriff nehmen² würde. Ein solcher war Pastor Ferdinand Sievers in Frankenlust, Mich.³ Dieser erklärte sich zu diesem Werke bereit und ging auch gleich daran, sich seinen Plan zu dieser Missionsreise zurechtzulegen.⁴

Wenn nun in dieser Erzählung auch Personen genannt werden, die auf dieser Reise teils Nebenpersonen, teils Anhängsel waren, so wolle man dies dem Erzähler verzeihen, denn die Reisegeschichte kann nicht treu erzählt werden, ohne auch sie gelegentlich zu erwähnen.

Als Pastor Sievers sich seinen Plan zurechtlegte, brachte in seinem allezeit gastfreien Hause ein angehender Student der Theologie,⁵ Adolf Biewend, nachmaliger Pastor in Belleville, Ill., und Boston, Mass., einen Teil seiner Sommerferien zu. Dieser hatte in dem zwölf Meilen entfernten Saginaw einen Freund und Klassengenossen, Heinrich Partenfelder, später Pastor in Bay City, Mich. Beide Studenten ließen sich von Pastor Sievers gewinnen, ihn auf dieser Missionsreise zu begleiten, wie sich einst Johannes Markus von dem großen Heidenapostel Paulus ins Schlepptau nehmen ließ⁶ (Apost. 12, 25). Aber noch mehr. Pastor Sievers dachte es würde auch seinen beiden Söhnen Friedrich und Bernhard, damals dreizehn und elfeinhalb Jahre alt, nichts schaden, die Reise, die zum größten Teil zu Fuß geschehen würde, mitzumachen. „Wenn ihr Missionare werden wollt, dürft ihr mit", hieß es. Natürlich waren die Söhne augenblicklich bereit, Missionare zu werden.

So machte sich denn am 19. Juli 1865, einem Mittwoch, in aller Morgenfrühe diese Reisegesellschaft von fünf Personen auf den Weg, als erstes Ziel Big Rapids im Auge.⁷ Dieses Ziel sollte vor Sonntag erreicht werden. Ein treues Gemeindeglied aus Frankenlust (ich nenne seinen Namen, Andreas Götz, mit dankbarer Erinnerung — er hat uns beiden Knaben hernach während unsrer Studienzeit manche Gabe gegeben) ließ es sich nicht nehmen,⁸ uns die erste Strecke von etwa zwanzig Meilen, von Frankenlust bis Midland, auf seinem Farmerwagen zu fahren. Und was für eine Strecke! Durch den Urwald, durch den eine

---

2 in Angriff nehmen — to tackle.

3 G. E. C. Sievers (1816—1893) was induced by Wyneken's appeal to come to America with Lutheran colonists sent by Löhe; these colonists founded Frankenlust, Mich., in 1847.

4 einen Plan zurechtlegen — to prepare a plan.

5 ein angehender Student der Theologie — a budding or young student of theology.

6 sich ins Schlepptau nehmen lassen — to be taken in tow.

7 im Auge — in mind, with an eye to.

8 es sich nicht nehmen lassen — not to be deprived of something, not to be talked out of something.

enge Straße gehauen worden war, eine Straße teils aus Sumpf, teils aus Knüppeldämmen bestehend. Ein schönes Fahren über Knüppeldämme auf einem Wagen ohne Federn! Niemand begegnete uns auf der langen Strecke, aber doch, wir hatten zahlreiche Reisegenossen, mehr als uns lieb war, eine Gesellschaft, die sich nicht abschütteln ließ. Ganze Scharen blutgieriger Wölfe? Nein, das nicht, aber Moskitos umschwärmten, ja bedeckten uns Menschen und die Pferde. Nie wieder hat der Schreiber dieser Missionsreise diese Art Plagegeister in solchen Mengen und in solcher Größe gesehen. Es nutzte nichts sich ihrer erwehren zu wollen. Schlug man eine tot, dann kamen, wie einmal ein biedrer Farmer in Minnesota sagte, neunundneunzig zum Begräbnis. Doch wir kamen gegen Mittag lebendig in Midland an. In einem allerdings ziemlich primitiven Gasthof wuschen wir uns und fanden unsere Gesichter von den vielen Moskitobissen ganz dick geschwollen. Ich kann mich erinnern, daß Vaters Gesicht fast bis zur Unkenntlichkeit verunstaltet[9] war. Doch der Gastwirt wußte ein gutes Mittel. Er brachte uns einige Gefäße saurer Milch, mit der wir uns waschen sollten. Wir folgten seiner Weisung. Und richtig, die Geschwulst wich, und auch das Brennen und Jucken hörte auf. Wir waren dankbar. Nur tat uns unser guter Fuhrmann leid, der denselben Weg wieder zurücklegen mußte und auf diesem das alleinige menschliche Opfer der unzähligen Blutsauger war.

Nachdem wir gespeist hatten, ging es weiter, von nun an aber zu Fuß, jeder sein Gepäck tragend. Pastor Sievers hatte auch eine Anzahl Gesangbücher, Gebetbücher sowie etliche Bibeln mitgenommen, um sie hie und da austeilen zu können. Wir marschierten bis Abend etwa fünfzehn Meilen, meist auf schmalen, sich schlängelnden Waldpfaden, durften aber unsren Marsch unterbrechen durch ein Bad in dem klaren Wasser des schönen, von hohen Ufern beseiteten[10] Chippewaflusses. Gegen Abend erreichten wir eine kleine Herberge, wo wir auf freilich ziemlich dürftigem Lager übernachteten. Am nächsten Morgen, nach gehaltener Andacht — diese wurde an keinem Morgen und Abend ausgesetzt — brachen wir um half fünf auf, ohne Frühstück eingenommen zu haben. Nach einer Stunde aber forderte die Natur ihr Recht, und wir machten uns über die mitgenommenen Vorräte her.[11] Nach mehrstündigem Marsch, zum Teil durch wüste Sandgegenden, erreichten wir ein kleines Städtchen, Isabella City, wo ein Hotel — wenn man es so nennen darf — aufgesucht wurde. Da wir aber an diesem Tage noch die Station der Indianermission in der Nähe von Mount Pleasant er-

---

[9] bis zur Unkenntlichkeit verunstaltet — disfigured beyond recognition.
[10] von hohen Ufern beseitet — flanked by high banks.
[11] sich hermachen über — to fall or pounce upon.

reichen wollten, war unsre Rast von nur kurzer Dauer. In Mount Pleasant angekommen, erkundigten wir uns nach der Missionsfarm, auf der Missionar E. G. H. Mießler[12] stationiert war. Es hieß: „Nur noch drei Meilen." Auch diese wurden noch glücklich zurückgelegt, und wir langten, nachdem wir an diesem Tage gut dreißig Meilen zu Fuß gewandert waren, in der gastlichen Behausung Missionar Mießlers an. (Später war Schreiber dieses als theologischer Student wieder einmal in jener Gegend, wieder mit seinem Vater, und beide, Vater und Sohn, haben dort einer Anzahl Indianer das Evangelium von Jesu Christo gesagt.) Ein neuer, nicht minder strapaziöser Tag brach an. Der sehr liebevolle Indianermissionar fuhr uns eine gute Strecke. Aber wegen der Unfahrbarkeit des weiteren Weges kehrte er wieder heim. Er wollte uns wieder mit zurücknehmen, da er meinte, daß die Strapazen zu schwer seien. Aber er hatte nicht mit der Tatkraft und Ausdauer des Führers gerechnet. Für diesen gab es kein Zurückschrecken.

So ging es denn weiter durch dick und dünn, auf Wegen, die durch den Regen, der uns jetzt überfiel, nicht besser wurden. Am Abend wurde ein Blockhaus erreicht, das von Amerikanern bewohnt war. Wir fanden freundliche Aufnahme, mußten uns aber mit einem Nachtlager auf dem Fußboden begnügen. Die Sonne kündete einen neuen Tag an. Würden seine Stunden ausreichen, um uns dem Reiseplan gemäß an das erste Hauptziel, Big Rapids, zu bringen? Der amerikanische Farmer fuhr uns auf seinem mit Ochsen bespannten Wagen fünf Meilen weit, dann hieß es wieder die Füße gebrauchen. Zwanzig Meilen ging es im Laufe des Tages meist durch unbewohnte Heimstätte-Länderei.[13] Gegen Abend machten wir halt in einem amerikanischen Farmhaus. Aber wir wollten doch das noch fünfzehn Meilen entfernte Big Rapids erreichen! Der Farmer ließ sich für Geld und gute Worte bereit finden, uns mit seinen Pferden — diesmal waren es also keine Ochsen — die Strecke zu fahren. Es ging aber nicht, wie heute, auf gepflasterter Straße, sondern auf schauderhaftem Wege, der oft so eng war, daß der Wagen an Bäume stieß und dafür sorgte, daß die Lebensgeister schlaftrunkener Menschenkinder aufs neue angefacht wurden.

Endlich, um 11 Uhr abends, war das Ziel der Reise, Big Rapids, erreicht. Wie wohl tat es, in den Betten eines ziemlich guten Gasthauses die müden Glieder ausstrecken zu dürfen, nachdem in kurzer Abendandacht Gott gedankt worden war für seine gnädige Leitung und seinen mächtigen Schutz. Ein herrlicher Sonntagmorgen war angebrochen.

---

[12] **Ernst Gustav Mießler (1826—1916)** was educated for missionary service in Dresden; labored among the Chippewas near Saginaw, Mich.; when mission was discontinued in 1871, he studied and practiced medicine in Chicago.

[13] die Heimstätte-Länderei — homestead territory.

Die nächste Aufgabe war nun, die Leute aufzusuchen, deren Namen Pastor Sievers besaß. Aber während er glaubte, sie in dem Städtchen oder doch in der nächsten Umgebung zu finden, mußte er bald die Erfahrung machen, daß sie weiter im Lande wohnten, die meisten zehn bis fünfzehn Meilen entfernt, jedoch nach derselben Richtung hin. Um Zeit zu sparen — denn es sollte doch heute Gottesdienst gehalten werden — mietete er ein Fuhrwerk. Unterwegs stießen wir auf eine methodistische Gebetsversammlung, die uns Gelegenheit bot, Erkundigungen einzuziehen.[14] So wurde zunächst der Mann gefunden, der an der Spitze derer stand, die kirchliche Bedienung begehrten. Mit dessen Hilfe und unter Mithilfe der beiden Studenten wurden im Laufe des Nachmittags alle benachrichtigt und aufgefordert, sich um 8 Uhr abends zu einem Gottesdienst in einem dazu bestimmten Privathause einzufinden. Und siehe, eine ganze Schar hungriger Seelen stellte sich ein, die mit Himmelsbrot gespeist werden wollten.

Der Gottesdienst begann. Und zeigte sich gleich der Vorteil davon, daß mit der kräftigen hellen Stimme des Pastors auch die Stimmen der beiden sangeskundigen Studenten sich vereinigten. Ohne diese würde es dem Pastor schwerlich gelungen sein, den Choralgesang einigermaßen zu harmonisieren und zu einem melodischen zu gestalten. Auch die beiden „Anhängsel", die jungen Söhne des Pastors, waren hier doch wenigstens zu etwas nütze. Auch sie, die im Singen von Chorälen von frühester Kindheit an geübt waren, halfen mit ihren Knabenstimmen den Gesang in die rechten Bahnen zu leiten.[15] Und wie lauschten die lieben Leute der kernigen Predigt! Die meisten von ihnen mochten wohl noch nie Gelegenheit gehabt haben, das liebe Gotteswort so einfach und klar und doch in so tiefer Fülle und dabei in so herzgewinnender Weise gepredigt zu hören. Obwohl die Predigt nicht kurz und es schon ziemlich spät war, so blieben doch die Leute bis zum Amen ganz Ohr und Auge. Nachdem noch sieben Kinder zur Taufe angemeldet und beschlossen worden war, daß man am folgenden Tage, Montag, um 2 Uhr nachmittags sich wieder zu einem Gottesdienst versammeln wolle, diesmal in einem andren Hause, ging man froh und wohlgemut nach Hause.

Wie beschlossen, so geschah es. Am Montag fanden sich noch mehr Personen ein als am Abend zuvor. Nachdem zuerst fünf der angemeldeten Kinder getauft waren, wurde Gottesdienst gehalten. Nach diesem beriet man über die Gründung eines Gemeindeverbandes. Siebzehn lutherische Männer, die eine Seelenzahl von 64 vertraten, taten sich als St. Jakobigemeinde zusammen und wollten in Zukunft als Filiale der Gemeinde in Grand Rapids bedient werden. Da die Leute solche Freude an den abgehaltenen Gottesdiensten bekundeten, erbot sich

[14] Erkundigungen einziehen — to make inquiry.
[15] in die rechten Bahnen zu leiten — to lead on the right track.

der unermüdliche Pastor, am folgenden Tage zweimal zu predigen. So wurde dann am Dienstag vormittags und nachmittags in zwei verschiedenen Wohnungen das Wort Gottes verkündigt vor zahlreichen und andächtig lauschenden Zuhörern. An den Schlußgottesdienst schloß sich dann noch eine Besprechung einiger Artikel der Augsburgischen Konfession, des Grundbekenntnisses unsrer Kirche, an. Auch zwei Kinder wurden noch getauft. Es waren in der Tat arbeitsreiche Tage für Pastor Sievers gewesen, aber auch reichgesegnete Tage. Mit Lob und Dank gegen Gott wurde Abschied genommen. In dem Hause, in dem der letzte Gottesdienst gehalten worden war, wurde übernachtet, nachdem der Eigentümer sich bereit erklärt hatte, uns am nächsten Morgen auf den Weg zu bringen, der uns, wie er meinte, nach dem zweiten Ziel unsrer Wanderung, Traverse City, führen sollte.

Ziemlich früh machten wir uns dann am andern Morgen auf den Weg, nachdem wir unsre Reisetaschen mit Brot, Butter und Schinken versehen hatten. Der schmale Pfad, auf dem uns unser zeitweiliger Führer die ersten zehn Meilen begleitete, führte über steile Hügel, und bald bedauerten wir, daß der Führer wieder kehrtgemacht hatte, denn der Pfad verlor sich, und wir mußten oft nach dem Kompaß marschieren, bis sich wieder ein Pfad fand. Es war ein mühsames Wandern wegen der vielen Tannensträucher, die sich über den Pfad schlängelten und in die Füße sich verwickelten. Abends machten wir halt in einer kleinen, alten, verlassenen Indianerhütte, wo wir ein Feuer anzündeten und nach eingenommener Mahlzeit und gehaltener Andacht uns zur Ruhe begaben, unsere Reisetaschen zu unsern Häuptern.[16] Pastor Sievers stand mehrere Male in der Nacht auf, um dem Feuer neue Nahrung zu geben.

Am nächsten Morgen gab es nur schmale Kost.[17] Wir mußten sehr haushälterisch mit unsern Vorräten umgehen.[18] Wir polierten noch unsere Stiefel mit den Speckschwarten, und weiter ging's. Es folgte nun eine schauderhafte Tour, teils durch Zedernsümpfe, wobei wir oft bis an die Knie in mit Moos überwachsene Wasserlöcher gerieten. Wir kamen an einen Fluß, über den zum Glück ein Baum gefallen war, mit dessen Hilfe wir den Fluß überqueren konnten. Zu Mittag war wieder Schmalhans Küchenmeister.[19]

Der Nachmittag brachte uns in ein so dichtes Gestrüpp, daß wir nicht weiter vordringen konnten. Da entschloß sich unser Vater, mit den beiden Studenten nach Osten hin — wir waren nördlich gegangen —

[16] zu unsern Häupten — at our heads.
[17] schmale Kost — scant fare.
[18] haushälterisch umgehen — to deal economically, to be sparing with.
[19] bei uns ist Schmalhans Küchenmeister — we are on short rations, we live very frugally.

Umschau zu halten nach einem Pfad. Er gab uns beiden Knaben die Weisung, uns auf einen umgefallenen Baum zu setzen und nicht von der Stelle zu weichen, in spätestens einer Stunde würden sie wieder da sein. Wir warteten. Die Minuten wurden uns zu Stunden. Knaben trugen damals noch keine Uhr bei sich. Die Sonne ging unter. Es wurde dunkel. Wir weinten. Was sollte aus uns totmüden, hungrigen Menschenkindern werden, wenn wir hier allein die Nacht zubringen müßten? Wir hörten aus der Ferne das Geheul von Wölfen. Sollten wir die Beute wilder Tiere werden? Wir beteten: „Lieber Gott, führe unsern lieben Vater wieder zu uns!" In unserer Angst fingen wir schließlich an zu rufen, zu schreien: „Vater, Vater, Biewend, Partenfelder!" Keine andere Antwort als das Geheul der Wölfe. Es mochte töricht gewesen sein, laut zu rufen und dadurch die wilden Tiere auf die Nähe menschlicher Wesen aufmerksam zu machen.

Aber was tut man nicht in solcher Angst, besonders in solch unreifem Alter? Wir riefen laut, wie wir es vermochten. Endlich hörten wir wie aus weiter Ferne die liebe Stimme unsers teuren Vaters. Durch weiteres Rufen auf beiden Seiten fanden wir uns wieder zusammen. Vater und die Studenten hatten keinen Pfad mehr gesucht, sie hatten uns gesucht und hatten sich Vorwürfe gemacht,[20] uns allein gelassen zu haben. Inbrünstig dankten wir alle Gott, der uns wieder zusammengeführt hatte, worauf wir noch ein wenig Speise zu uns nahmen und dann uns zum Schlaf niederlegten. Am nächsten Morgen gab es keine andere Wahl, als den Rückzug anzutreten,[21] denn nach dem Kompaß zu gehen, dazu war die Wildnis zu groß. So waren auch die Lebensmittel fast verzehrt. Aufs Geratewohl[22] weiterzugehen, war zu waghalsig.

Man hatte die Entfernung zwischen Big Rapids und Traverse City auf etwa neunzig Meilen geschätzt, und man hatte auch darauf gerechnet, hin und wieder auf eine kleine Farm zu stoßen und neuen Vorrat kaufen zu können. Nun waren wir etwa siebzig Meilen gegangen, und es blieb kein andrer Ausweg, als die siebzig Meilen zurückzuwandern. Eine bittere Pille, aber sie mußte geschluckt werden. Wir marschierten also zurück. Zu Mittag aß jeder ein kleines Stück Brot. Abends gab es nichts. Vater urteilte, im Schlaf würde uns der Hunger nicht so weh tun als am nächsten Tag beim Marschieren. So begaben wir uns, uns dem Schutz und der Fürsorge Gottes befehlend, zur Ruhe.

Frühmorgens um 1/25 Uhr wurde nun der letzte Rest Brot verteilt, es war für jeden tatsächlich nur ein guter Bissen da. Es wurde aber zu

---

[20] sich Vorwürfe machen — to reproach or blame oneself.

[21] den Rückzug antreten — to retreat.

[22] aufs Geratewohl — at random.

Tisch gebetet, als ob es an eine wohlbesetzte Tafel²³ ginge. Vater sagte, Gott kann auch das Wenige segnen und uns dadurch erhalten. Er hatte recht. Mittags hielten wir kurze Rast. Das Tischgebet hatte den Inhalt: „Herr, hilf uns!" Waren wir bisher unsren eigenen Fußspuren gefolgt, so verloren wir sie jetzt und wanderten nach dem Kompaß südlich, nicht wissend, wo wir schließlich — und ob wir überhaupt landen würden. Meines Bruders wie meine Kräfte waren völlig erschöpft, wir konnten einfach nicht mehr, wir brachen zusammen. Unser Vater blickte besorgt auf uns, und er mochte wohl an die Möglichkeit gedacht haben, wir möchten hier infolge von Erschöpfung unsern Geist aufgeben, denn er sprach zu uns vom seligen Sterben, bekannte mit uns unsren christlichen Glauben und sang dann mit den Studenten etliche Sterbelieder.

Da, horch, welch süßer Schall! Der Ton einer Kuhglocke ließ sich hören. Richtig, die beiden Studenten, die der Richtung zuliefen, aus welcher der Klang gekommen war, fanden eine Kuh und trieben sie zu uns hin. Sie versuchten sie zu melken, aber sie ließ sich nicht halten. Wir aber schlossen, wo eine Kuh sei, da müßte auch nicht weit davon eine Wohnung menschlicher Wesen sein. Wir ließen daher jetzt — es war gegen Abend — die Kuh unsere Führerin sein. Wir Jüngsten fühlten uns durch diese offenbar von Gott zur rechten Stunde gesandte Hilfe neu belebt, rafften unsre letzte Kraft zusammen und gingen der Kuh nach. Und sie war in der Tat in Gottes Hand das Mittel zur Rettung von fünf Menschenleben vor dem Hungertode. Bald sahen wir in der Dämmerung eine Lichtung vor uns, eine kleine Farm, ein Haus. Wir eilten auf letzteres zu. Die Frau des Hauses schien uns zu kennen, und nach wenigen Minuten fanden wir, daß wir in dem Hause des Leiters jener früher erwähnten methodistischen Gebetsversammlung waren.

Die Frau deckte sofort den Tisch und bedauerte, uns nichts Besseres vorsetzen zu können als Tee, Butterbrot und Obstkuchen. Uns aber schien das ein Königsmahl zu sein. Der umsichtige Vater mahnte uns, recht langsam und nicht zu viel zu essen, das könnte uns Ausgehungerten schädlich sein. Die gute Frau wies die ihr angebotene Vergütung zurück und lud uns sogar ein zu übernachten, ihr Mann würde bald nach Hause kommen, und er würde es gewiß nicht wollen, daß wir weiterwanderten. Aber da der Vater wußte, daß nicht weit von hier eine lutherische Familie wohnte, so brachen wir dorthin auf, was freilich nochmals einige Meilen zu Fuß bedeutete.

Am Ziel angelangt, fanden wir eine ganze Anzahl unserer Leute bei einem Familienfest versammelt. Es wurde uns nochmals eine Mahlzeit bereitet, bei der wir herzlich zugreifen durften. Das Familien-

---

²³ eine wohlbesetzte Tafel — well-spread board.

fest bot gute Gelegenheit, Bestimmungen für Gottesdienste zu treffen.[24] Da morgen Sonntag war, so wurde bestimmt, daß man sich in drei verschiedenen Häusern versammeln wolle: Um 9 Uhr zu einem Predigtgottesdienst, um 2 Uhr zu einer Katechismusstunde und abends um 9 Uhr wieder zu einem Predigtgottesdienst. Daß dieser Tag mit brünstigem Lobpreis Gottes beschlossen wurde, versteht sich bei Christen von selbst. Und daß es uns ein Hochgenuß war, diese Nacht von Samstag auf Sonntag in guten Betten zu ruhen, bedarf wohl keiner Versicherung.

Dieser zweite Sonntag in Big Rapids verlief, wie am Abend vorher verabredet worden war. Ich erinnere mich noch, daß wir Brüder in der Katechismusstunde das zweite Hauptstück[25] und das Lied „Dies sind die heilgen zehn Gebot"[26] aufsagen mußten, daß wir aber dem Abendgottesdienst nicht beiwohnten. Wir hatten nach den furchtbaren Erlebnissen noch etwas im Schlafen nachzuholen. Die Leute bei Big Rapids hatten innigen Anteil genommen an unsrer mißglückten Wanderung, sorgten für Ausbesserung unsrer Kleidungsstücke und erwiesen sich sehr gastfrei. Aber was nun weiter? Sollte der Plan, Traverse City zu erreichen, aufgegeben werden? Das war nicht nach Pastor Sievers Sinn. Er versuchte, einen Indianer zu gewinnen, der als Führer dienen sollte. Als sich kein Indianer finden ließ, hingegen ein Weißer, ein gewisser Herr Mitchell, sich bereit erklärte, uns zu führen, wurde sein Angebot angenommen.

Mitchell sorgte für größeren Vorrat an Lebensmitteln, den zu tragen er sich erbot, da er sonst kein Gepäck mitnahm. Im Laufe des Montagnachmittags machten wir uns auf. Mitchell führte uns ohne Zweifel den richtigen Weg, denn wir bemerkten, daß mehrere Bäume ein kleines Schild mit der Inschrift trugen "Way to Traverse City". Die Nacht wurde wieder im Freien zugebracht, und schon um 5 Uhr mahnte Mitchell zum Aufbruch. Es wurde den Tag über tapfer marschiert, dafür sorgte unser Führer, ein kräftiger Mann in den besten Jahren. Der Pinefluß, an dieser Stelle nur seicht, wurde durchquert, indem wir uns unsrer Fußbekleidung zeitweilig entledigten. Am folgenden Mittwochmorgen wurden wir von unserm Führer an die Notwendigkeit erinnert, unsere Speiseportionen knapper zu bemessen. Nur halb gesättigt begannen wir die neue Tagesreise. Der Pfad wurde immer schlechter. Plötzlich tat sich eine Lichtung vor uns auf. Sollten wir wirklich schon in der Nähe von Traverse City sein? Das schien uns kaum möglich.

Als wir näher kamen, breitete sich vor uns ein großer See aus.

[24] Bestimmungen zu treffen — to make preparation, to provide for.

[25] Das zweite Hauptstück — the Second Chief Part in the Catechism.

[26] "Dies sind" — a hymn by Luther; No. 180 in the German hymnal of the Missouri Synod.

Der Indianerpfad führte gerade in den See hinein, der nach Mitchells Schätzung etwa drei Meilen breit war. Was tun? Um den See herumgehen? Wir versuchten es. Aber wildes Gestrüpp machte es unmöglich. Der Anblick eines großen Bären lud auch nicht gerade dazu ein, in die Wildnis vorzudringen. Ja, was tun? Es blieb nichts andres übrig, als schleunigst zum zweitenmal die Rückkehr anzutreten, zumal[27] auch der Blick auf die immer kleiner werdenden Speisevorräte es verbot, aufs Geratewohl hin weitere Experimente zu machen. Mit welch niederdrückenden Gefühlen der Rückgang angetreten wurde, wird der freundliche Leser nachfühlen. Wir hatten gehofft, am andren Mittag in Traverse City zu sein. Und nun? Doch wir ergaben uns in Gottes Willen.

Es folgte wieder eine Nacht im Freien. Mitten in der Nacht erscholl der Ruf des Führers: „Der Bub' brennt!" Bruder Friedrichs Kleider hatten Feuer gefangen. Zur rechten Zeit noch wurde der Brand gelöscht. Schon um 5 Uhr sagte Mitchell: „Wir besser mache uns uf die Füß." Wir taten es nach nur sehr dürftigem Mahl. Bald wurden wir gewahr, daß wir von dem Wege, den wir auf dem Hinmarsch gegangen waren, abgewichen waren. Doch wir gingen hurtig weiter und kamen am Nachmittag zu einem frischen Aschenhaufen. Wo mochte der hergekommen sein? Bei näherer Untersuchung ging uns ein Licht auf.[28] Es war der Platz, wo wir bei der ersten Irrfahrt eine verlassene Hütte angetroffen und in dieser ein Feuer angezündet hatten. Ohne Zweifel hatte die zurückgelassene Glut die Hütte in Brand gesetzt. Welch ein gnädiges Walten Gottes, daß kein Waldbrand entstanden war! Wir fanden in der Asche noch Speckschwarten, mit denen wir unsere Stiefel eingeschmiert hatten. Wir nagten sie in unserm Hunger ab. Der Aschenhaufen überzeugte uns, daß wir noch eine Tagesreise bis Big Rapids vor uns hatten. Davon wurde noch ein gut Teil vor Abend zurückgelegt. Zum Nachtessen buk unser Führer, wie er schon vordem einige Male getan hatte, aus dem noch vorhandenen Mehl und etlichen Zutaten einige Pfannkuchen und legte dabei merkwürdige Geschicklichkeit an den Tag.[29] Nachdem nämlich die eine Seite gebacken war, schlenkerte er die Pfanne in die Höhe, ließ den Kuchen sich in der Luft umdrehen und in die Pfanne fallen. Es war inzwischen dunkel geworden, und wir befahlen uns Gott für die letzte Nacht unter dem Sternenhimmel.

Der letzte Marsch auf dieser zweiten Irrfahrt wurde in aller Frühe begonnen, nachdem unser Führer uns noch den letzten Pfannkuchen gebacken hatte, in den wir sechs Personen uns teilten. Der Führer trieb uns stark an, so daß wir Jüngeren oft nicht mehr mitkonnten, hinter den

---

27 zumal (da) — all the more since.
28 ein Licht aufgehen — to dawn upon.
29 an den Tag legen — to show, to manifest.

anderen zurückblieben und riefen: „Wieder ein wenig halten!" Endlich, etwa 2 Uhr nachmittags, kamen wir glücklich bei Mitchells Haus an. Wie schmeckte uns das Gericht, das die Hausfrau uns bereitete! Da es indes noch eine ziemliche Strecke nach dem Städtchen Big Rapids war, machten wir uns schon nach zweistündiger Rast dahin auf. In dem dortigen Hotel blieben wir über Nacht. Pastor Sievers gab die Absicht, Traverse City zu erreichen, jetzt noch nicht auf. Sein Plan war nun, nach Grand Rapids zu wandern, von dort mit der Bahn nach Grand Haven zu fahren, dort das Dampfschiff nach Milwaukee zu nehmen und dann mit einem andren Schiff nach Traverse City zu reisen.

Ohne Aufenthalt ging es an die Ausführung dieses Plans. Von Big Rapids nach Grand Rapids — eine Strecke von etwa siebzig Meilen — ging es teils zu Fuß, teils mit dem Fuhrwerk. Der Weg führte durch sandige, aber doch nicht ganz unbewohnte Gegenden, so daß wir Mahlzeiten einnehmen und auch gute Unterkunft für die Nacht finden konnten. Wir langten ohne Unfall Sonntag, den 6. August (am 19. Juli waren wir von Frankenlust aufgebrochen), in Grand Rapids an. Hier brauchten wir keinen Gasthof aufzusuchen, da unser Vater mit einer Familie bekannt und befreundet war, bei der er schon öfters bei Gelegenheiten von Konferenzen logiert hatte. Wir wurden aufs freundlichste bewillkommt und beherbergt. Der Montag wurde dazu benutzt, unsre Kleidung auszubessern, teilweise zu erneuern. Student Partenfelder verließ uns hier, um mit der Bahn nach Saginaw zurückzukehren. Wir fuhren noch am Abend mit der Bahn nach Grand Haven und bestiegen dort den schönen Dampfer, der uns am nächsten Morgen — Dienstag — nach Milwaukee brachte. Damals hatte Schreiber dieses [30] natürlich keine Ahnung davon, daß zwanzig Jahre später er wieder nach Milwaukee kommen und dort mehr als ein Menschenalter einer großen Gemeinde als Pastor dienen würde.

In Milwaukee durften wir die Gastfreundschaft einer sehr werten Familie genießen. Es war die Familie Karl Eisfeld, mit der die Eltern schon längst befreundet waren. Es sei [31] ihrer an dieser Stelle mit innigem Dankgefühl gedacht. Sie hatte mancherlei Beschwerden mit uns, zumal sich unser Besuch drei Tage in die Länge zog,[32] denn erst am Freitag fuhr ein Dampfer nach Traverse City. Wenn auch nicht so häufig wie jetzt, befuhren doch schon damals sehr schöne und große Schiffe die großen Seen. Unser Schiff brachte uns am Sonntag an das erwünschte Ziel.

Traverse City war damals ein noch kleines Städtchen. Die Luthe-

---

[30] Schreiber dieses (Berichts) — the author of this report.
[31] es sei gedacht — let me recall to mind or mention.
[32] in die Länge ziehen — to protract, to draw out.

raner, die bedient werden wollten, waren weithin ins Land zerstreut. So mußte denn auch hier der Sonntag, ebenso wie vor drei Wochen in Big Rapids, mit dem Aufsuchen der Leute begonnen werden. Erst am Abend konnte Gottesdienst gehalten werden. Diesem folgten am Montag und Dienstag weitere Gottesdienste. Einige Kinder wurden durch das Bad der heiligen Taufe dem Reiche Christi einverleibt. Ich erinnere mich nicht, daß hier zur Gründung einer Gemeinde geschritten worden wäre, doch wurde ohne Zweifel damals der Grund gelegt, auf welchem später aufgebaut werden konnte.

So war denn nun der Zweck der Missionsreise unsres Vaters erfüllt, und man konnte die Heimreise antreten. Dies geschah, als ein Dampfer uns am Mittwoch nach Mackinaw brachte. Nachdem wir dort das interessante Fort besichtigt hatten, stand schon ein andrer Dampfer bereit, der den Huronsee befuhr. Auf diesem nahmen wir Passage in der Hoffnung, daß er in Bay City haltmachen würde. Aber er fuhr stolz an der Saginaw Bay vorbei, und wir mußten daher den Umweg über Detroit machen. Dort langten wir nach sehr schöner Fahrt am Freitagabend an und fanden wieder in dem gastlichen Hause einer befreundeten Familie freundliche Aufnahme. Der folgende Tag brachte den Schluß der Reise. Mit der Bahn ging es von Detroit nach Saginaw, dem damaligen Endpunkt der Bahn. Nun noch die letzten elf Meilen zu Fuß nach Frankenlust. Das war nach den ausgedehnten Fußtouren der letzten Wochen eine Kleinigkeit. Die Freude, wieder glücklich nach Hause zu kommen, beflügelte die Schritte.[33] Als wir in die Nähe des heimatlichen Gehöfts kamen, gewahrte uns ein jüngerer Bruder, der eben Holz ins Haus tragen wollte. Er warf das Holz auf die Erde, um der guten Mutter die Kunde zu bringen: „Sie kommen, sie sind da!"

Welch ein freudiges Wiedersehen! Ja, die gute Mutter! Wie hatte sie sich alle diese Wochen geängstigt! Hatte sie doch, obwohl unser Vater viele Briefe an sie geschrieben, nicht[34] einen einzigen erhalten. Wie das zuging, ist unerklärlich, einige Tage später wurden sie alle auf der Post in Bay City von uns in Empfang genommen.[35] Da während des ganzen Monats keine Kunde eingelaufen war, glaubte die Mutter, wir seien verunglückt, etwa eine Beute wilder Tiere geworden. Um so größer war jetzt die Freude der Wiedervereinigung. Unsere Reise hatte vom Morgen des 19. Juli bis zum Abend des 19. August gedauert.

Der Tag nach unsrer Rückkehr war ein Sonntag. Wie war die Gemeinde Frankenlust erfreut, ihren Pastor wieder auf der Kanzel zu sehen! Nach dem Gottesdienst gab dieser der versammelten Gemeinde

---

[33] die Schritte beflügeln — to hasten one's steps.
[34] hatte sie doch nicht — after all, she had not.
[35] in Empfang nehmen — to receive.

einen Bericht über die Reise. Dieser Bericht rührte die Herzen, und viele Christen taten ihre Hand auf, um die Unkosten der Reise decken[36] zu helfen.

Wenn diese Erzählung aus vergangenen Tagen dazu hilft, unsre lieben Reiseprediger, die auch heute noch vielen Strapazen und Entbehrungen ausgesetzt sind, zu ermuntern zu getrostem Ausharren im Dienste ihres Herrn, der sich selbst gegeben hat zu einer Erlösung für viele, für die ganze Sünderwelt; wenn diese Erzählung ferner dazu beiträgt, den einen oder andern lieben Christen anzuspornen, durch Gebet und Gaben der Liebe das selige Missionswerk fördern zu helfen, dann ist ihr Zweck erreicht. Gott segne alle unsre Missionen und führe durch sie viele Menschenseelen durch die Wüste dieser Welt in das himmlische Kanaan!

Dr. Martin Luthers Anweisung zum rechten Studium der Theologie

Aufgezeichnet von **Dr. Hieronymus Weller**[1]
Aus dem Lateinischen übersetzt von Georg Schick

> Georg Schick (1831—1915) studied in Germany; for many years distinguished professor of ancient languages at Concordia College, Fort Wayne, Ind.— first with title of Conrector, later with that of Rector. See "Der Lutheraner," LXII, 126, 140.

Vorwort

Hieronymus Weller von Molsdorff wurde am 5. September 1499 zu Freiberg in Sachsen geboren. Zu der Zeit, als Luther die Reformation begann, kam er nach Wittenberg, wo er sich zuerst dem Studium der Rechte widmete und eine Zeitlang in schlechter Gesellschaft ein leichtfertiges Leben führte. Bald wurde er aber durch die gewaltigen Predigten Luthers so in seinem Gewissen erschreckt, daß er die Wege der Sünde zu verlassen und seinem Gott allein zu dienen beschloß. Er gab dann auch das Studium der Rechte auf und erwählte statt dessen das Studium der Theologie. Luther nahm ihn in sein Haus auf, wo er acht Jahre lang blieb, und soll ihn wie einen Sohn geliebt haben. . . .

---

[36] die Unkosten decken — to defray the expenses.

[1] Information on Weller is found in "Der Lutheraner," II, 52; XVI, 182; XL, 70.

Unter seinen Schriften findet sich ein Brief über die Art und Weise, wie das Studium der Theologie einzurichten ist, in welchem er die Anweisung, die dazu von Luther mündlich gegeben wurde, niedergeschrieben hat.

Von der Einrichtung des theologischen Studiums

1

Weller teilt die Anweisung Luthers zum theologischen Studium mit

Gnade und Friede in Christo! Daß du mich bittest, dir eine Anweisung zu geben, wie du deine theologischen Studien recht einrichten sollst, das ist recht und gewissenhaft von dir. Denn wenn man nicht gleich von Anfang an diese Studien recht einrichtet, wird man niemals nachher, sein ganzes Leben lang, tüchtig und mit Erfolg die Theologie treiben können, wie an vielen Theologen unsrer Zeit ersichtlich ist. Da ich dich nun um deiner Gaben und guten Eigenschaften willen liebe, so will ich dir die Anweisung mitteilen, welche ich zum theologischen Studium wie auch zum Predigen von meinem teuren Lehrer, dem ehrwürdigen Doktor Luther sel.,[2] erhalten habe.

2

Die Heilige Schrift muß mit Ehrfurcht und unter andächtigem Gebet gelesen werden

Zuerst vermahne ich dich nochmals, daß du die Heilige Schrift ganz anders lesest als weltliche Bücher, daß du sie nämlich mit Ehrfurcht und mit tiefer Andacht lesest, nicht als die Worte eines Menschen oder Engels, sondern als die Worte der göttlichen Majestät, von welcher ein einziges Wort bei uns mehr Gewicht haben sollte, als alle Schriften der weisesten und gelehrtesten Menschen zusammen. Dies Lesen begleite mit häufigem Gebete.

3

Welche Zeit man zum Lesen der Schrift verwenden soll

Des Morgens, wenn du aufgestanden bist, entzünde dein Herz durch das Lesen der Psalmen und Evangelien zum Gebet. Darauf bringe den Vormittag mit dem Lesen der Propheten und der Briefe Pauli zu. Besonders aber mache dich mit dem Briefe an die Römer bekannt. Was dir an Zeit übrig bleibt, verwende auf das Lesen der Schriften Doktor Luthers und Melanchthons. Den Nachmittag bestimme für das Lesen der Bücher des Alten Testaments. Vorzüglich aber bemühe dich, dir die biblische Geschichte durch Lesen wohl einzuprägen. Damit verbinde auch die Kunde des Altertums, d. h. der Kirchengeschichte. Denn die Kenntnis

---

[2] sel. (selig) — the sainted (Luther).

der Geschichte ist dem Theologen sehr nötig. Doch muß man theologische Schriften nicht so lesen, daß man das Studium der Wissenschaften und Künste ganz bei Seite wirft. Denn die Wissenschaften und freien Künste [3] dienen der Theologie zur Hilfe und Zierde.

4
Die Betrachtung muß sich nach der unerschöpflichen Tiefe des Wortes Gottes richten [4]

Wenn dir eine dunkle Stelle in der Schrift aufstößt, so quäle dich nicht zu sehr mit der Erforschung des Sinnes dieser Stelle, sondern übergehe sie, bis du zu einem erfahrenen Theologen kommst, den du darüber um Rat fragen kannst. Ferner, gehe so an das Lesen der Heiligen Schrift, als ob du sie jetzt zum ersten Male zu lesen anfingest, und erwäge sorgfältig die Bedeutung eines jeden einzelnen Wortes und überlasse dich andächtiger Betrachtung. So wird es erst geschehen, daß du immer neue Belehrung oder Trost daraus schöpfest. Denn nichts ist dem Theologen verderblicher als der Wahn, daß er diese oder jene Stelle der Schrift wohl verstehe und ergründet habe. Denn je mehr die Heilige Schrift gelesen wird, desto süßer wird sie, und desto reicheren Trost bietet sie dem Lesenden dar. Sie ist wie ein würziges Kraut, welches um so wohlriechender zu werden pflegt, je mehr man es zerreibt. Mit einem Worte, die Heilige Schrift ist die unerschöpfliche Quelle vielfacher Lehre und Trostes, welche immer mehr den Durst reizt, je mehr man daraus trinkt, wie alle angefochtenen Herzen bezeugen. Aber sichere und in ihren Lüsten trunkene Menschen meinen, sie hätten die ganze himmlische Wahrheit ausgeschöpft, wenn sie kaum mit den Lippen die Heilige Schrift gekostet haben.

5
Eine solche Erfahrung in der Heiligen Schrift erlangt die Anfechtung

Wer aber auf diese Weise, wie ich gesagt habe, die Heilige Schrift liest, der sei nicht bekümmert wegen des Kreuzes und der Anfechtungen. Denn Satan kann das ernstliche und begierige Lesen und Hören des Wortes Gottes nicht leiden. Daher kommt es, daß ein gottesfürchtiger Theolog viele und mancherlei Kämpfe wegen des Studiums und der Liebe des Wortes Gottes durchmachen muß, wie ich mich erinnere, daß es mir und vielen anderen ergangen ist. Da ich zuerst mit Ernst die Predigten und Vorlesungen Doktor Luthers zu hören anfing, fühlte ich sogleich die giftigen Bisse des Teufels, welcher mich mit dem bittersten Hasse gegen Luther und seine Lehre zu erfüllen suchte, so daß ich

---

[3] die freien Künste — the liberal arts.

[4] sich richten nach — to conform with, to be in agreement with.

etliche Male aus deſſen Hauſe auszuziehen gedachte, während ich mich doch vorher ganz glücklich ſchätzte, wenn ich den Umgang des großen Mannes genießen könnte. Obwohl aber Verſuchungen aller Art dem gottesfürchtigen Theologen bereitet werden, ſo ſchöpft er doch die kräftigſte Arznei und den reichſten Troſt dagegen aus der Heiligen Schrift. Der Troſt iſt weit größer als die Traurigkeit. Das Joch Chriſti iſt ſanft für ihn.

6
Was inſonderheit bei der Betrachtung zu beobachten iſt

Dazu will ich dich auch ermahnen, daß du beim Durchleſen eines Kapitels der Heiligen Schrift darauf acht habeſt, welches die wichtigſten Stellen in dieſem Kapitel ſind, und dann Sinn und Bedeutung der Wörter ſorgfältig beachteſt. Dieſe Sorgfalt macht gute Theologen. „Dies machte mich zum Theologen", ſagte einſt Dr. Luther zu mir. Und ich mißbillige nicht das Sammeln und Auswendiglernen von Sprüchen der Schrift, ſondern lobe es, und ich ermahne alle Theologie Studierenden, daß ſie ſich viele Hauptſprüche der Schrift ſo vertraut als möglich machen, damit ſie gerüſtet ſind, wenn ſie ſich ſelbſt oder andere tröſten wollen.

7
Vom Leſen der Kirchenväter

Weil aber ein Theologie Studierender auch die Kirchenväter leſen muß, ſo will ich mein Urteil und meinen Rat darüber beifügen. Viele ſind der Überzeugung, daß keiner ein gründlich gelehrter Theolog werden könne, als wer die Schriften der Väter, des Auguſtinus,[5] Hieronymus,[6] Ambroſius[7] u. a.[8] ſorgfältig geleſen habe. Daher ermahnen ſie die angehenden Theologen, die Werke derſelben öfter zu leſen und wieder zu leſen, und wollen nicht leiden, daß man in Disputationen Luther anführt. Denn die glauben, daß die Autorität der Kirchenväter größer ſei als die Luthers. So pflegen alle zu urteilen, welche Luther nicht ganz kennen. Ich will zeigen, welchen Rat mir Dr. Luther in dieſer Hinſicht gegeben hat.

Als ich mich zur Theologie wandte, ermahnte mich der Mann

[5] Augustine (354—430) was born and died in Africa; was highly esteemed by Luther.

[6] Jerome (331—420) undertook the revision of the Latin Bible at the behest of Pope Damasus I, now known as the Vulgate, which the Council of Trent (1546) accepted as the authoritative version of Holy Writ.

[7] Ambrose (340—397) did much for the development of church music both in hymns and in the liturgy (Ambrosian chant).

[8] u. a. — und andere.

Gottes, etliche Hauptschriften des Augustinus zu lesen, nämlich dessen Bekenntnisse, auch dessen Buch von der christlichen Lehre, vom Reich Gottes [9] und dergleichen. Er hieß mich auch einige Zeit auf das Lesen der Schriften Bernhards [10] verwenden, wegen der vortrefflichen Gedanken, die darin reichlich vorhanden sind. Auch wollte er, daß ich den Ambrosius lesen sollte, um der Kunde des Altertums willen. Vor dem Studium des Origines [11] und ähnlicher warnte er mich, weil sie alle Stellen der Schrift in Allegorien verwandelt haben. Darum hielt er dafür,[12] daß das Lesen des Origines und ihm ähnlicher den Theologie Studierenden verderblich wäre. Des Hieronymus Stil und Auslegung aber hat er nie gebilligt. Denn sein Stil ist schwülstig, und er hat mehr Mühe auf die Deklamation als auf die Auslegung der Schrift verwandt. Aber auch die Schriften Basilius des Großen [13] lobte er nicht sehr, denn er sagte (um mich seiner Worte zu bedienen): „Sie stinken zu sehr nach Möncherei." Den Petrus Lombardus [14] sollte man nach seiner Ansicht deshalb lesen, weil derselbe die Meinungen der Väter über die Hauptstücke der christlichen Lehre in seinem Buche gesammelt habe, aber doch wollte er, daß die jüngeren Theologen denselben mit Vorsicht lesen sollten. Ich erinnere mich, daß er oft gesagt hat: „Keiner von den Vätern hat den Artikel von der Rechtfertigung getrieben, außer allein Augustinus, und der hat ihn mittelmäßig getrieben."

8
Das Lesen der Schriften Luthers angeraten

Nach der Heiligen Schrift lies und lies wieder die geistesvollen Werke Doktor Luthers mit Sorgfalt und Eifer. Denn es kann niemand ein tüchtiger Theolog werden, der die Gewissen recht zu unterrichten und zu trösten vermag, als wer Luthers Schriften lange und viel gelesen und Tag und Nacht darüber gesessen hat. Ich weiß, daß es Leute gibt, welche Melanchthons Schriften den Schriften Luthers weit vorziehen. Sie sagen, Melanchthon habe alle Stücke der christlichen Lehre systematisiert, das habe Luther nicht getan, und darum glauben

---

[9] "Confessions"; "The Trinity"; "Of the City of God."

[10] Bernhard of Clairvaux (1091—1153) preached the Second Crusade (1146). Luther: "When Bernhard is speaking of Christ, it is a pleasure indeed to listen to him; but when he leaves that subject and discourses on rules and works, it is no longer St. Bernhard."

[11] Origen (185—254) denied the physical resurrection; taught that Christ was one with the Father, yet subordinate to Him.

[12] dafür halten — to be of the opinion.

[13] Basil the Great was the founder of organized monasticism; died 379.

[14] Peter Lombard was one of the foremost Schoolmen; died in Paris in 1164.

sie, daß die Schriften Melanchthons der Kirche größeren Nutzen brächten als die Doktor Luthers. Meine Meinung ist diese, daß die Schriften Melanchthons von den Theologie Studierenden fleißig gelesen werden sollen wegen der Methode, worin er ein wunderbarer Meister war, und wegen seines Stils, welcher klassisch, rein, lieblich, frisch und deutlich ist. Die Werke Luthers aber sollen meiner Meinung nach wegen ihrer reicheren Erklärung der Heiligen Schrift und trefflichen Gedanken fleißiger studiert werden. Denn er hat mit so großer Meisterschaft und Deutlichkeit die Schriften der Apostel und Propheten ausgelegt, wie kein Ausleger je hat tun können oder tun wird. Und allein Luther verstand die Kunst, von schweren Dingen so klar, deutlich und einfältig zu reden und zu schreiben, daß auch Kinder seine Schriften verstehen können. Dieses Lob teilt er mit keinem Exegeten.

Alle Hauptartikel der christlichen Lehre hat er in seinen Schriften, Predigten und Vorlesungen vollständig und deutlich abgehandelt. Er allein hat den erbittertsten Feind der Kirche, den Antichrist, gezeigt und die Gewissen von den Schlingen der Menschensatzungen befreit, die Frommen und Angefochtenen in jeder Art Versuchung und Trübsal gestärkt und Viele durch seinen Trost „aus der Hölle", wie es heißt (Ps. 30, 4; 86, 13), zurückgerufen. Denn es gibt keine Versuchung oder Trübsal, wofür er nicht die Arznei in der Heiligen Schrift gezeigt hätte. Er hat Menschen von allen Lebensaltern und Ständen gelehrt, wie ein jeder in seinem Beruf Gott dienen solle. Die weltliche Obrigkeit hat er mit großen Ehren geziert. Und nicht bloß die Papisten, sondern auch die Antinomer,[15] Enthusiasten,[16] Sakramentierer[17] und Wiedertäufer[18] hat er widerlegt. Dazu hat er fast mit allen Teufeln gestritten, wie seine Kämpfe und Anfechtungen bezeugen. Ich erinnere mich, daß er einmal gesagt hat: „Es gibt keine Versuchung, womit ich nicht angefochten bin." Und diese Leiden waren ihm Lehren; denn sie trieben ihn dazu, mit größerer Sorgfalt und Aufmerksamkeit in der Schrift zu forschen, als der große Haufe der Theologen.

Laß dich aber auch nicht durch die verkehrten Ansichten gewisser dünkelhaften unweisen Weisen irre machen, welche sagen, Luther habe seine Schriften hingeworfen und nicht ausgearbeitet, und es seien darin viele Hyperbeln und Paradoxen. Ich weiß nicht, was diese scharfsinnigen

---

[15] The Antinomians denied the validity of the New Testament moral law; repentance, they taught, was the work of the Gospel.

[16] Enthusiasten (Schwärmer) — fanatics.

[17] The term "sacramentarians" was first applied to the followers of Zwingli and Calvin, who denied the Real Presence.

[18] Anabaptists appeared in Germany and Holland in Luther's time; rejected infant baptism; practiced a communal life. Remnants of this sect became Mennonites under Menno Simons.

Kritiker in Luthers Schriften „Hyperbeln und Paradoxen" nennen, außer vielleicht die süßen Trostesworte, worin er die von den feurigen Pfeilen des Teufels verwundeten Herzen aufzurichten gewohnt war. Der Art ist Folgendes: „Wenn du auch so viel Sünden und Schanden begangen hättest, als zehn Welten begehen könnten, sollst du doch durchaus nicht verzweifeln, sondern gewiß dafür halten, daß sie dir von Gott vergeben werden, wenn du nur ernstlich Buße tust und an Christum glaubst; weil Christi Verdienst alle Sünden der Welt weit überwiegt. Denn nicht in dir, sondern in Christo sollst du deine Sünden sehen." Oder auch: „Christus ist der allergrößte Sünder, und zugleich die Gerechtigkeit und das ewige Leben." Ebenso ein anderes Mal: „Du willst ein erdichteter Sünder sein und Christum zu einem erdichteten Heiland haben." Wenn man diese Worte Luthers Hyperbeln und Paradoxen nennen darf, so darf man auch diese Aussprüche Pauli so nennen: „Wo die Sünde mächtig geworden ist, da ist doch die Gnade viel mächtiger geworden." Oder: „Das Gesetz richtet nur Zorn an."

Aber die sicheren und in geistlichen Kämpfen unerfahrenen Leute wissen nicht, was es kostet, ein angefochtenes Gemüt und ein von feurigen Pfeilen verwundetes Herz durch Trost aufzurichten. Wir sehen aus dem Brief Doktor Luthers, womit er einst den ehrwürdigen Mann, Doktor Georg Spalatin,[19] in einer Versuchung getröstet hat, wie sehr er sich abgemüht hat, ihn zu stärken. Alle Trostgründe hat er zusammengestellt und konnte doch kaum dadurch den Schmerz des trefflichen Mannes erleichtern. Wenn einmal der Herr jene naseweisen Kritiker auf diese Weise „zur Hölle kehren" wird, um mich der Worte des Psalmes zu bedienen (Ps. 9, 18); dann erst werden sie einsehen und bekennen, wie nötig die „hyperbolischen" Trostgründe Luthers sind.

9
Ratschläge für die rechte Weise des Predigens
Erstens: von der Vorbereitung zur Predigt

Du hast meinen Rat inbetreff der Art und Weise, wie die theologischen Studien einzurichten sind, und ich zweifle nicht, daß er von dir und deinesgleichen als gut erkannt werden wird. Mehr aber wirst du ihn als gut erkennen, wenn du einmal den Anfang im Predigen gemacht hast. Weil du aber einst das Lehramt in der Kirche übernehmen willst, so will ich noch einiges über die Tugenden eines Predigers hinzusetzen. Der Haupttugenden eines Predigers sind vier. Die erste Tugend eines Predigers ist, daß er eine ausgearbeitete oder sorgfältig aufgeschriebene

---

[19] Spalatinus (1484—1545), whose real name was Georg Burkhardt, was born in Spalt; tutor to John Frederick, the son of the Elector of Saxony; a warm friend of Luther.

Predigt bringt, welche „nach der Lampe riecht",²⁰ wie man zu sagen pflegt, und sich mit allem Fleiße hütet, daß er sich nicht an extemporierte Predigten gewöhne, sondern daß er nach sorgfältigem Nachdenken und tüchtiger Vorbereitung auf die Kanzel trete. Er muß daher seine Predigten vorher zu Hause abfassen; denn das Aufsetzen²¹ bringt vielerlei Nutzen. Es bringt Klarheit und Ordnung in die Gedanken, zügelt die Leichtfertigkeit der Erfindung, berichtigt und beschneidet den Prunk der Rede²² und bewirkt, daß der Prediger andächtig, umsichtig und behutsam spricht, aus Furcht, es möge ihm unvorsichtiger Weise ein Wort entfallen, wodurch die Ehre Gottes verletzt oder fromme Gemüter geärgert, die Gottlosen aber in ihrer Sicherheit und Frechheit bestärkt werden. Daher kommt es, daß alle Prediger von ausgezeichneter Frömmigkeit und Gelehrsamkeit ihre Predigten aufs genaueste niedergeschrieben haben.

10
Zweitens: vom Erflehen der Hilfe des Heiligen Geistes zum Predigen

Die nächste Tugend des Predigers ist, und zwar die hauptsächlichste, daß er mit größter Furcht und Zittern die Kanzel betritt, d. h., daß er Gott anruft, er möge ihm seinen Heiligen Geist schenken, der sein Herz, Mund und Zunge regiere und ihm einen solchen Sinn gebe, welcher nur die Ehre Gottes und die Erbauung der Gemeinde sucht. Wenn Perikles²³ die Rednerbühne bestieg, soll er immer Gott angefleht haben, daß ihm kein Wort entfallen möge, wodurch jemand verletzt werden könnte. Wie viel mehr geziemt es sich für einen Lehrer der Kirche, wenn er die Kanzel betritt, an der Stätte, wo er nicht bloß Menschen, sondern auch Engel und Gott selbst zu Zuhörern haben wird, den Heiligen Geist anzurufen, daß er seinen Mund und Zunge regiere, damit ihm kein Wort entfalle, wodurch die Ehre Gottes verletzt oder fromme Herzen irre gemacht werden könnten.

11
Drittens: vom Fernhalten von Gemeinheiten, Seltsamkeiten und Effekthaschereien aus der Predigt

Drittens soll er sich Mühe geben, nicht daß er solche Dinge sage, wonach der Masse die Ohren jücken, die seltsam klingen und Beifall erzwingen sollen, sondern daß er solche Dinge vortrage, die gottselig,

---

20 nach der Lampe riechen — to reflect industry or the burning of midnight oil.
21 aufsetzen — to draw up in writing.
22 der Prunk der Rede — pompous speech.
23 Pericles (about 495—429 B.C.), famous statesman of Athens, whose rule constituted the most glorious period in the history of Athens.

nützlich und nötig sind, und danach mit allen Geisteskräften trachten, daß er die erschrockenen Gewissen tröste und stärke, die steinernen und eisernen Herzen aber durch die göttlichen Drohungen erschrecke und die Unbußfertigen demütige.

12
Viertens: vom Fernhalten der Eitelkeit, Witzelei [24] und Schmähung aus der Predigt

Viertens soll er sich hüten, daß es nicht aussieht, als ob er mit geistreichen und zierlichen Sarkasmen oder Sticheleien,[25] welche Paulus Eutrapelia nennt (Eph. 5, 4), die Ohren seiner Zuhörer kitzeln wolle; daß er auch nicht heftige, schmähende oder bittere Worte brauche. Denn wenn der Tadel scharf sein muß, so soll er doch ohne Schmähung und Bitterkeit und ganz der Art sein, daß man sieht, er sei aus einem freundlichen und gottseligen Herzen gekommen. Etliche Prediger sind nämlich nicht bloß allzu ungestüm, sondern auch bitter, giftig und schmähsüchtig, wenn sie die Fehler der Leute tadeln. Da soll er der Rüge immer diese Milderung beifügen: „Teure Brüder in Christo, liebe Freunde, Gott weiß, daß ich nicht aus Haß oder Mißgunst, sondern aus wahrem Eifer und Pflicht meines Amts euch etwas scharf tadele oder eure Laster strafe." Obwohl Luther von heftiger und feuriger Gemütsart war, und die Laster aufs schärfste in seinen Predigten gestraft hat, so hat er sich doch immer der Schmähreden und allzu derben Worte enthalten.

13
Fünftens: von der Verhinderung des gerechten Überdrusses an allzu langen Predigten

Fünftens soll er stets darauf acht haben, daß er nicht allzu weitläufige Predigten halte und die Zuhörer durch Abhandlung vieler Stücke überlade, so daß sie von Überdruß am Wort erfüllt werden. Ich erinnere mich, daß Dr. Luther zu einem Theologen, der die Gewohnheit hatte, zwei Stunden lang zu predigen gesagt hat: „Ihr erweckt Überdruß am Wort"; auch daß einmal Melanchthon, als gerade bei Tische von den Rednern gesprochen wurde, diesen Ausspruch getan hat: „Ein Redner, sowohl ein weltlicher als ein geistlicher, muß sehr fesselnd und lieblich reden, um den Überdruß der Hörer zu vermeiden, wenn er länger als eine halbe Stunde spricht. Denn kein Sinn wird schneller ermüdet als das Gehör." Dies ist von beiden, von Luther und Melanchthon trefflich geredet. Wie nämlich diejenigen für die geschicktesten Musiker gelten, welche abbrechen, wenn das Lied am schönsten ist, um in den Zuhörern die Lust zum Hören stärker zu machen: so werden auch die-

---

[24] die Witzelei — facetious remarks.
[25] die Stichelei — taunt, jeer, jibe.

jenigen Redner am meisten anerkannt, welche wissen, was genug ist, d. h. welche anzufangen und aufzuhören verstehen. Dies kann niemand besser, als wer die Methode im Reden beobachtet. Man kann aber nicht sagen, wie nötig die Methode beim Lehren ist; denn sie macht, daß die Zuhörer immer etwas aus der Predigt nach Hause mitnehmen. Obgleich es ein großes Lob für einen Prediger ist, durch seine Rede den Gegenstand in ein recht helles Licht zu stellen und auf die Herzen der Zuhörer einen Eindruck zu machen, so kann er doch auch dies nicht einmal zuwege bringen,[26] wenn er sich nicht recht der Methode befleißigt, wie aus den Schriften Luthers und der größten Redner ersichtlich ist.

Es könnten noch mehr Vorschriften von den Tugenden eines Predigers gegeben werden, die kannst du aber seiner Zeit[27] von andern hören und wirst mir darum diese Kürze zuguthalten. Leb wohl im Herrn, der dir Mund und Weisheit zum Predigen wie zum Bekennen Christi geben wolle! Leb wohl im Herrn!

Hieronymus Weller, D.[28]

Freiberg, am 13. September 1561

Aus Luthers Vorrede auf den Psalter

Es sollte der Psalter allein deshalb teuer und lieb sein, daß er von Christi Sterben und Auferstehung so klärlich[1] verheißet und sein Reich und der ganzen Christenheit Stand und Wesen fürbildet,[2] daß er wohl möcht' eine kleine Biblia heißen, darin alles aufs schönste und kürzeste, so in der ganzen Biblia steht, gefasset und zu einem feinen Handbuch gemacht und bereitet ist, daß mich dünkt,[3] der Heilige Geist habe selbst wollen die Mühe auf sich nehmen und eine kurze Bibel und Exempelbuch[4] von der ganzen Christenheit oder allen Heiligen zusammenbringen, auf daß, wer die ganze Biblia nicht lesen könnte, hätte hierin doch fast die ganze Summa verfasset in ein klein Büchlein.

Das gibt uns der Psalter aufs allerreichlichste an den Heiligen, daß wir gewiß sein können, wie ihr Herz gestanden und ihre Worte

---

[26] zuwege bringen — to effect, to bring about.
[27] seiner Zeit — in due season.
[28] D. — Doktor.

[1] klärlich — klar.
[2] fürbilden (vorbilden) — to represent, to foreshadow.
[3] mich dünkt (denken) — methinks, it seems to me.
[4] das Exempelbuch — Buch von Beispielen.

gelautet haben gegen Gott und jedermann. Denn ein menschlich Herz ist wie ein Schiff auf dem wilden Meer, welches die Sturmwinde von den vier Örtern der Welt⁵ treiben. Hie stößt her⁶ Furcht und Sorge vor künftigem Unfall; dort fähret Grämen her und Traurigkeit von gegenwärtigem Übel. Hie webet⁷ Hoffnung und Vermessenheit von zukünftigem Glück; dort bläset her Sicherheit und Freude in gegenwärtigen Gütern.

Solche Sturmwinde aber lehren mit Ernst reden und das Herz öffnen und den Grund herausschütten. Denn wer in Furcht und Not steckt, redet viel anders vom Unfall, denn der in Freuden schwebt; und wer in Freuden schwebt, redet und singet viel anders von Freuden, denn der in Furcht steckt. Es geht nicht von Herzen, spricht man, wenn ein Trauriger lachen und ein Fröhlicher weinen soll; das ist, seines Herzens Grund steht noch nicht offen und ist nicht heraus.⁸

Was ist aber das Meiste am Psalter, denn solch ernstlich Reden in allerlei Sturmwinden? Wo findet man feiner Wort von Freuden, denn die Lobpsalmen haben? Da siehest du allen Heiligen ins Herz wie in schöne, lustige Gärten, ja wie in den Himmel, wie feine, herzliche lustige Blumen darinnen aufgehen, von allerlei schönen, fröhlichen Gedanken gegen Gott und seine Wohltat.

Wiederum, wo findest du tiefer, kläglicher, jämmerlicher Wort von Traurigkeit, denn die Klagepsalmen haben? Da siehest du abermal allen Heiligen ins Herze wie in den Tod, ja wie in die Hölle. Wie finster und dunkel ist's da von allerlei betrübtem Anblick des Zornes Gottes! Also auch, wo sie von Furcht oder Hoffnung reden, brauchen sie solcher Worte, daß dir kein Maler also könnte die Furcht oder Hoffnung abmalen, und kein Cicero oder Redekundiger also fürbilden. Und wie gesagt, ist das das Allerbeste, daß sie solche Worte gegen Gott und mit Gott reden, welches macht, daß zwiefältiger Ernst und Leben in den Worten sind. Denn wo man sonst gegen Menschen in solchen Sachen redet, geht es nicht so stark von Herzen, brennt, lebt und dringet nicht so fest.⁹

Daher kommt's auch, daß der Psalter aller Heiligen Büchlein ist, und ein jeglicher, in welcherlei Sachen er ist,¹⁰ Psalmen und Worte

---

⁵ die vier Oerter der Welt (die vier Himmelsgegenden) — the four chief points of the compass.

⁶ herstoßen — to break forth.

⁷ weben — to stir, to be astir.

⁸ heraus sein — to be revealed.

⁹ fest dringen — to have force.

¹⁰ in welcherlei Sachen er ist — no matter what his situation may be.

Aus Luthers Vorrede auf den Psalter

darinnen findet, die sich auf seine Sachen reimen[11] und ihm so eben sind,[12] als wären sie allein um seinetwillen also gesetzt,[13] daß er sie auch selbst nicht besser setzen oder finden kann, noch wünschen mag, welches denn auch dazu gut ist, daß, wenn einem solche Worte gefallen und sich mit ihm reimen, daß er gewiß wird, er sei in der Gemeinschaft der Heiligen, und es hab' allen Heiligen gegangen,[14] wie es ihm geht, weil sie ein Liedlein alle mit ihm singen,[15] sonderlich so er sie auch also kann gegen Gott reden,[16] wie sie getan haben, welches im Glauben geschehen muß; denn einem gottlosen Menschen schmecken sie nicht.

Darum laßt uns nun fürsehen,[17] daß wir Gott danken für solche unaussprechlichen Güter und mit Fleiß und Ernst dieselbigen annehmen, brauchen und üben Gott zu Lob und Ehre, auf daß wir nicht mit unsrer Undankbarkeit etwas Ärgeres verdienen. Denn vorhin[18] zur Zeit der Finsternis, welch ein Schatz hätte es sollen geachtet sein,[19] wer einen Psalmen hätte mögen recht verstehen und in verständlichem Deutsch lesen oder hören, und haben's doch nicht gehabt. Nun aber sind selig die Augen, die da sehen, das wir sehen, und die Ohren, die da hören, das wir hören (Matth. 13, 16). Und besorge[20] doch, ja leider sehen wir's, daß uns gehet wie den Juden in der Wüsten, die da sprachen vom Himmelsbrot: „Unsrer Seele ekelt vor der geringen Speise" (4 Mos. 21, 5). Aber wir sollen auch wissen, daß daselbst beistehet,[21] wie sie geplagt und gestorben sind, daß uns nicht auch so gehet.

Das helfe uns der Vater aller Gnaden und Barmherzigkeit durch Jesum Christum unsern Herrn, welchem sei Lob und Dank, Ehre und Preis für diesen deutschen Psalter und für alle seine unaussprechliche Wohltat in Ewigkeit, Amen.

[11] sich reimen auf — to pertain to, to be related to.
[12] ihm so eben sein — to be applicable to him.
[13] setzen — to choose.
[14] habe gegangen (sei ergangen) — had happened to.
[15] Lied singen mit — to have the same experience as, to be able to tell a tale of that too.
[16] (Worte) gegen Gott reden — to address words to God.
[17] fürsehen (vorsehen) — to see to it.
[18] vorhin — in times past.
[19] welch ein Schatz hätte es sollen geachtet sein (wie hätte man es geschätzt) — how people would have esteemed it.
[20] besorge — ich sorge, ich fürchte.
[21] daß daselbst beisteht (daß da auch geschrieben steht) — that it is also written there.

Luthers Liebe zur Natur [1]

Gern goß [2] und arbeitete Luther im eigenen Garten, den er bald nach seiner Verheiratung anlegte und für den er sorgte, soviel er konnte. Da baute er Gemüse, zu dem ferne Freunde ihm den besten Samen lieferten, pflegte Bäumchen und pfropfte sie. Auch Seltsames hegte er gern in seinem Garten: Melonen, Feigen und Maulbeerbäume.

Für Gottes Schöpfung hatte Luther stets das lebhafteste Interesse. Alles Vergängliche wurde ihm zum Gleichnis [3] unvergänglicher Wahrheiten und Verheißungen. So wunderte er sich immer wieder über den Reichtum der mancherlei Gaben Gottes. „Die Welt", sagte er, „verzehret unserm Herrgott, der sie speiset, alle Tage mehr denn ein Königreich." Er hält dafür, „es koste mehr, die Sperlinge im Jahr zu erhalten, denn der König zu Frankreich ein Jahr Einkommens hat."

Als er einmal das Vieh auf der Weide betrachtete, sprach er: „Da gehen unsere Prediger, die Milchträger, Butterträger, Käseträger, Wolleträger, die uns täglich predigen den Glauben gegen Gott, daß wir ihm vertrauen sollen, er sorge für uns und wolle uns ernähren." Als es zur rechten Zeit einen schönen Regen gab, rief er fröhlich aus: „Jetzt gibt uns Gott viel hunderttausend Gulden wert; jetzt regnet's Weizen, Hafer, Gerste, Wein, Kraut, Zwiebeln, Gras und Milch." Wie ergreift ihn die Betrachtung einer Rose in seiner Hand! „Wenn ein Mensch vermöchte, eine einzige Rose zu machen, sollte man ihm ein Kaisertum schenken."

Vor andern Geschöpfen Gottes haben es aber unserm Luther die Vögel angetan.[4] Das Vöglein, welches in den Zweigen eines Gartens sein Nestlein baut, muß ihm als „ein rechter Doktor der Theologie" den Glauben stärken an den Vater, der die Vögel des Himmels ernährt. Der Bienen Staat mußte ihm das Reich Gottes abbilden. Und über den Geschöpfen auf Erden vergaß er nicht die Wunder des Himmelsgewölbes, die Gestirne; sonderlich preist er immer wieder die Sonne mit ihrem schnellen Lauf und mächtigen Licht. Daß wir ihr nicht fest ins Auge sehen können, ist ihm auch eine Wirkung des Sündenfalls; im Paradiese sei das anders gewesen.

So wurde dem Gottesmann die Natur immer und immer wieder eine Quelle frommer Erhebung.

---

[1] See chapter "Luther und die Natur" in Bornkamm's "Luthers geistige Welt."

[2] gießen (begießen) — to water.

[3] Cf. the words of the heavenly choir in Goethe's "Faust": "Alles Vergängliche ist nur ein Gleichnis" — "All things transitory are but symbols."

[4] es jemandem antun — to fascinate someone.

Prof. August Crämer

Friedrich August Crämer (1812—1891) came to America in response to Wyneken's appeal; labored at Frankenmuth, Mich., as pastor and Indian missionary; president of the practical theological seminary in Fort Wayne; when this was moved to Springfield, Ill., in 1875, Crämer became its first president; over the years instilled large numbers of students with his zeal.

Das „kleine Ehrendenkmal" im folgenden Abschnitt wurde Professor Crämer, dem langjährigen und hochverehrten Lehrer am Concordia-Seminar in Springfield, Illinois, von einem dankbaren Schüler gesetzt. Professor Crämer hat billig Anspruch auf das dankbare Andenken der ganzen Kirche, der er lange Jahre so wirkungsvoll und aufopfernd gedient hat. Wie Dr. Walther in St. Louis, so drückte Professor Crämer in Springfield seinen Studenten sein Gepräge[1] biblischen Luthertums und beruflicher Treue und Pflichterfüllung unauslöschlich auf. Vom Jahre 1850—1891 widmete dieser Mann, reich an Kenntnissen, stark an Willenskraft, und zugleich voll väterlicher Güte und Freundlichkeit, seine reichen Gaben dem theologischen Concordia-Seminar in Springfield. Mit Recht gilt er dort als „Vater der Anstalt".

Gelegentlich seines Todes im Jahre 1891 schrieb der „Lutheraner": „Ein außerordentliches, gewaltiges Leben ist da zum Abschluß gekommen. Mit Crämer ist eine der geistlichen Heldengestalten, welche Gott unsrer Synode in ihren Vätern beschert hat, aus unserer Mitte geschieden. Der Entschlafene war von Natur mit ungemeiner Willenskraft begabt, ein Charakter wie von Stahl und Eisen. Als Gott nun dieses starke Gefäß mit seinem Geist erfüllt und sich dienstbar gemacht hatte, da ist es ihm ein auserwähltes Rüstzeug[2] geworden zum Dienst in seinem Reich. Der Entschlafene war ein besonders hellleuchtendes Beispiel der geistlichen Tatkraft und Selbstverleugnung.... Er war ein rastlos tätiger Mann, ein Mann, der sich in der Arbeit seines Berufes verzehrte und verzehren wollte. Er hielt jeden Augenblick für verloren, den er nicht im Dienste seines Gottes zubringen konnte. Die ihn näher kennen, wissen, wie er sich jedes Mal freute, wenn er noch mehr Arbeit verrichten durfte, als sein Beruf zunächst mit sich brachte.[3] Er wollte die Zeit des irdischen Lebens, die ihm Gottes Gnade gewährte, auskaufen. In diesem Geiste einer wahrhaft erstaunlichen Energie und Selbstverleugnung hat der Entschlafene über vierzig Jahre

---

[1] das Gepräge aufdrücken — to stamp an imprint on.
[2] ein auserwähltes Rüstzeug — a chosen vessel (cf. Acts 9:15).
[3] zunächst mit sich bringen — to require first of all.

an unserer Anstalt gewirkt. Seine Tätigkeit hat tief in das Leben unserer Synode eingegriffen.[4] Von ihm sind Ströme des Segens ausgegangen. Er hat viele Hunderte von tüchtigen praktischen Predigern[5] gebildet und in dieselben namentlich den Geist der Treue und Selbstverleugnung zu pflanzen gesucht. . . . Wahrlich, mit dem Hinscheiden unsers teuren, ehrwürdigen Crämer ist ein Großer in Israel gefallen! (2 Sam. 3, 38.) Unsere Synode hat durch seinen Tod einen großen, einen sehr großen, wie uns scheinen will, unersetzlichen Verlust erlitten!"

Ein kleines Ehrendenkmal

Es werden jetzt,[6] anfangs Mai, gerade vierzig Jahre, daß wir ihn hinausgetragen haben zu seiner letzten irdischen Ruhestätte, gar nicht weit von der Grabstätte des Präsidenten Abraham Lincoln; doch noch immer sehe ich ihn vor mir sitzen in seiner Ecke neben der Orgel, in der Aula[7] des alten Gebäudes in Springfield, Ill. Da saß er, in den Andachten am frühen Morgen, in den Lehrstunden, in den Lutherstunden, unser von außen her wohl etwas rauher, aber innerlich so guter, alter „Onkel",[8] der selige Professor August Crämer, in seinem braunen Überrock. Wie alt dieser Rock schon war, weiß ich nicht, das mögen frühere Generationen, will sagen[9] Klassen, wissen. So viel ist gewiß, er glänzte vor Alter. War denn unser „Onkel" nicht so gestellt,[10] daß er sich einen neuen Überrock mal hätte kaufen können? Gewiß; aber er war ein Beispiel von Sparsamkeit. Wie er sparte für die Synode — für Bauten wollte er immer nur wenig verlangen für seine geliebte Anstalt, das Predigerseminar — so sparte er auch für seine oder an seiner eigenen Person.

Dabei war aber in der Waschkasse, das ist, der Kasse, aus der arme Studenten monatlich Geld für freie Wäsche erhielten, und die Professor Crämer selbst verwaltete, nie Ebbe bis auf den Tag, da er starb. Wie kam das? Wenn du mal einst im Himmel den „Onkel" treffen wirst, so frage ihn um Aufklärung. Ähnlich ist auch in die Kostgeldkasse[11] für die armen Studenten manche Summe geflossen, wie der Schreiber

[4] tief eingreifen in — to influence or affect deeply.
[5] In contradistinction to the "theoretical seminary" in St. Louis, Concordia Seminary in Springfield is known as the practical seminary.
[6] jetzt — das Jahr 1931.
[7] die Aula — assembly hall in college or university.
[8] Onkel — affectionate nickname given him by students.
[9] will sagen — that is to say.
[10] gestellt — situated (financially).
[11] die Kostgeldkasse — board money accounts.

daher weiß, daß es nach „Onkels" Tod hieß: Die Kasse ist auf einmal ganz leer; ihr müßt euch neue Quellen suchen. Und wenn ich hiermit dem lieben „Onkel" am vierzigjährigen Gedenktag seines Eingangs zur Ruhe der Seligen ein kleines Ehrendenkmal setze, so ist das nur das Abtragen einer Dankesschuld.[12]

See Fürbringer's "Friedrich August Crämer" in "Lehre und Wehre," LXVIII, 1 ff., 33 ff.; also the little booklet "Zum 50jährigen Jubiläum des praktischen evang.-luth. Concordia-Seminars zu Springfield, Ill.," 1846—1896, pp. 83—169.

Vom Beruf der Pastoren und Lehrer

Ein aus dem Nachlaß Dr. Fürbringers
wohl für den „Lutheraner" bestimmter Artikel
Der Verfasser ist unbekannt. (Verkürzt)

> Ludwig Ernst Fürbringer (1864—1947) was pastor at Frankenmuth, Mich.; professor, and later president of Concordia Seminary, St. Louis; for many years editor of "Der Lutheraner."

Im zweiten Teil seines Buches „Kirche und Amt", These Nr. 8, sagt Dr. Walther: „Das Predigtamt ist das höchste Amt in der Kirche, aus dem alle andern Kirchenämter fließen und das alle Kirchenämter in sich begreift.[1] Es ist das eine, höchste, von Gott in der Kirche gestiftete Amt. Freilich hat jeder Christ, kraft seines geistlichen Priestertums und vermöge des ihm verliehenen Amtes[2] der Schlüssel, das Recht, Evangelium zu predigen, strafen, trösten, Sakramente zu verwalten, aber niemand darf das Recht für sich beanspruchen, das allen gemeinschaftlich gehört, und öffentlich dieses Amt ausüben. Dazu gehört ein ordentlicher Beruf, wie die Heilige Schrift und unsere Bekenntnisse lehren."

Dr. Walther führt weiter aus, daß alle andern Kirchenämter aus dem Predigtamt fließen. Alle andern Ämter in der Kirche sind also Hilfsämter. Sie sind nicht von Gott verordnet aber dennoch eine gute kirchliche Einrichtung.

Das herrlichste und segensreichste unter diesen Hilfsämtern ist das der Lehrer und Lehrerinnen in unsern Schulen. Die haben zwar auch

---

[12] das Abtragen einer Dankesschuld — payment of a debt of gratitude.

[1] in sich begreifen — to include, to comprehend.

[2] ein Amt verleihen — to confer an office.

einen göttlichen Beruf, denn sie sind von der Gemeinde Gottes berufen und angestellt, aber nur für bestimmte Verrichtungen und Funktionen des heiligen Predigtamtes. Es steht nicht so, daß eine neue Gemeinde in der Gemeinde gegründet wird, wenn in ihr eine christliche Schule eingerichtet wird; nicht so, daß der Pastor Pastor der Gemeinde und der Lehrer Pastor in der Schule ist. Wenn ein Lehrer in eine Gemeinde berufen wird als Schullehrer, so wird dem Predigtamt eigentlich nichts hinzugefügt, wie auch demselben nichts genommen wird, wenn ein Lehrer entlassen wird. Das Amt des Pastors als Aufseher, Bischof über alle Seelen, Kinder und Erwachsene, auch über alle Vereine, bleibt dasselbe mit oder ohne Lehrer. Das Amt der Lehrer ist auch, streng genommen,³ nicht ein Teil des Predigtamts, sonst wäre es nicht vollständig ohne diesen Teil. Dr. Walther gebraucht zwar den Ausdruck „Teil", erklärt ihn aber, indem er hinzusetzt: „Hilfsamt, das dem Prediger zur Seite steht." Das Amt selber kann nicht geteilt werden, wohl aber die verschiedenen Verrichtungen und Funktionen desselben. Christus hat nicht ein besonderes Amt für die Kinder gestiftet.

Hüten wollen wir uns aber, das Schulamt gering zu schätzen. Es ist das herrlichste und segensreichste Unteramt in der Kirche, wie Dr. Walther in seinem Buch „Die rechte Gestalt einer vom Staate unabhängigen evangelisch-lutherischen Ortsgemeinde", These 24, ausführt. Den Lehrern hat Gott nicht Millionen von Gold und Silber anvertraut, sondern mit dem Blute Jesu Christi teuer erkaufte Seelen der Kinder. Sie, die Lehrer, wenden das Mittel des Wortes Gottes an, das eine Kraft Gottes ist, selig zu machen alle, die daran glauben (Röm. 1, 16). Die selige Frucht ihrer Arbeit zeigt sich schon in diesem Leben. Laßt uns immer folgende Wahrheiten festhalten: Prediger und Lehrer sind von der Gemeinde berufen, der Pastor als Bischof und Aufseher über alle Seelen, der Lehrer als Gehilfe des Pastors in der Erziehung der Kinder.

Mit der Ordination ist viel Unfug getrieben worden,⁴ vor allem in der römisch-katholischen Kirche. Aber auch wir sind in dieser Hinsicht nicht tadelfrei. Die Ordination ist — um einen Ausdruck Dr. Walthers zu gebrauchen — nicht jure divino, sed jure humano, also nicht göttliche, sondern menschliche Einrichtung. Was einen Pastor zum Pastor macht, ist nicht, wie auch Luther erklärt, daß der Kandidat der Theologie mit Chresem⁵ oder Olivenöl beschmiert wird; so war und ist es Brauch in der Kirche Roms, wo man die Ordination als Sakrament

---

³ streng genommen — strictly speaking.
⁴ Unfug treiben — to commit mischief.
⁵ Chresem (das Chrisam, Chrisma) — chrism (consecrated oil used in Eastern and Roman churches in baptism, confirmation, ordination, etc.)

ansieht. Was einen Pastor zum Pastor macht, ist auch nicht dies, daß man einen Kandidaten der Theologie in einem feierlichen Gottesdienst ordiniert zum Predigtamt durch Auflegung der Hände. Non ordinatio, sed vocatio facit pastorem. Nicht die Ordination, sondern der Beruf macht einen zum Pastor. Luther sagt: „Der Beruf und Befehl macht Pfarrherren und Prediger." Eine christliche Ortsgemeinde⁶ hat das Recht, einen Beruf auszustellen; Luther sagt in den Schmalkaldischen Artikeln⁷ (Von der Bischöfe Gewalt und Jurisdiktion): „Solches zeugt auch der gemeine Gebrauch der Kirche. Denn vorzeiten wählte das Volk Pfarrherren und Bischöfe . . . und ist dazumal die Ordination nichts anderes gewesen denn solche Bestätigung", „Triglotta", 524. Walther in „Kirche und Amt" (These 6) sagt: „Das Predigtamt wird von Gott durch die Gemeinde als Inhaberin aller Kirchengewalt oder der Schlüssel und durch deren von Gott vorgeschriebenen Beruf übertragen."

Und im 13. Artikel der Apologie⁸ bekennt die lutherische Kirche: „Die Kirche hat Gottes Befehl, daß sie soll Prediger und Diakonos⁹ bestellen.¹⁰ Dieweil nun solches sehr tröstlich ist, so wir wissen, daß Gott durch Menschen und durch diejenigen, so von Menschen gewählt sind, predigen und wirken will, so ist's gut, daß man solche Wahl hoch rühme und ehre."

Nimmt der Kandidat den an ihn ausgestellten Beruf an, dann ist er nach göttlichem Recht der Pastor und Seelsorger dieser Ortsgemeinde. Die Ordination — und diese sollte, wie unsre Synode empfohlen hat, inmitten der Gemeinde stattfinden, wo der neuberufene Pastor sein Amt verwalten wird — ist nur eine Einrichtung der Kirche, wodurch öffentlich hingewiesen wird auf das Verhältnis, das kraft des ausgestellten und angenommenen Berufs nun besteht zwischen dem Prediger und der Gemeinde, nämlich das eines Hirten und einer Herde. So sagt Dr. Walther in „Kirche und Amt", These 6: „Die Ordination des Berufenen mit Handauflegung ist nicht göttliche Einsetzung, sondern eine apostolische, kirchliche Ordnung und eine öffentliche Bestätigung jenes Berufs."

Und die Ordination verleiht nicht einen **character indelibilis,**

---

[6] die Ortsgemeinde — local congregation.

[7] The Smalcald Articles were written by Luther at the request of Elector John for Smalcald meeting in 1537, after Pope Paul III had called a council to meet at Mantua for "the utter extirpation of the Lutheran heresy."

[8] The Apology — the defense of the Augsburg Confession, dealing with the fundamental Christian doctrines, especially the doctrine of justification by faith.

[9] der Diakon — deacon.

[10] bestellen — to engage, to install.

wie Rom im Tridentinum [11] lehrt, so daß wer einmal ein Pastor ist auch ein Pastor bleibt. Wie das Vieh, das gebrandmarkt worden ist, dies Brandmal nie verliert, so sei ein Pastor durch die Ordination gleichsam mit einem unauslöschlichen Mal oder Charakter versehen. Rom weist hin auf 2 Kor. 1, 21. 22: „Gott ist's aber, der uns befestigt samt euch in Christum und uns gesalbt und versiegelt und in unsere Herzen das Pfand, den Geist, gegeben hat." Und ferner, Eph. 1, 13: „Durch welche ihr auch, da ihr glaubetet, versiegelt worden seid mit dem Heiligen Geist der Verheißung." Diese Stellen handeln, wie jeder sich selbst überzeugen kann, von allen Gläubigen, und der „zweite Martin", nämlich Martin Chemnitz,[12] hat in seinem "Examen Concilii Tridentini" nachgewiesen, daß diese Stellen nicht beweisen, was Rom und Ochino, der die Seele des Tridentinums war, damit beweisen wollen, nämlich den **character indelibilis** (einmal ein Pastor immer ein Pastor).

Wenn ein Pastor keine Herde mehr hat, hört er auf, Hirte oder Pastor zu sein. Hirte und Herde sind korrelate Begriffe, und ein Hirte ist eben kein Hirte mehr, wenn er der Herde verlustig gegangen ist.[13] So sagt der Apostel Paulus zu den Ältesten — den Hirten — der Gemeinde zu Ephesus (Apost. 20, 28): „So habt nun acht auf euch selbst und auf die ganze Herde." Ehemalige Diener am Wort, die nun emeritiert sind, nennt man **honoris causa**, also ehrenhalber, Pastoren. Keiner wird sich daran stoßen, wenn diese, wie es ihre Kraft erlaubt und wie sich die Gelegenheit bietet, noch ab und zu Aushelferdienste [14] tun und predigen. Ist einer aber nicht **emeritus**, das heißt, ausgedient, und legt sein Amt als Pastor nieder und erwirbt sein Brot durch einen irdischen Beruf, hat auch weder Begehr noch Aussicht auf einen Beruf ins Pfarramt, so sollte er nicht sagen: Ich behalte Titel und Würde, indem ich meinen Namen auch künftighin im „Kalender" [15] aufführen lasse unter der Rubrik „Pastoren"; ich bin ordiniert, somit [16] habe ich auch das Recht, die Werke des Pfarramts zu verrichten.

---

[11] The Decrees of the Council of Trent (1545—1564) are "the principal source and highest standard of the Roman Catholic Church." The Council was convoked by Paul III to check the spread of Protestantism.

[12] Martin Chemnitz (1522—1586) attacked the Council of Trent in four volumes ("Examen"). Catholics declared that Luther could not have endured if Chemnitz had not come.

[13] verlustig gehen — to lose.

[14] Aushelferdienste — occasional or temporary help or service.

[15] Kalender — predecessor of the present *The Lutheran Annual*, containing the names and addresses of all ministers and teachers in the Synodical Conference.

[16] somit (also, deshalb) — hence, therefore.

Offenbar ist dies ein Mißbrauch der Ordination. Luther sagt: „Ob wir wohl alle Priester sind, so können und sollen wir doch darum nicht alle predigen oder lehren und regieren" (Auslegung des 110. Psalms vom Jahre 1539). In der Augsburgischen Konfession, Art. 14, bekennen wir: „Vom Kirchenregiment wird gelehrt, daß niemand in der Kirche öffentlich lehren und predigen oder Sakramente reichen solle ohne ordentlichen Beruf", trotzdem er einmal ordiniert worden ist. Luther drückt sich so aus: „Er muß ein befohlen Kirchspiel haben."

Gott erhalte uns auch ferner die rechte Lehre und Praxis. Bitten wir daher: „Gott erhalte uns ein frommes Ministerium!" [17]

Das größte und wichtigste Missionsfeld unserer Synode

Julius Friedrich

Julius Friedrich (1862—1958) was born in Huntington, Ind.; served parishes in Tennessee and Missouri; the first director of foreign missions in the Missouri Synod; first pastor of Lutheran students at the University of Iowa; translator of Dr. Edward Preuss's "Die Lehre von der Rechtfertigung."

Hast du, lieber Leser, schon einmal darüber nachgedacht, welches wohl das größte, wichtigste und vom Herrn am reichsten gesegnete Missionsfeld unsrer lieben Synode ist? Gewiß hat dich diese Frage schon oft beschäftigt. Wie lautet nun deine Antwort? Innere Mission? Brasilien? Negermission? Indien? Es ist wahr, das sind alle große, wichtige Missionsfelder. Aber das größte, das wichtigste, das vom Herrn am reichsten gesegnete Missionsfeld unsrer Synode liegt uns allen doch viel, viel näher als Indien oder Brasilien, ja sogar noch viel näher als das große, wichtige Gebiet der Inneren Mission, das sind nämlich unsere lieben, teuren Gemeindeschulen.

Vielleicht sprichst du, lieber Leser, verwundert: „Aber das ist doch kein Missionsfeld!?" Doch![1] lieber Leser, doch! Denn was ist doch die eine große Hauptaufgabe aller wahren christlichen Missionsarbeit? Ganz gewiß nichts anders als dies, daß durch die Predigt des Evangeliums von der freien Gnade Gottes in Christo Sünder zur Erkennt-

---

[17] das Ministerium — clergy. This is an oft-quoted saying of Dr. Walther.

[1] doch — yes, indeed.

nis ihres Heilandes gebracht werden, damit sie zum Glauben an ihn kommen und durch diesen Glauben selig werden mögen. Und das, eben das und nichts anderes, ist ja die hochwichtige Aufgabe unserer Gemeindeschulen.

Zwar sind ja die allermeisten Kinder, die unsere Schulen besuchen, schon in früher Kindheit durch die Taufe dem Heiland in die Arme gelegt worden. Da hat der Heilige Geist sie durch das Bad der Wiedergeburt von ihren Sünden gereinigt und das Pflänzlein des Glaubens in ihr Herz gepflanzt. Dies neue Leben würde aber bald ersterben, das Pflänzlein des Glaubens würde bald verkümmern und verwelken, unsere Kinder würden für Christum und sein Reich, seine Kirche, verloren gehen, wenn ihnen nicht durch fleißigen Unterricht in der seligmachenden Wahrheit das Brot des Lebens, das Licht des Wortes, gereicht würde, wenn sie nun heranwachsen. Darum hat Christus nicht nur befohlen: „Taufet alle Völker" (Matth. 28, 19 f.) — also auch die Kinder — sondern er setzt sofort auch den anderen ebenso wichtigen Befehl hinzu: „Und lehret sie halten alles, was ich euch befohlen habe."

Und wahrlich, das ist ein hochwichtiges Missionswerk! Man könnte es mit Recht das Herz der Inneren Mission nennen. Handelt es sich doch dabei um [2] die Rettung unserer eigenen Kinder, um die Bewahrung und Erhaltung des Nachwuchses, den der Herr unseren Gemeinden, unserer Synode, der lutherischen Kirche gegeben hat. Unsere Gemeindeschulen sind also im eigentlichen Sinne des Wortes „Seminare", das heißt, Samengärtlein, Pflanzschulen, in denen die Bäumlein herangezogen werden, die später als Bäume in dem Garten der Gemeinde hier auf Erden reiche Frucht bringen und endlich in den Paradiesesgarten dort oben versetzt werden wollen.

Und welch ein großes, wichtiges Missionsfeld ist das! Nach dem „Statistischen Jahrbuch"[3] unserer Synode für das Jahr 1904 verkündigten in 1,931 Schulen 1,082 Pastoren, 874 Lehrer und 187 Lehrerinnen, also im ganzen 2,143 „Missionare" das Wort des Lebens vor 96,888 Kindern, die der Herr Jesus mit seinem Blut teuer erkauft hat. Es ist wohl kaum zu viel gesagt, wenn wir behaupten: Keine andere protestantische Kirchengemeinschaft hat ein so gewaltiges Missionsfeld aufzuweisen! Welch eine große Tür hat der Herr uns da aufgetan!

Aber erkennen wir diese hohe Gnade Gottes auch dankbar an? Freuen wir uns dieses herrlichen Vorrechtes von Herzen? Sind wir allezeit darauf bedacht, diese großartige Gelegenheit, Seelen zu retten,

---

[2] handelt es sich doch um — *after all, it is a matter of.*

[3] das statistische Jahrbuch — *Statistical Yearbook*, published annually by the Missouri Synod.

gründlich auszukaufen?⁴ Sind uns unsere Schulen keine Last, die wir los werden möchten, sondern vielmehr eine Lust, die wir um keinen Preis missen möchten? Tragen wir dieses selige Missionswerk immer auf betendem Herzen? Sind wir gerne bereit, mit fröhlichem Herzen auch gerade für diese hochwichtige Mission zu opfern? Erkennen wir mit dankbaren Herzen die schwere, mühevolle Arbeit an, die unsere Missionare, das heißt, unsere schulehaltenden Pastoren und unsere Lehrer, in unseren Schulen in unserm Namen und Auftrag verrichten? Sorgen wir dafür, daß sie ihres schweren Amtes mit Freuden und ohne Sorgen der Nahrung warten können? Halten wir sie nach Gottes Wort „zwiefacher Ehre wert"? (1 Tim. 5, 17.) Kurz, helfen wir alle mit Gebet, Rat und Tat,⁵ daß das heilige Werk der „Kindermission" durch unsere Gemeindeschulen erhalten, gebaut und gefördert werde? Es sind dies gar ernste, wichtige Fragen. Denn an jenem Tage werden wir auch darüber Rechenschaft geben müssen, wie wir das uns vom Herrn anvertraute Pfund unsrer Gemeindeschulen verwaltet,⁶ wie wir gerade diese herrliche Gelegenheit, Christi Reich bauen zu helfen, ausgekauft haben.

Aber lohnen sich denn auch all die Mühe und Arbeit, alle die Opfer, die wir auf diese Mission, auf unsere Schulen verwenden? In unserer geldsüchtigen Zeit ist es zur Mode geworden, bei jedem Unternehmen erst zu fragen: „Bezahlt es sich auch?" Und diese Redeweise, die man den Schacherern auf dem Marktplatze abgelauscht hat, wird wohl hie und da auch unter uns laut,⁷ wenn von kirchlicher Arbeit die Rede ist. Man wird nur das als Erfolg gelten lassen,⁸ was sich in Dollars und Cents bezahlt. Ist das nicht der Fall, erklärt man es für Mißerfolg, für eine Last, die man abschütteln müsse. Sind unsere Schulen nun ein Erfolg? Bezahlen sie sich?

Das Werk der christlichen Mission, also auch unsere Schulen, sollen sich nach Gottes Willen gar nicht in klingender Münze⁹ bezahlen. Die christliche Kirche, die Gemeinde, soll dadurch gar nicht reicher werden an irdischem Gut. Sie soll vielmehr von ihrem irdischen Gut reichlich opfern, damit dieses Werk des Herrn gefördert werde. „Umsonst habt ihr's empfangen, umsonst gebet es auch", spricht unser Heiland Matth. 10, 8. Aber der Herr will nun schon hier auf Erden seinen geistlichen Segen auf diese Arbeit und Mühe und auf alle Opfer legen. Nicht

---

4 die Gelegenheit auskaufen — to make the most of an opportunity.
5 Rat und Tat — word and deed.
6 das Pfund verwalten — to administer the talent (cf. Luke 19:11-26).
7 laut werden — to be heard.
8 gelten lassen — to let pass, to approve.
9 die klingende Münze — hard cash.

irdisches Gut, sondern unsterbliche Seelen sollen die Früchte der Arbeit in seinem Weinberge sein. Und dort im Himmel will er dann alle Arbeit, alle Mühe, alle Opfer, die wir auf sein Werk und Reich verwandt haben, mit einem reichen Gnadenlohn bedenken (Dan. 12, 3; Pf. 84, 7; Matth. 25, 21).

Und wie herrlich hat sich nun der Herr zu unsrer Arbeit in unseren Schulen bekannt![10] Wie reichlich hat er seinen göttlichen Segen über dieselbe ausgeschüttet! Es kann nicht geleugnet werden: das Wachstum unserer Gemeinden, das Aufblühen unserer Synode haben wir vor allem auch dem Segen zu verdanken, den der gütige Gott auf unsere Gemeindeschulen gelegt hat. Schon hier auf Erden läßt sich dieser Segen von jedem, der nur sehen will, erkennen. Aber erst der Jüngste Tag wird es völlig offenbaren, wie viel Tausende durch Christi Blut teuer erkaufte Seelen durch unsere Schulen zu Christo geführt und vom ewigen Tode errettet worden sind.

Es bleibt also dabei: Das größte, wichtigste und vom Herrn am reichsten gesegnete Missionsfeld unserer Synode sind unsere Gemeindeschulen. Gebe Gott, daß wir das immer besser erkennen und beherzigen. Dann werden diese Gottesgärtlein, da die Brünnlein des Höchsten sind (Pf. 65, 10), aus denen unsere Kinder das Wort des Lebens trinken, auch fernerhin bei uns lustig grünen und blühen. Dann werden sich immer mehr Knaben finden, die sich dieser gesegneten Kindermission widmen. Dann wird in unserm täglichen Gebet für die Mission auch niemals diese Bitte fehlen: "Lieber Herr Jesus, du großer Kinderfreund, der du willst, daß auch die Kindlein zu dir kommen sollen, segne unsere lieben, teuren Gemeindeschulen mit allen ihren Lehrern und Schülern, Amen."

[10] sich bekennen zu — to acknowledge, to espouse a cause.

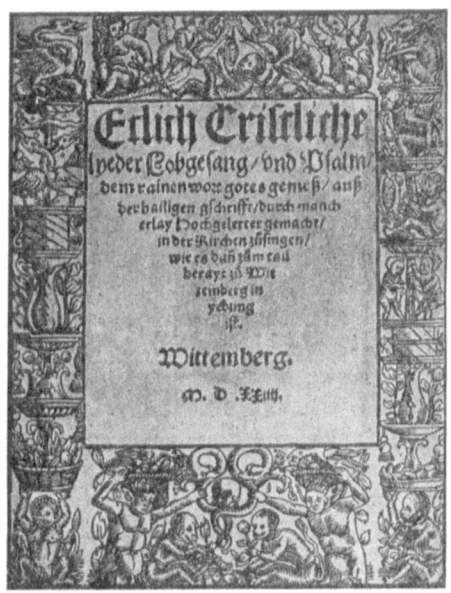

Titelblatt des ersten Gesangbuchs 1524

Das evangelisch-lutherische Gesangbuch

Ein Gedenkblatt zu dessen vierhundertjährigem Jubiläum im Jahre 1923

Otto Hattstädt

Otto F. Hattstädt (1862—1950) was professor of German at Concordia College, Milwaukee, from 1884 to 1938; here he equipped several generations of Lutheran ministers for the German pulpit; gifted teacher and preacher; author of "Handbuch der deutschen Nationalliteratur" and "Deutsche Grammatik."

Die Jahre 1923 und 1924 sind wichtige Jubiläumsjahre. Das Jahr 1523 ist nämlich das Geburtsjahr des evangelisch-lutherischen Kirchenliedes, und im Jahre 1524 erschien das erste evangelisch-lutherische Gesangbuch. Beide, Kirchenlied und Gesangbuch, verdienen es vollauf, daß die Christenheit mit Lob und Dank ihrer als unschätzbarer Gaben der Reformation gedenkt. In den folgenden Zeilen wollen wir nur dem Gesangbuch unsere Aufmerksamkeit zuwenden.

Gesangbuch — dieses Wort hat für uns Christen eine ganz bestimmte, scharfumgrenzte¹ Bedeutung. Wir verbinden damit sofort den Begriff des Geistlichen, Kirchlichen; es ist uns ein Buch, das wir nicht in eine Reihe mit weltlichen Büchern setzen, sondern mit Bibel und Katechismus zusammenstellen. Das Gesangbuch ist eben eine Sammlung von geistlichen Liedern, die wir in heiliger Andacht unserm Gott zu Preis und Ehren singen. Das weiß auch die Welt; denn ist es nicht merkwürdig, daß das ganze deutsche Volk, auch der gottentfremdete² Teil desselben, das Wort „Gesangbuch" als Bezeichnung eines der Kirche gehörenden Buches hat unangetastet stehen lassen? Welches weltliche Liederbuch würde man ein Gesangbuch nennen? Es läge doch so nahe;³ denn weltliche Lieder sind auch Gesänge. Aber nein! Das Gesangbuch gehört der Kirche, es ist ihr ausschließlicher Besitz; und sie schätzt es neben der Bibel und Katechismus als ihr köstlichstes Gut; und Millionen von Christen gibt es, die sich um keinen Preis von ihrem Gesangbuch trennen möchten.

Wie hat nun die Kirche dies ihr Gesangbuch bekommen? Indem wir auf diese Frage eingehen, müssen wir notwendigerweise auch das Kirchenlied mit in unsere Betrachtung hereinziehen. denn Gesangbuch und Kirchenlied lassen sich nicht voneinander trennen. Wir verzichten jedoch auf eine ausführliche Darlegung der Entstehung des Kirchenliedes und beschränken uns auf das, was zur Klarstellung der Sache nötig ist. Das Kirchenlied war ein notwendiger Ausfluß des Reformationsgedankens. Es mußte entstehen und mit ihm der Gemeindegesang. Denn die Reformation im eigentlichen Sinne war ja die Wiederherstellung der Kirche Gottes in ihrer ursprünglichen, apostolischen Gestalt. Hatten nun die ersten Christen nach Pauli Weisung Kol. 3, 16 und Eph. 5, 19 in ihren gottesdienstlichen Versammlungen regelmäßig gesungen, so mußte auch jetzt der Gemeindegesang ein wesentlicher Teil des Gottesdienstes werden. Gerade dadurch sollte sich die jetzt vom Papste befreite Kirche von der vormaligen, unter dem Druck des Papstes seufzende Kirche mit unterscheiden, daß sie in dem vollen Besitz ihrer christlichen Freiheit war, wonach ihr niemand etwas verbieten konnte, was Gott ihr freigelassen hatte, und wonach alle Gläubigen vollauf von ihrem Recht Gebrauch machen durften, als geistliche Priester (Jes. 61, 6; 1 Petr. 2, 9 f.) selbst dem lieben Gott die Opfer ihrer Lippen und ihres Herzens darzubringen (Jes. 57, 19; Hebr. 13, 15). So streng daher der Gemeinde vom Papst die tätige Beteiligung am Gottesdienst, also auch das Singen, verboten war, so notwendig mußte ihr jetzt das Recht des Singens wiedererstattet werden als Beweis, daß sie von der Priesterherrschaft befreit war.

¹ scharfumgrenzt — delimited, closely circumscribed.
² gottentfremdet — estranged from God.
³ es läge doch so nahe — and still the title would suggest this.

Das war unserm Vater Luther auch vollkommen klar. Aber den Gemeindegesang in den Gottesdienst einzuführen, daran konnte er erst denken, als eine durch die Predigt des Evangeliums neuerstandene Kirche Gottes da war. Bis zum Reichstag zu Worms stand er sozusagen allein da. Das Volk war allerdings durch sein bisheriges Auftreten aufs tiefste erregt, hielt aber doch noch an seinen katholischen Bräuchen fest. Von den Gelehrten bekannte sich keiner ganz offen zu ihm, und kein deutscher Fürst stand auf seiner Seite. Selbst sein eigener Kurfürst, Friedrich der Weise von Sachsen,[4] hielt noch am katholischen Glauben fest und soll nur unmittelbar vor seinem Tode das Abendmahl unter beiderlei Gestalt[5] genommen haben. Aber wie ganz anders war es, als die Kunde von Luthers mutigem Bekenntnis vor Kaiser und Reich in die Lande hinausdrang! Jeder fühlte es: der Papst war gerichtet, seine Lehre als seelengefährliche Irrlehre gebrandmarkt, Luthers Lehre konnte nicht mit der Heiligen Schrift widerlegt werden. Das erkannte man um so mehr, als Luther im nächsten Jahr, 1522, seine Übersetzung des Neuen Testaments veröffentlichte, die jeden in den Stand setzte, selbst zu urteilen, ob sich's also hielte,[6] wie Luther gelehrt und gepredigt hatte. Hunderttausende wandten jetzt dem Papst den Rücken, ganze Städte fielen von ihm ab und wurden lutherisch, und Scharen von Doktoren, Professoren und Pastoren fielen Luther zu und wurden seine treuesten Mitstreiter im Kampf gegen den Antichristen.

Da war denn die Zeit gekommen zum Aufbau einer von päpstlichen Irrlehren gereinigten Kirche. In Wittenberg machte Luther im Jahre 1523 damit den Anfang. Mit größter Vorsicht entfernte er nach und nach den ganzen unnützen Kram[7] päpstlicher Zeremonien und machte die Predigt des Evangeliums und die Verwaltung der unverfälschten Sakramente zur Hauptsache. Und nun war er auch darauf bedacht, den Gemeindegesang einzuführen. Nachdem er die Gemeinde hinreichend über den Gebrauch ihrer christlichen Freiheit unterrichtet hatte, war diese bereit, von ihrem herrlichen Christenrecht Gebrauch zu machen und zu singen. Aber es dauerte noch geraume Zeit bis der Gemeindegesang in Gang kam, denn die Gemeinde hatte ja keine Lieder, die sie singen konnte, und recht notdürftig mußte sie sich behelfen.

In seiner Schrift „Weise, christliche Messe zu halten und zum Tisch

---

[4] Elector Frederick the Wise of Saxony ruled 1486 to 1525; founded the University of Wittenberg; befriended and furthered the Reformation.

[5] the Sacrament in both kinds (bread and wine).

[6] sich also halten (verhalten) — to be the truth, to be the case.

[7] der unnütze Kram — useless rubbish.

Gottes zu gehen" vom Jahre 1523 klagt der Reformator, daß es an Dichtern und Komponisten fehle, die für die Gemeinde geistliche Lieder zu verschaffen vermöchten, und ordnete an, daß, bis solche sich fänden, die Gemeinde vorläufig sich aus früherer Zeit stammender einigermaßen bekannter geistlicher Volkslieder bedienen könnte, so nach der Kommunion des Liedes „Gott sei gelobet und gebenedeiet" oder „Nun bitten wir den Heiligen Geist" oder „Ein Kindelein so löbelich".[8] Er fügt hinzu, daß man nicht viele Lieder finden werde, die sich zum kirchlichen Gebrauch eigneten. So mußten denn für die Gemeinde Lieder beschafft werden, und wie bekannt, war es Luther selbst, der in die Bresche trat.[9] Noch im Jahre 1523 dichtete er sein einzig schönes[10] Erstlingslied „Nun freut euch, lieben Christen g'mein"[11] nebst[12] den zwei Psalmliedern „Ach Gott vom Himmel, sieh darein"[13] und „Aus tiefer Not schrei' ich zu dir",[14] Lieder, die sofort von ihm selbst oder von seinen musikalischen Freunden mit geeigneten Melodien versehen wurden. Im nächsten Jahr, 1524, dichtete er noch zwanzig andere Lieder und forderte auch überall die „Poeten" auf, sich an dem Werk der Liederdichtung zu beteiligen,[15] die ihm denn auch feine Gabe lieferten. Alle diese Lieder wurden mit ihren Melodien in Tausenden von Exemplaren auf Einzelblättern unter dem Volk verbreitet, um es zunächst einmal[16] mit denselben bekannt zu machen.

In demselben Jahr, 1524, kam man auch auf den Gedanken, die Lieder zu Gesangbüchern zu vereinigen. Man geht wohl nicht fehl in der Annahme,[17] daß der Gedanke von Luther selbst ausging.

Das erste lutherische Gesangbuch war das sogenannte Achtliederbuch, das in Quartformat unter dem Titel erschien: „Etliche Christliche Lieder, Lobgesänge und Psalmen, dem reinen Wort Gottes gemäß, aus der Heiligen Schrift, durch mancherlei Hochgelehrter gemacht, in der Kirchen zu singen, wie es dann zum Teil in Wittenberg bereits in Übung ist. Wittenberg 1524." Es enthielt vier Lieder von Luther, nämlich: „Nun freut euch, lieben Christen g'mein" (mit Luthers Namen und der Jahreszahl 1523), „Ach Gott vom Himmel, sieh

---

[8] löbelich (löblich) — praiseworthy, worshipful.

[9] in die Bresche treten — to come to the rescue, to fill up the gap.

[10] einzig schön — uniquely beautiful.

[11] Hymn No. 243 in the German hymnal of the Missouri Synod.

[12] nebst (neben) — in addition to.

[13] Hymn No. 166 in the German hymnal of the Missouri Synod (Ps. 12).

[14] Hymn No. 214 in the German hymnal of the Missouri Synod (Ps. 130).

[15] zu beteiligen — see Luther's letter to Ludwig Senfl on page 164.

[16] zunächst einmal — first of all.

[17] fehlgehen in der Annahme — to be mistaken in the assumption.

darein", „Es spricht der Unweisen Mund wohl" und „Aus tiefer Not schrei' ich zu dir"; ferner drei Lieder von Paul Speratus,[18] darunter das hochbedeutsame Reformationslied „Es ist das Heil uns kommen her"[19] und ein Lied von einem Unbekannten, das so beginnt: „In Jesus' Namen heben wir an[20] das Best', das wir gelernet han".[21] Fünf der Lieder waren mit einstimmigen Singnoten versehen. Wahrscheinlich ist das Buch „Wittenberg" in Nürnberg gedruckt worden, weshalb es auch das „Nürnberger Gesangbüchlein" heißt. Das war der unscheinbare Anfang unsers Gesangbuchs: ein kleines Heft mit acht Liedern. Wer konnte demselben ansehen, daß man noch nach vierhundert Jahren in der ganzen protestantischen Christenheit dessen Erscheinen als ein wichtiges kirchengeschichtliches Ereignis bezeichnen würde? Und ein solches war es. Denn damit war ein Werk ins Leben getreten, das der Welt schließlich zur reichsten geistlichen Schatzkammer wurde. Rasch folgten auf dieses erste Gesangbüchlein andere. Noch im selben Jahre, 1524, erschien das Erfurter „Enchiridion" mit fünfundzwanzig Liedern, darunter achtzehn von Luther, und das „Geistlich Gesangbüchlein. Wittenberg, MDXXIIII". Dieses Wittenberger „Chorgesangbüchlein" enthielt zweiunddreißig Lieder, darunter weitere von Luther, die noch nicht in dem Erfurter „Enchiridion" stehen, und wurde von Luther selbst in Gemeinschaft mit dem Gesangmeister Johann Walther[22] herausgegeben, der zu sämtlichen Liedern einen vier- oder fünfstimmigen Tonsatz[23] besorgt hatte. Das Buch war für den Kirchenchor bestimmt, der die Lieder sonntäglich in der Kirche zu singen hatte. Da nämlich die Gemeinde die Lieder nach Text und Melodie erst kennen lernen mußte, ehe es zum wirklichen Gemeindegesang kam, so sollte sie durch den Chorgesang mit demselben bekannt gemacht werden. Ähnlich stand es auch mit dem Erfurter „Enchiridion", das nach der Absicht der Herausgeber alle Teilnehmer am Gottesdienst in Händen haben sollten, um während des Chorgesangs Text und Melodie der Lieder sich einzuprägen. Das Verständnis war, daß dann jeder in der Kirche mitsingen könne.

So sollte nach und nach die ganze Gemeinde im gottesdienstlichen Gesang unterrichtet und dazu erzogen werden. Man sieht hieraus,

---

18 Paul Speratus (1484—1551) was court preacher at Königsberg; Lutheran bishop of Pomerania.

19 "Es ist das Heil" — No. 237 in the German hymnal of the Missouri Synod.

20 anheben — to raise one's voice (in song).

21 han — haben.

22 Johann Walther (1496—1570) is known as "the father of Lutheran church music."

23 der vierstimmige Tonsatz — musical composition in four voices.

wie sehr Luther bemüht war, die Sache des Gemeindegesangs zu fördern. Übrigens hat er auch andere Mittel angewandt, um dem Volke zu einer rascheren Kenntnis dieser Lieder zu verhelfen.

Während der Woche ließ er zur Mittagszeit dieselben von der Schuljugend auf den Straßen singen und mehrmals täglich mußte der „Stadtzinkenist,"²⁴ der Stadttrompeter, die Melodien vom Turme herabblasen. Schneller, als Luther erwartet hatte, war der Gemeindegesang so zur Tatsache geworden. Im Jahre 1529 ließ er das erste wirkliche Gemeindegesangbuch drucken. Dieses sogenannte „Klugsche Gesangbuch"²⁵ mit vierundfünfzig Liedern unterschied sich von dem vorigen dadurch, daß die Lieder nach den Kirchenfesten geordnet und ihnen nur die einstimmigen Melodien beigegeben waren. Alle die genannten Gesangbücher erfuhren mehrere Auflagen, wurden auch vielfach nachgedruckt und wurden so in unzähligen Exemplaren verbreitet. Immer größer wurde nun auch die Zahl der Lieder, da nach Luthers Vorgang viele gottselige Sänger und Dichter ihre dichterischen Gaben auf den Altar der Kirche legten. Da aber nun auch Schwarmgeister und Irrlehrer sich auf die Liederdichtung verlegten und ihre Erzeugnisse dem Christenvolk darboten, so sah sich Luther bei einer neuen Ausgabe des Klugschen Gesangbuchs zu der Warnung veranlaßt:

> Viel falscher Meister jetzt Lieder dichten.
> Siehe dich für und lern' sie richten!
> Wo Gott hinbauet sein Reich und sein Wort,
> Da will der Teufel sein mit Trug und Mord.

Ein Jahr vor seinem Tode, 1545, ließ Luther sein letztes Gesangbuch erscheinen. Da es von dem Buchdrucker Valentin Babst in Leipzig besorgt wurde, so heißt es das Babstsche Gesangbuch. Es enthält 129 sorgfältig ausgewählte Lieder und ist Luthers Liedervermächtnis an die Kirche. Das Babstsche Gesangbuch gilt daher bis auf den heutigen Tag als Norm für das ältere evangelisch-lutherische Kirchenlied. Das Buch war sehr schön ausgestattet, sodaß Luther sich nicht wenig darüber freute und in der Vorrede schrieb, daß durch ein so lustig zugerichtetes Gesangbuch die Leute auch zu fröhlichem Singen gereizt würden. Wie allgemein sich der Gemeindegesang jetzt eingebürgert hatte, sieht man daran, daß es bei Luthers Tod siebenundvierzig lutherische Gesangbücher gab, und fünfundzwanzig Jahre später zählte man sogar 187. Seit der Zeit wuchs die Zahl der lutherischen Gesangbücher fast ins Unendliche, wie denn auch die Zahl der Lieder so groß wurde, daß man

---

²⁴ der Stadtzinkenist (die Zinke — cornet) — town cornetist.
²⁵ This hymnal was printed in Wittenberg by Joseph Klug since 1529. It contained a foreword by Luther.

etwa um das Jahr 1700 an die²⁶ 60,000 zählte, und ein halbes Jahrhundert später mögen es 100,000 gewesen sein.

Bei einer solchen Unmenge von Liedern verstand es sich von selbst, daß ein zum gottesdienstlichen Gebrauch bestimmtes Gesangbuch nur eine kleine Auslese enthalten konnte, und da jeder Herausgeber seine eigene Auswahl traf,²⁷ so erklärt sich daraus der oft ganz bedeutend verschiedene Inhalt der älteren Gesangbücher, und leider ist auch vieles Minderwertige, ja Verwerfliche in dieselben eingedrungen, und Gesangbücher, die zur Zeit des sogenannten Rationalismus dem bedauernswerten Volke aufgehalst wurden, sind der Kirche eine unauslöschliche Schande geworden.

Glücklich konnte und kann sich noch heute die Gemeinde preisen, die ein Gesangbuch besitzt, in welchem man durchweg das Wehen²⁸ des echt Lutherschen Geistes empfindet. Ein wirklich gutes Gesangbuch muß die unverfälschten Kernlieder der Kirche aufweisen, die Lieder aus dem Reformationszeitalter, denen dann die besten Erzeugnisse der großen Kirchenliederdichter der folgenden Periode als Ergänzung beigefügt sind. An einem solchen Gesangbuch hat eine Gemeinde einen unbezahlbaren Schatz. Da hat sie einen duftenden Blütenstrauß der köstlichsten biblischen Gedanken. Aus der Schrift allein geschöpft, haben diese Lieder auch den Metallklang der Bibel und tragen zugleich den Stempel der Klarheit und Wahrheit, der zarten Einfalt und unvergänglichen Schönheit an sich. Als Herzenserguß glaubensgeübter,²⁹ an christlicher Erfahrung reicher Männer bieten sie in großer Mannigfaltigkeit jedem Christen für alle Lagen des Lebens gerade das dar, was er für seine Seele bedarf. Nächst der Heiligen Schrift ließe sich daher schwerlich ein besseres Buch zur Erbauung finden als das Gesangbuch, und Tatsache ist, daß unzählige Christen daraus ihre christliche Nahrung nehmen. Von einem alten Mann wird erzählt, daß er für jeden Tag des Jahres ein Gesangbuchsverslein hatte, um daraus Lehre, Trost, Ermahnung und Warnung zu schöpfen. Und warum sollten die Christen das Gesangbuch nicht als Erbauungsbuch benutzen? Warum sollte es ihnen nicht zur täglichen Hausandacht dienen, wie es in vielen Familien geschieht? Wahrlich, die Worte, die unser Luther vom Psalter gebraucht, lassen sich ganz wohl auch auf das Gesangbuch anwenden, nämlich: „Wo findet man feinere Worte von Freuden, denn die Lob- oder Dankpsalmen haben? Da siehest du allen Heiligen ins Herze wie

---

26 an die — approximately, approaching the number.
27 Auswahl treffen — to make a choice.
28 das Wehen — the stirring, the breath.
29 der Herzenserguß glaubensgeübter Männer — the outpouring of the hearts of men tried in the faith.

in schöne, lustige Gärten, ja in den Himmel, wie feine, herzliche, lustige Blumen darin aufgehen von allerlei fröhlichen Gedanken gegen Gott um seine Wohltat.[30] Wiederum, wo findest du tiefere, kläglichere, jämmerlichere Worte von Traurigkeit, denn die Klagepsalmen haben? Da siehest du abermal allen Heiligen ins Herz, wie in den Tod, ja wie in die Hölle. Also auch, wenn sie von Furcht und Hoffnung reden, brauchen sie solche Worte, daß kein Maler könnte also die Furcht und Hoffnung abmalen und kein Cicero oder Redekundiger also fürbilden."

Rühmenswert ist die schon seit der Reformationszeit übliche Anordnung des Gesangbuchs, wie wir sie auch in dem unsrigen finden. Alle kirchlichen Zeiten werden da dem Christen im Liede vorgeführt: Advent, Weihnachten, Neujahr, Epiphanias, Passion, Ostern, Himmelfahrt, Pfingsten, Trinitatis, nebst andern kirchlichen Festen. Sodann findet der Christ Lieder vom Worte Gottes und der christlichen Kirche sowie Katechismuslieder, in denen die sechs Hauptstücke [31] behandelt sind. Ferner ist das ganze christliche Leben berücksichtigt: Buße und Beichte, Glauben und Rechtfertigung, Gottseligkeit und Jesusliebe, Gottvertrauen und Trost im Kreuz. Da finden sich auch Morgen- und Abendlieder, Tischlieder, Standes- und Berufslieder,[32] Lob- und Danklieder, Lieder für besondere Zeiten der Not und endlich auch Sterbe- und Begräbnislieder und Lieder von der Ewigkeit, der Auferstehung der Toten und dem Jüngsten Gericht. Laß es dir nur einmal recht zum Bewußtsein kommen, was dir da alles geboten wird. „Auf, auf, ihr Reichsgenossen, der König kommt heran",[33] mit diesem Lied wird dir der Gnadenkönig vorgestellt, der deine Seligkeit will, und nun erfährst du in den folgenden Liedern, was er für dich getan hat, lauter freudenreiches Evangelium, und in den weiteren Liedern singst du das von Christo durch sein Evangelium in dir geweckte Glaubensleben, das dir dein Gott auch unter allem Kreuz weiter erhalten will, und endlich singst du als vollbereitetes, zum seligen Abscheiden fertiges Gotteskind den Sehnsuchtslaut:

Jerusalem, du hochgebaute Stadt,
Wollt' Gott, ich wär in dir! [34]

So ist dir das Gesangbuch ein Führer zum ewigen Leben. Solltest du dich nicht darüber freuen? Und wie viele hellstrahlende, köstliche

---

[30] um seine Wohltat — für seine Wohltat.

[31] die sechs Hauptstücke — the six Chief Parts of the Catechism.

[32] das Standes- oder Berufslied — song dealing with one's vocational life.

[33] "Auf, auf" — Advent song by Joh. Rist; No. 13 in the German hymnal of the Missouri Synod.

[34] "Jerusalem" — hymn by Joh. M. Meyfart; No. 443 in the German hymnal of the Missouri Synod.

Edelsteine sind nicht in der goldenen Krone aller dieser Lieder! Wie gern singst du zu Weihnachten Luthers wunderliebliches „Kinderlied auf die Weihnachten vom Kindelein Jesu": „Vom Himmel hoch, da komm' ich her" und sein kurzes, letztes Weihnachtslied: „Vom Himmel kam der Engel Schar"![35] Wie braust am Reformationsfest und sonst das Schutz- und Trutzlied [36] unsrer Kirche: „Ein' feste Burg ist unser Gott"! Sind nicht solche Verse wie:

> In meines Herzens Grunde
> Dein Nam' und Kreuz allein
> Funkelt all' Zeit und Stunde,
> Drauf kann ich fröhlich sein.
> Erschein mir in dem Bilde
> Zu Trost in meiner Not,
> Wie du, Herr Christ, so milde
> Dich hast geblut't zu Tod! [37]

sind sie nicht mehr wert als die herrlichsten Schätze menschlicher Weisheit und Erkenntnis?

Ist aber das Gesangbuch eine reiche Nahrungsquelle für das geistliche Leben der gläubigen Christen, so auch ein wichtiges Bindemittel für die ganze Gemeinde. Für diese ist es ja eigentlich berechnet.[38] Jedes Glied der Gemeinde hat es. Schon das Kind, das eben lesen gelernt hat, bekommt das Gesangbuch in die Hände, dem Konfirmanden wird es in Goldschnitt und schönem Einband zur steten Erinnerung an den Tag seiner Konfirmation überreicht, jedes Glied der Familie hat sein eigenes Exemplar, und alle kommen damit zur Kirche, selbst das Großmütterlein, dem die Augen schon dunkel geworden sind und das daher ein Gesangbuch im Großformat mit sich trägt. Ist es nun nicht etwas Erhebendes, wie das Gesangbuch die ganze Gemeinde zu gemeinschaftlichem Gottesdienst vereinigt? daß sie gemeinsam im Gesang ihrem Gott ihre Sünde klagt und fröhlich ihren Glauben bekennt, gemeinsam Gott in ihren Nöten anruft, gemeinsam ihn lobt und preist. Man denke sich das Gesangbuch weg, wieviel würde der Gemeinde fehlen! So dient das Gesangbuch der Gemeinde um gemeinschaftlichen Ausdruck ihres Glaubenslebens, so daß in dessen Gebrauch die Einheit der Gläubigen sich in ganz besonderer Weise offenbart. Wie aber das Gesangbuch so die Gemeinde innerlich einigt, so verbindet es sie auch mit ihren Glaubensgenossen, die alle denselben Glauben haben

---

[35] "Vom Himmel kam" — Hymn No. 42 in the German hymnal of the Missouri Synod.

[36] Schutz- und Trutzlied — song of defense and defiance.

[37] "In meines Herzens Grunde" — the third stanza of Hymn No. 426 in the German hymnal of the Missouri Synod; by Valerius Herberger.

[38] berechnet für — designed or intended for.

und — gehabt haben. Denn das ist wieder etwas Erhebendes, daß die Gemeinde dadurch, daß sie dieselben Lieder singt, die schon vor zwei, drei Jahrhunderten, ja schon zu Luthers Zeit erschollen, sich eins weiß [39] mit dem Volk, das während dieser Zeit seinem Gott im rechten, wahren Glauben diente, ja mit dem Gottesvolk, dem nach langer päpstlicher Finsternis zum erstenmal wieder das Licht wahrer Gotteserkenntnis aufging, wie wir sie durch Gottes Gnade heute noch besitzen. So ist uns das Gesangbuch auch eine stete Erinnerung an die Vergangenheit unserer lieben lutherischen Kirche. In demselben ist wahrlich ein gut Teil der Geschichte derselben verkörpert. Was könnten die Lieder doch alles erzählen! Unzertrennlich sind mit ihnen alle die Kämpfe und Nöte verbunden, welche die ganze Kirche wie auch einzelne wegen ihres Bekenntnisses haben über sich ergehen lassen [40] müssen.

Und was unsere teuren Väter mit der Waffe des Wortes Gottes sich erkämpft haben, das ist uns als Erbe in unserm Gesangbuch geblieben. Halten wir es hoch! Nicht wieder kommt für die Welt eine Zeit wie die der Reformation. Zum letztenmal hat da Gott den ganzen, vollen, reichen Schatz seines Worts der Welt geschenkt. Zum letztenmal hat er einen Luther und mit ihm eine solche Schar hocherleuchteter Männer gesandt. So wird auch nie mehr das Kirchenlied eine gleiche Blütezeit erleben wie damals. Denken wir also nicht, daß wir in unserm Gesangbuch jemals etwas Besseres bekommen werden, als wir jetzt haben. Die Lieder in unserm Gesangbuch werden für immer ihren einzigartigen Wert behaupten, und darum soll nach der Bibel und mit dem Katechismus kein Buch der Welt uns so lieb und wert sein als diese köstliche Gabe der Reformation, unser Gesangbuch, unser evangelisch-lutherisches Gesangbuch.

For further information on Lutheran hymns see "Der Lutheraner" under captions: Lieder; Luther und das Kirchenlied; Zum 400jährigen Jubiläum der Lieder Luthers; Das deutsche Kirchenlied in aller Welt; Luthers Lieder in englischer Sprache; Der Wert der alten Kirchenlieder; Das 100jährige Jubiläum unsres deutschen Gesangbuchs.

[39] sich eins wissen mit — to know oneself in agreement with.
[40] über sich ergehen lassen — to suffer.

Die lutherische Lehranstalt zu Altenburg in Perry Co., Mo.[1]

(Verkürzt)

Gotthold Heinrich Löber

Gotthold Heinrich Löber (1797—1849), one of the Saxon immigrants, was pastor in Altenburg, Mo.; one of the founders of the Altenburg Concordia.

Schon längst ist es wohl von mehreren Seiten erwartet worden, daß wir über den hier genannten Gegenstand eine Nachricht in diesem Blatte[2] erteilen würden. Einige unsrer entfernten Freunde und Mit=

Die erste Lehranstalt (rechts) in Perry County, Mo., 1839

leser des „Lutheraners" haben deshalb schon mehrere briefliche Fragen an uns gerichtet. Andere aber, die sich ebenfalls zu unserm Glauben bekennen und auf ihr dringendes Begehren Lehrer und Prediger aus unsrer Mitte bekommen haben, sind ohne Zweifel von diesen ihren Seel= sorgern darauf hingewiesen worden, wie notwendig eine Lehranstalt zur Erziehung auch künftiger Diener des Wortes unter ihnen sei.

[1] The log cabin erected near Altenburg, Perry County, Mo., by members of the first faculty.
[2] Blatt — "Der Lutheraner."

Sehen sie nun dazu vielleicht in ihrem eigenen Kreise noch keine Aussicht auf baldigen Erfolg, tragen aber mit uns die heilige Sorge,³ daß die lutherische Kirche in diesem Lande unter unsren Kindern und Nachkommen fernerhin erhalten werde, so werden sie ohne Zweifel zu hören wünschen, ob es bei uns mit Gottes Hilfe möglich geworden, fähige Knaben und Jünglinge aus unsren Gemeinden zu künftigen Lehrern und Predigern heranzubilden. Darum hat uns namentlich unser lieber Amtsbruder, der Pastor Brohm in New York,⁴ veranlaßt, davon eine öffentliche Nachricht zu erteilen, was in dieser Beziehung bisher unter uns geschehen sei.

Doch erklären wir im voraus,⁵ daß wir dies nicht in dem Sinne tun, als ob wir uns irgend dessen rühmen wollten, was in diesem Fach bisher von uns getan worden ist. Wir sind uns zwar des redlichen Strebens bewußt, mit dem uns anvertrauten Pfunde auch zur Fortpflanzung heilsamer Wissenschaften und Kenntnisse unter unsern jungen Leuten nach Kräften zu wuchern (Luk. 19, 11 ff.), und wir danken Gott, daß er uns auch in diesem Werk nicht ohne Hilfe und seinen Segen gelassen hat; aber wir bescheiden uns ⁶ auch, daß zu einer umfassenden wissenschaftlichen Lehranstalt mehr Zeit, Gaben und Kräfte gehören, als wir darauf verwenden können. Unsre von der lauten Welt abgeschiedene Lage bietet uns und unsern Zöglingen zum stillen Studieren allerdings viele Vorteile dar. Wer aber auch wiederum die Schwierigkeiten näher kennt, mit welchen wir bei dem ganzen Anbau unsrer Gemeinden und somit auch bei der Errichtung einer Lehranstalt zu kämpfen hatten und zum Teil jetzt noch zu kämpfen haben, der wird uns gewiß nach christlicher Billigkeit beurteilen.

Es war allerdings eine Hauptabsicht bei unsrer Auswanderung, daß wir, wie unsere Kinder überhaupt vor einem unchristlichen Schulunterricht verwahren, so auch die unter uns studierende Jugend nach dem Vorbild der älteren lutherischen Kirchen auf eine christliche Weise zu ihrem künftigen Beruf vorbereiten wollten, als es leider auf den meisten gelehrten Schulen Deutschlands gegenwärtig der Fall ist. Wir behalten auch noch jetzt dieses Ziel im Auge und werden es uns, ob Gott will, so lange wir leben, nicht verrücken lassen. Allein die bekannten Zerwürfnisse und Sichtungen, welche bald nach Ankunft in Amerika (1839) inmitten unsrer Gemeinden entstanden, legten natür-

---

³ die heilige Sorge tragen — to share the sacred desire.

⁴ Theodor Julius Brohm (1808—1881) was Pastor Stephan's private secretary; instructor at college in Altenburg until 1843; pastor of Holy Cross Congregation in St. Louis.

⁵ im voraus — in advance.

⁶ wir bescheiden uns — we concede, we grant.

lich auch unserm einzurichtenden neuen Schulwesen einen Hemmschuh [7] um den andern an.

Pastoren und Gemeinden hatten genug mit sich selbst zu tun, und letztere, noch überdies von Deutschland her gewohnt, die Anordnung und Leitung der Schulangelegenheiten [8] den Händen ihrer geistlichen und weltlichen Obern zu überlassen, waren auch größtenteils zu unvermögend geworden, um eine Bildungsanstalt für Studierende zu gründen und einige Lehrer an derselben zu unterhalten.

Es fehlte uns auch damals keineswegs für die nächste Zukunft an einer ziemlichen Anzahl berufungsfähiger [9] Kandidaten des Predigtamtes; wohl aber fehlte es uns an einer geordneten Leitung des Ganzen, um die Gaben und Kräfte jener Kandidaten einstweilen zu einem Schulzweck der genannten Art zu vereinigen und festzuhalten. Darum entschlossen sich einige dieser Kandidaten, freiwillig anzufangen und einige vorhandene fähige Knaben im Christentum und den gewöhnlichen Schulwissenschaften und somit auch in der lateinischen und griechischen, deutschen und englischen Sprache zu unterrichten. Es waren dies die Kandidaten der Theologie Brohm, Fürbringer [10] und Bünger, welche, zunächst in Verbindung mit unserm teuren Amtsbruder, dem Pastor Walther, hier in Perry County die erste Hand an dieses Unternehmen legten. Als aber schon sehr bald Pastor Walther und Kandidat Bünger anderweitem [11] Rufe folgten, so setzten die beiden Kandidaten Brohm und Fürbringer das Werk allein fort, und es sind ihnen daher unsre Gemeinden und Zöglinge noch jetzt besonderen Dank schuldig, daß sie unter äußerlich wenig ermunternden Umständen so uneigennützig und mit vieler Aufopferung jener unternommenen Lehranstalt ihre Zeit und Kräfte gewidmet und darin fast zwei Jahre angehalten haben. Kandidat Brohm setzte endlich sogar, als Kandidat Fürbringer einen Ruf ins Predigtamt nach Illinois [12] angenommen hatte, die ganze College-Arbeit allein fort, wurde jedoch von einer langwierigen Fieberkrankheit überfallen, die ihn beinahe aufgerieben hätte. Daher wurde er von mir gebeten, in mein Haus zu ziehen. Und nachdem er diesen Antrag angenommen und zu unser aller Freude mit Gottes Hilfe seine Gesundheit wieder erlangt hatte, übernahmen wir beide gemeinschaftlich den Unterricht unserer Scholaren, doch also, daß Brohm den größeren Teil der Lektionen behielt.

[7] einen Hemmschuh anlegen — to put on the brakes.
[8] die Schulangelegenheiten — school affairs.
[9] berufungsfähig — professionally fit.
[10] Ottomar Fürbringer later became pastor of the St. Lorenz Congregation in Frankenmuth, Mich.
[11] anderweit — elsewhere, in another place.
[12] Venedy, Ill.

So haben wir unter Gottes Beistand mehrere Jahre hindurch das Senfkorn (Matth. 13, 31 ff.) unsres kleinen Colleges in hiesiger Altenburger Pfarrwohnung einmütig gepflegt, bis Kandidat Brohm den Ruf in das lutherische Pfarramt nach New York erhielt, worauf ich dann ein halbes Jahr lang den Unterricht größtenteils allein fortsetzte, einige Lektionen aber von meinem benachbarten lieben Amtsbruder, dem Pastor Keyl in Frohna, übernommen wurden.

Als nun der äußerliche Zustand unsrer Gemeinden indessen sich etwas günstiger gestaltet hatte,[13] so fingen sie ebenfalls an, was auch schon einzelne Glieder hin und wieder[14] getan hatten, sich unsrer Erziehungsanstalt für künftige Lehrer und Prediger tätig und hilfreich anzunehmen. Insonderheit ging die Gemeinde in St. Louis mit gutem Beispiel voran und berief aus ihrer Mitte den Kandidaten der Theologie, Herrn Joh. Jac. Gönner,[15] als einen besonderen Lehrer und Rektor[16] des Colleges mit einem bestimmten Gehalt. Die anderen Gemeinden in Perry County traten größtenteils dieser Berufung bei[17] und verwilligten dem genannten Rektor Gönner, der im September 1843 hier in Altenburg ankam, außer der Wohnung noch bestimmte Beiträge an Naturalien, Arbeit und Holz. Die Gemeinde Altenburg hatte auch schon vorher die Beköstigung und Pflege zweier Zöglinge mit mir übernommen; vier derselben sind hier einheimisch, zwei aus St. Louis wohnen beim Rektor Gönner.

Die Zahl unsrer Schüler ist nämlich gegenwärtig acht, worunter drei größere (von 16 bis 20 Jahren) die erste und fünf jüngere (von 11 bis 14 Jahren) die zweite Klasse bilden, welche letztere wiederum in einigen Fächern zwei Abteilungen hat.

Nach einem von uns Lehrern der Anstalt gemeinschaftlich entworfenen Stundenplan[18] sind unsre gegenwärtigen Lektionen, worin wir uns geteilt haben, kürzlich folgende: Rektor Gönner, welcher vorzüglich das Sprachstudium, und zwar mit besonderer Rücksicht auf[19] Theologie, leitet, liest mit der ersten Klasse die Heilige Schrift in den beiden Grundsprachen, im Griechischen noch besonders den Xenophon und Plutarch, im Lateinischen aber nach dem Julius Cäsar jetzt vornehmlich den Cicero, wobei auch die griechischen und lateinischen Dichter, besonders Homer und Vergil, nicht vernachlässigt werden. Außerdem erteilt er

---

[13] sich etwas günstiger gestalten — to become somewhat more favorable.
[14] hin und wieder — off and on.
[15] Gönner (1807—1864) was the first full-time instructor; moved to St. Louis with the institution in 1849.
[16] Rector is an academic title often given to principals of schools.
[17] der Berufung beitreten — to join in the calling.
[18] einen Stundenplan entwerfen — to devise a plan of instruction.
[19] mit besonderer Rücksicht auf — with special regard for.

noch den Unterricht in der englischen Sprache. Pastor Keyl, nachdem er im vorigen Jahre einen Kursus der Kirchengeschichte nach Rechenbergs lateinischem Kompendium und die Erklärung des Grundtexts vom Brief an die Römer und ersten Briefe Petri mit der ersten Klasse vollendet hatte, trägt jetzt derselben die symbolische Theologie nach Rechenbergs Theologia Symbolica vor, und gibt Anleitung zu schriftlichen Auszügen aus den Hauptschriften Luthers.

Ich fahre gegenwärtig mit der ersten Klasse noch fort in dem Vortrag der christlichen Glaubenslehre [20] nach Leonh. Hutteri [21] Compendium Locorum Theologicorum, in der praktischen Erklärung der Psalmen und der Harmonie der vier Evangelien, woran auch die zweite Klasse teilnimmt. Außerdem gebe ich die Anleitung zu deutschen Aufsätzen, die ich korrigiere, erteile Unterricht in der Katechetik, in der Einleitung zur Psychologie und Logik, im Französischen und in der Mathematik.

Mit der zweiten Klasse treibt Rektor Gönner in der lateinischen, griechischen und englischen Sprache die vorbereitenden Lektionen zu den Studien der ersten Klasse. Ich repetiere außer den bereits genannten Bibelstunden mit der zweiten Klasse den lutherischen Katechismus, übe sie in deutschen Aufsätzen, im Erzählen und Deklamieren, erteile den Unterricht in der Geographie, Geschichte, Arithmetik und Geometrie, und lasse nach Vorlegeblättern [22] zeichnen.

Schullehrer Winter gibt beiden Klassen Unterricht im Gesang und auf dem Klavier. Wir können von unsren sämtlichen Zöglingen sagen, daß sie nicht nur in ihrem Verhalten sich durch die Zucht und Vermahnung [23] (Eph. 6, 4) aus Gottes Wort willig leiten lassen, sondern auch alle, obwohl in verschiedenen Graden, zum Studieren Fähigkeit besitzen und bis jetzt so viel Fleiß angewendet haben, daß die Arbeit an ihnen keineswegs vergeblich gewesen ist. Wir wissen aber auch, wieviel an ihnen zu tun ist und wie namentlich die Größeren nun bald ihren künftigen Beruf in praktischen Übungen immer näher zu führen sind.

Wir würden uns hierbei, wenn es sonst an seinem Orte wäre und der Raum dieser Blätter es gestattete, gern noch über manchen pädagogischen Gegenstand aussprechen, worin uns guter Rat willkommen wäre. Denn es ist uns fürwahr nichts Leichtes, einen, den amerikani-

---

[20] die Glaubenslehre — dogmatics.
[21] Leonhard Hutter (1563—1616) was professor at Wittenberg and staunch follower of Luther.
[22] das Vorlegeblatt — copy for drawing.
[23] Zucht und Vermahnung — discipline and admonition; "discipline and instruction," Eph. 6: 4.

schen Verhältnissen angemessenen [24] ersten Studierplan aufzufinden, nach welchem wir unsre jungen Leute, soweit unsre schwachen Kräfte reichen und unsre übrigen Amtsgeschäfte es zulassen, gern auf der rechten Mitte zwischen möglichst wissenschaftlicher Bildung und praktischer Tüchtigkeit fürs Leben, dem Dienste der Gemeinde — sowohl in Kirche als Schule — zuführen möchten.

Wer uns diese und andre unsrer Lehrersorgen, die unter allerlei andren Lasten unsres Berufs oft schwer auf uns liegen, mit Rat und Tat erleichtern kann; wer es zu vermessen versteht, was uns, um die uns anvertrauten Zöglinge zu ihrem künftigen und wichtigen Beruf noch besser und zweckmäßiger vorzubereiten, etwa noch zu raten wäre, doch also, daß der Rat auch unsern Kräften und Verhältnissen angemessen und bei allerlei schwierigen Umständen auch ausführbar wäre, der lasse sich die Sache, so ihm anders [25] die Ehre Christi und das Gedeihen kirchlicher Pflanzschulen am Herzen liegt, zu ernstlicher Überlegung und Teilnahme wohl befohlen sein.

Alle aber, welche wissen und bekennen, daß der Name Gottes nur da geheiligt und fromm und gottselig gelebt werden kann, „wo das Wort Gottes lauter und rein gelehrt wird"; [26] alle, welche Gott von Herzen darum bitten, daß sein Reich, wie zu uns und zu denen, die jetzt mit uns leben, so auch zu denen, die nach uns geboren werden, durch den wahren Glauben kommen möge, der durch die Predigt des Evangeliums vom Heiligen Geist gewirkt werden soll — alle, die das mit uns wissen, bekennen und ernstlich erbitten helfen, mögen in ihrem Vater Unser auch unsrer Pflanzschule zur Bildung künftiger Lehrer und Prediger fleißig gedenken, daß Gott unsrer Hände Werk in Gnaden fördern, uns Lehrern Weisheit, Kraft, Treue und Geduld verleihen, die jungen Pflanzen aber zu seinem Preise grünen und blühen lassen möge!

[24] den amerikanischen Verhältnissen angemessen — adapted to American conditions.

[25] so anders — if indeed.

[26] "wo das Wort" — cf. explanation of the First Petition of the Lord's Prayer in Luther's Catechism.

Heil dem Hause![1]

This poem, which has been called "the finest hymn ever written on the Christian home," is taken from Philipp Spitta's (1801—1859) collection "Psalter und Harfe." Spitta was perhaps the greatest hymn writer of the nineteenth century. His hymns are so subjective that they may be suited to home and family circle rather than to church and congregation.

O selig Haus, wo man dich aufgenommen,
Du wahrer Seelenfreund, Herr Jesu Christ;
Wo unter allen Gästen, die da kommen,
Du der gefeiertste und liebste bist;
Wo aller Herzen dir entgegenschlagen[2]
Und aller Augen freudig auf dich sehn;
Wo aller Lippen dein Gebot erfragen
Und alle deines Winks gewärtig[3] stehn!

O selig Haus, wo Mann und Weib in einer,
In deiner Liebe eines Geistes sind,
Als beide eines Heils gewürdigt,
Keiner im Glaubensgrunde anders ist gesinnt;
Wo beide unzertrennbar an dir hangen
In Lieb' und Leid, Gemach und Ungemach,[4]
Und nur bei dir zu bleiben stets verlangen
An jedem guten, wie am bösen Tag!

O selig Haus, wo man die lieben Kleinen
Mit Händen des Gebets ans Herz dir legt,
Du Freund der Kinder, der sie als die Seinen
Mit mehr als Mutterliebe hegt und pflegt;[5]
Wo sie zu deinen Füßen gern sich sammeln
Und horchen deiner süßen Rede zu,
Und lernen früh dein Lob mit Freuden stammeln,
Sich deiner freu'n, du lieber Heiland, du!

---

[1] Translated into English: "O Happy Home, where Thou art loved most dearly." Spitta's collection of songs "Psalter und Harfe" was translated into English in 1860 by Richard Massie.

[2] dir entgegenschlagen — to beat to welcome you.

[3] deines Winkes gewärtig — awaiting your beck and call.

[4] in Gemach und Ungemach — in times of fortune and of misfortune.

[5] hegen und pflegen — to foster and to cherish.

O selig Haus, wo du die Freude teilest,
Wo man bei keiner Freude dein vergißt! [6]
O selig Haus, wo du die Wunden heilest
Und aller Arzt und aller Tröster bist,
Bis jeder einst sein Tagewerk vollendet
Und bis sie endlich alle ziehen aus
Dahin, woher der Vater dich gesendet:
Ins große, freie, schöne Vaterhaus!

Nicht Natur, nicht Schicksal, nicht der Himmel, sondern Gott

Aus einer Predigt am 3. Sonntag nach Epiphanias

Johann Friedrich Ahlfeldt

Johann Friedrich Ahlfeldt (1810—1884) is widely known for his excellent sermons and his popular stories.

In unserm Text [dem Evangelium von der Heilung des Aussätzigen] steht zweimal das gerade und feste du. „So du willst, kannst du mich wohl reinigen." Recht deutlich prägt der Aussätzige die Person des Helfers aus.[1] Du und wiederum du. Wir aber lassen diese Person gar gern zurücktreten. Für den dreieinigen Gott haben wir uns drei Götzen gemacht. Wir haben verwandelt die Herrlichkeit des unvergänglichen Gottes teils in eine Kreatur, teils in ein totes Etwas.

Wenn der eine sein Feld ansieht, und der Wunsch steigt in ihm auf, daß auf demselben wieder eine gesegnete Ernte gedeihen möge, so spricht er: „Wenn uns nur die Natur wieder ein gutes Jahr gibt!" „Die Natur", sagst du. Was ist denn aber die Natur? Eine Kreatur wie du und weiter nichts. Warum nennst du nicht lieber deinen Gott, der dich und die Natur und alle Kreatur gemacht hat und aus Gnaden erhält, der sich nicht unbezeugt (Apost. 14, 17) läßt,[2] der vom Himmel Regen und fruchtbare Zeiten gibt und unsere Herzen erfüllet mit Speise und Freude? Nie haben die Apostel in solch weiten und leeren Ausdrücken geredet. Sie wußten, wer hilft und gibt. Sie hatten im festen Glauben den rechten Mann, daher nannten sie auch den rechten Namen. Wenn du deinen kranken, verfallenen Leib ansiehst, oder wenn du voll

---

[6] dein (deiner) vergessen — vergessen once governed the genitive.

[1] ausprägen — to stamp distinctly.

[2] sich nicht unbezeugt lassen — "not to leave oneself without witness."

Mitleid auf deinen kranken Nächsten blickest, dann sagst du: „Sei getrost, deine Natur wird sich schon wieder helfen." Da wird die Natur ein Schleier, mit dem du dir und anderen den lebendigen Gott verhüllest. Lies deine Bibel, so oft du willst — kein Prophet, kein Apostel, am wenigsten Christus selber verweiset die Leute auf die Natur. Hinauf schaut der Herr an den Betten der Elenden, von Gott nimmt er die Hilfe im Gebet, und so tun es seine Diener auch. Die Natur ist noch nicht einmal eine Magd Gottes. Eine Magd kann doch ihren eigenen Willen haben. Die Natur ist nur ein Werkzeug in Gottes Hand.

Der zweite Götze ist das Schicksal. Wenn du etwa das neue Jahr vor dir hast, dann fragst du: „Was wird mir das Schicksal in diesem Jahre bringen?" Was ist denn das Schicksal? In der ganzen Bibel steht das Wort nicht. Wenn wir das Wort aussprechen, so kommt es uns vor, als wenn unser Wohl und Wehe[3] regiert würde durch eine tote, unbewußte Macht, als ob ein Luftzug das Leben der Menschen regierte, wie der Luftzug auf dem Meere die Segel der Schiffe hiehin und dorthin wendet. Wie eine bange, graue Dämmerung fällt das Wort auf die Seele. Man kann nicht mit ihm reden, man kann nicht zu ihm beten. Wie es kommt, so kommt's. Warum nennst du denn nicht für das Schicksal den, der alles schickt? „Alle gute und alle vollkommene Gabe kommt von oben herab vom Vater des Lichts, bei welchem ist keine Veränderung noch Wechsel des Lichts und der Finsternis" (Jak. 1, 17). Es kommt alles von Gott, Glück und Unglück, Leben und Tod, Armut und Reichtum. „Ich mache Licht und schaffe Finsternis, ich gebe Frieden und schaffe das Übel. Ich bin der Herr, der solches alles tut" (Jes. 45, 7). „Ist auch ein Unglück in der Stadt, das der Herr nicht tue?" (Amos 3, 7.)

Der dritte Götze ist der Himmel. „Ja, wenn das der Himmel gäbe!" oder: „Das wird ja der Himmel verhüten", sagst du, wenn dir eine schöne Hoffnung oder eine schwere Befürchtung in der Seele aufsteigt. Was ist der Himmel? Glaubest du, daß Luft und Sonne und Mond und Sterne dein Leben regieren? Oder du gehst wohl höher hinauf, du meinst den Himmel als den Wohnsitz des heiligen Gottes. Nennst du denn, wenn du von deinem Könige etwas hoffst, seine Hauptstadt oder sein Königsschloß? Nein, du nennst den, der darin wohnt. So nenne, wenn du hoffest oder fürchtest, auch den, der im Himmel wohnet. Er spricht: „Der Himmel ist mein Stuhl, und die Erde ist meiner Füße Schemel" (Jes. 66, 1; Apost. 7, 49). Die Chinesen beten den Himmel an. Ein Christ betet zu dem, der im Himmel ist. In der ganzen Schrift kommt das Wort Himmel in solchem Sinne nicht vor.

[3] Wohl und Wehe — weal and woe.

Dieser Dienst der Natur, dieser Schauer vor dem Schicksal,[4] dieser Hinblick auf den Himmel ist nichts denn Heidentum. Tote Dinge sind Götter geworden, der lebendige Gott ist hinter den Vorhang gestellet. Du kannst zu Himmel und Schicksal und Natur nicht beten. Du sagst nicht: „Du und du." Lerne von dem Aussätzigen deinen Gott und Herrn wieder als eine feste Person fassen, zu der du sprechen kannst: „Herr, wenn du willst, kannst du mich wohl reinigen" (Matth. 8, 2).

Aus Luthers Sendschreiben vom Dolmetschen [1]

Ich habe mich dessen geflissen im Dolmetschen, daß ich rein und klar Deutsch geben möcht'! Und ist uns wohl oft begegnet, daß wir vierzehn Tage, drei, vier Wochen haben ein einziges Wort gesucht und gefragt, haben's dennoch zuweilen nicht gefunden. Im Hiob[2] arbeiteten wir also, M. Philipp,[3] Aurogallus[4] und ich, daß wir in vier Tagen zuweilen kaum drei Zeilen konnten fertigen.[5] Lieber, nun es verdeutscht[6] und bereit ist, kann's ein jeder lesen und meistern, läuft einer jetzt mit den Augen durch drei, vier Blätter und stößt nicht einmal an;[7] wird aber nicht gewahr, welche Wacken und Klötze[8] da gelegen sind, da er jetzt überhin geht wie ein gehobelt Brett,[9] da wir haben müssen schwitzen und uns ängstigen, ehe denn wir solche Wacken und Klötze aus dem Wege räumten, auf daß man könnte so fein dahergehen. Es ist gut pflügen, wenn der Acker gereinigt ist; aber

[4] Schauer vor dem Schicksal — awe or dread of fate.

[1] Sendschreiben — circular letter. This public letter contains a presentation of the principles that guided Luther in his translation of the Bible and also a defense against his adversaries, who had criticized his translation, especially that of Rom. 3:28 ("allein durch den Glauben").

[2] Hiob — Job.

[3] M. Philip — Magister Philip Melanchthon.

[4] Aurogallus (Goldhahn) was professor of Hebrew at Wittenberg; his Hebrew grammar aided Luther in the translation of the Old Testament.

[5] fertigen (anfertigen) — to prepare, to finish.

[6] verdeutschen — to translate into German.

[7] anstoßen — to falter, to hesitate.

[8] Wacken und Klötze — boulders and stumps.

[9] ein gehobeltes Brett — a planed or polished board.

Titelblatt der ersten vollständigen Bibel, 1534

den Wald und die Stöcke ausrotten, und den Acker zurichten, da will niemand an.¹⁰ Es ist bei der Welt kein Dank zu verdienen. Kann doch Gott selbst mit der Sonne, ja mit Himmel und Erden, noch mit seines eigenen Sohnes Tod keinen Dank verdienen.

Ich hab' deutsch, nicht lateinisch noch griechisch reden wollen, da ich deutsch zu reden im Dolmetschen vorgenommen hatte.¹¹

Man muß nicht die Buchstaben in der lateinischen Sprache fragen, wie man soll deutsch reden, sondern man muß die Mutter im Hause, die Kinder auf der Gasse, den gemeinen Mann auf dem Markt darum fragen und denselben auf das Maul sehen,¹² wie sie reden, und danach dolmetschen, so verstehen sie es denn, daß man deutsch mit ihnen redet. Als wenn Christus spricht: **Ex abundantia os loquitur** (Matth. 12, 34). Wenn ich den Eseln soll folgen, die werden nur die Buchstaben vorlegen und also dolmetschen: Aus dem Überfluß des Herzens redet der Mund. Sag mir, ist das deutsch geredet? Welcher Deutsche versteht solches? Was ist Überfluß des Herzens für ein Deutsch? Das kann kein Deutscher sagen, es sei, daß¹³ einer ein allzu großes Herz habe, oder zuviel des Herzens habe. Wiewohl das auch noch nicht recht ist. Denn Überfluß des Herzens ist kein Deutsch, so wenig als das deutsch ist: Überfluß des Hauses, Überfluß des Kachelofens, Überfluß der Bank; sondern also redet die Mutter im Hause und der gemeine Mann: Wes das Herz voll ist, des geht der Mund über (Matth. 12, 34; Luk. 6, 45). Das heißt gut deutsch geredet, des ich mich beflissen und leider nicht alle Wege¹⁴ erreicht noch getroffen habe. Denn die lateinischen Buchstaben hindern uns aus der Maßen¹⁵ sehr, gut deutsch zu reden.

Item, da der Engel Maria grüßt und spricht: „Gegrüßet seiest du, Maria, voll Gnaden usw." (Luk. 1, 28). Wohlan, so ist's bisher schlecht, den lateinischen Buchstaben nach verdeutscht. Sag' mir aber, ob solches gut deutsch sei. Wo redet der deutsche Mann also: Du bist voll Gnaden? Und welcher Deutsche versteht, was gesagt sei, voll Gnaden? Er muß denken an ein Faß voll Bier oder Beutel Geldes. Drum hab' ich's verdeutscht: Du Holdselige; damit doch ein Deutscher desto näher hinzu könne denken, was der Engel meint mit seinem Gruße. Und hätte ich das beste Deutsch hie sollen annehmen, und den Gruß also verdeutschen: Gott grüß dich, du liebe

---

10 da will niemand an — no one wants to undertake that.
11 vornehmen (sich vornehmen) — to purpose, to undertake.
12 jemandem aufs Maul sehen — to listen to someone's speech.
13 es sei, daß — unless.
14 alle Wege — immer.
15 aus der Maßen (über die Maßen) — immeasurably.

Maria; — denn so viel will der Engel sagen, und so würde er geredet haben, wenn er sie hätte wollen deutsch grüßen.

Das hörst du wohl, ich will sagen: Du holdselige Maria, du liebe Maria, und lasse andere sagen: Du voll Gnaden Maria. Wer deutsch kann, der weiß wohl, welch ein herzlich fein Wort das ist: die liebe Maria, der liebe Gott, der liebe Kaiser, der liebe Fürst, der liebe Mann, das liebe Kind. Und ich weiß nicht, ob man das Wort lieb auch so herzlich und genugsam[16] in lateinischer oder andern Sprachen reden möge, daß es also dringe und klinge ins Herz, durch alle Sinne, wie es tut in unsrer Sprache.

Und was soll ich viel und lang' sagen vom Dolmetschen? Sollte ich aller meiner Worte Ursachen und Gedanken anzeigen, ich müßte wohl ein Jahr dran zu schreiben haben. Was Dolmetschen für Kunst, Mühe und Arbeit sei, das hab' ich wohl erfahren; darum will ich, die nichts versucht haben, hierin nicht zum Richter oder Tadler leiden. Wer mein Dolmetschen nicht will, der lasse es anstehen;[17] der Teufel danke ihm, wer es ungern hat, oder wider meinen Willen oder Wissen meistert. Soll's gemeistert werden, so will ich's selber tun; wo ich's nicht selber tu', da lasse man mir mein Dolmetschen mit Frieden,[18] und mach' ein jeder, was er will, für sich selbst, und hab' ihm ein gut Jahr.[19]

Das kann ich mit gutem Gewissen zeugen,[20] daß ich meine höchste Treue und Fleiß darin erzeigt und nie keine falschen Gedanken gehabt hab'; denn ich hab' keinen Heller[21] dafür genommen, noch gesucht, noch damit gewonnen; so hab' ich meine Ehre drin nicht gemeint, das weiß Gott, mein Herr; sondern hab' ich es zu Dienst getan[22] den lieben Christen und zu Ehren einem, der droben sitzt, der mir alle Stunden so viel Gutes tut, daß, wenn ich tausendmal so viel und fleißig dolmetschte, dennoch nicht eine Stunde verdient hätte zu leben, oder ein gesund Auge zu haben. Es ist alles seiner Gnaden und Barmherzigkeit, was ich bin und hab'; ja, es ist seines teuren Blutes und sauern Schweißes; drum soll's auch alles ihm zu Ehren dienen mit Freuden und von Herzen. Lästern mich die Sudler[23] und Papst-

---

[16] genugsam — fully, completely.
[17] es anstehen lassen (es stehen lassen) — to let it be, not to touch it.
[18] mit Frieden (in Frieden) lassen — to leave alone.
[19] hab' ihm ein gutes Jahr — möge er ein gutes Jahr haben.
[20] zeugen (bezeugen) — to testify.
[21] der Heller — mite, penny.
[22] zu Dienst tun — to do for one's benefit.
[23] der Sudler (Sudeler) — scribbler.

esel,²⁴ wohlan, so loben mich die frommen Christen, und bin ich allzu reichlich belohnt, wo mich nur ein einziger Christ für einen treuen Arbeiter erkennt. . . .

Befiehl du deine Wege ¹

Paul Gerhardt

Paul Gerhardt (1607—1676) is known particularly for his hymns; a staunch Lutheran; ardently defended the doctrines of his church against the Reformed churches; deposed as Diaconus in Berlin in 1666 because he refused to sanction syncretism; the decree against him was annulled through popular intercession; became Diaconus in Lübben, where he died.

Befiehl² du deine Wege und was dein Herze kränkt,
Der allertreusten Pflege des,³ der den Himmel lenkt;
Der Wolken, Luft und Winden gibt Wege, Lauf und Bahn,
Der wird auch Wege finden, da dein Fuß gehen kann.

Dem Herren mußt du trauen, wenn dir's soll wohlergehn;
Auf sein Werk mußt du schauen, wenn dein Werk soll bestehn.
Mit Sorgen und mit Grämen und mit selbsteigner Pein⁴
Läßt Gott ihm⁵ gar nichts nehmen; es muß erbeten sein.

---

²⁴ der Papstesel — popish ass.

¹ No. 355 in the German hymnal of the Missouri Synod. When Gerhardt was deposed and banished because of his refusal to bow to the demand of his Elector to refrain from polemics against the Reformed doctrine, his wife broke down under the burden of her grief; he comforted her, quoting the words: "Befiehl dem Herrn deine Wege" (Ps. 37:5). Thereupon he wrote this hymn. See "Der Lutheraner," LXXXI, 76; LXXXII, 316.

² befehlen — to commit to.

³ des — dessen.

⁴ selbsteigene Pein — self-imposed worries, "self-tormenting care."

⁵ ihm — sich.

Weg hast du allerwegen,⁶ an Mitteln fehlt dir's nicht,
Dein Tun ist lauter Segen, dein Gang ist lauter Licht;
Dein Werk kann niemand hindern, dein' Arbeit darf nicht ruhn,
Wenn du, was deinen Kindern ersprießlich ist, willst tun.

Auf, auf,⁷ gib deinem Schmerze und Sorgen gute Nacht,
Laß fahren,⁸ was dein Herze betrübt und traurig macht;
Bist du doch nicht Regente, der alles führen soll:
Gott sitzt im Regimente⁹ und führet alles wohl.

Mach End, o Herr, mach Ende an aller unsrer Not!
Stärk unsre Füß' und Hände, und laß bis in den Tod
Uns allzeit deiner Pflege und Treu' empfohlen sein!
So gehen unsre Wege gewiß zum Himmel ein.

Luthers Ermahnung

An die Bürgermeister und Ratsherren aller Städte
Deutschen Landes, daß sie christliche Schulen aufrichten
und erhalten¹ sollen. (Verkürzt)

Aufs erste² erfahren wir jetzt in deutschen Landen durch und durch, wie man allenthalben die Schulen zu Grunde gehen läßt; die hohen Schulen werden schwach, Klöster nehmen ab, und will solches Gras dürre werden, und die Blume fällt dahin, wie Jesaias sagt (Jes. 40, 7), weil der Geist Gottes durch sein Wort drein webet³ und scheinet so heiß darauf durch das Evangelium. . . . „Ja", sagen sie, „was soll man lernen lassen, so nicht Pfaffen, Mönche und Nonnen werden sollen? Man lasse sie so mehr lehren, damit sie sich ernähren." . . .

Derhalben bitte ich euch alle, meine lieben Herren und Freunde, um Gottes willen und der armen Jugend willen, wollet diese Sache

---

⁶ Weg hast du allerwegen — you do not lack the means for carrying out your plans.

⁷ auf, auf — arise.

⁸ fahren lassen — to banish, to dismiss.

⁹ im Regiment sitzen — to rule.

¹ This essay which introduced a new epoch in educational history resulted from Luther's realization that both the state's and the church's welfare demanded a thoroughgoing education of the youth.

² aufs erste — erstens.

³ weben (formerly often used in the sense of bewegen) — to stir.

nicht so gering achten, wie viele tun, die nicht sehen, was der Welt Fürst denkt. Denn es ist eine ernste, große Sache, da Christo und aller Welt viel an liegt,⁴ daß wir dem jungen Volk helfen und raten; damit ist denn auch uns und allen geholfen und geraten. Liebe Herren, muß man jährlich so viel wenden an Büchsen, Wege, Stege, Dämme und dergleichen unzähligen Stücke mehr, damit eine Stadt zeitlich Fried' und Gemach habe: warum sollte man nicht vielmehr doch auch so viel wenden an die dürftige, arme Jugend, daß man einen geschickten Mann oder zwei hielte⁵ zu Schulmeistern? ...

Gott der Allmächtige hat fürwahr uns Deutsche jetzt gnädiglich heimgesucht und ein recht gülden Jahr aufgerichtet. Da haben wir jetzt die feinsten, gelehrtesten jungen Gesellen und Männer, mit Sprachen und aller Kunst geziert, welche so wohl Nutzen schaffen könnten, wo man ihrer brauchen wollte, das junge Volk zu lehren. Ist's nicht vor Augen, daß man jetzt einen Knaben kann in drei Jahren zurichten,⁶ daß er in seinem fünfzehnten oder achtzehnten Jahre mehr kann, denn bisher alle hohen Schulen und Klöster gekonnt haben? Ja, was hat man gelernt in hohen Schulen und Klöstern bisher, denn nur Esel, Klötze und Blöcke⁷ werden? ...

Laßt uns unsern vorigen Jammer ansehen und die Finsternis, darinnen wir gewesen sind. Ich achte,⁸ daß das deutsche Land noch nie so viel von Gottes Wort gehöret habe, als jetzt. ... Lassen wir's denn so hingehen ohne Dank und Ehre,⁹ so ist's zu besorgen, wir werden noch greulichere Finsternis und Plage leiden. Lieben Deutschen, kaufet, weil¹⁰ der Markt vor der Tür ist; sammlet ein, weil es scheint und gut Wetter ist; brauchet Gottes Gnade und Wort, weil es da ist. Denn das sollt ihr wissen, Gottes Wort und Gnade ist ein fahrender Platzregen,¹¹ der nicht wiederkommt, wo er einmal gewesen ist. Er ist bei den Juden gewesen: aber hin ist hin,¹² sie haben nun nichts. Paulus brachte ihn in Griechenland: hin ist auch hin, nun haben sie den Türken.¹³ Rom und das lateinische Land¹⁴ hat ihn auch gehabt: hin ist hin,

---

⁴ viel anliegen (viel gelegen sein an) — to be of great importance.
⁵ hielte — erhielte.
⁶ zurichten — to train, to educate.
⁷ **Klötze und Blöcke** — clods and blockheads.
⁸ achten (annehmen, dafür halten) — to be of the opinion.
⁹ ohne Ehre — ohne Gott dafür Ehre zu erweisen.
¹⁰ weil (während) — while.
¹¹ fahrender Platzregen — passing shower.
¹² hin ist hin — what's gone is gone.
¹³ Constantinople was taken by Sultan Mohammed II on May 29, 1453.
¹⁴ das lateinische Land — Italy.

sie haben nun den Papst. Und ihr Deutschen dürft nicht denken, daß ihr ihn ewig haben werdet; denn der Undank und Verachtung wird ihn nicht lassen bleiben. Darum greife zu und halte zu, wer greifen und halten kann: faule Hände müssen ein böses Jahr haben.

Die dritte [Ursache] ist wohl die allerhöchste, nämlich Gottes Gebot, der durch Mose so oft treibt und fordert, die Eltern sollen die Kinder lehren. Und warum leben wir Alten anders, denn daß wir des jungen Volks warten, lehren und aufziehen? . . . Wiewohl es Sünde und Schande ist, daß es dahin mit uns kommen ist, daß wir allererst reizen und uns reizen sollen lassen, unsere Kinder und junges Volk zu erziehen und ihr Bestes denken,[15] so doch dasselbe die Natur selbst sollte treiben.[16] Es ist kein unvernünftiges Tier, das seiner Jungen nicht wartet und lehret, was ihnen gebührt, ohne der Strauß, da Gott von sagt Hiob 39, daß „er gegen seine Jungen so hart ist, als wären sie nicht sein, und läßt seine Eier auf der Erde liegen" (Hiob 39, 13 f.). . . .

Daß es von den Eltern nicht geschieht, hat mancherlei Ursache. Aufs erste sind etliche nicht so fromm und redlich, daß sie es täten, ob sie es gleich könnten, sondern wie die Strauße härten sie sich auch gegen ihre Jungen. Aufs andere, so ist der größte Haufe der Eltern leider ungeschickt dazu und nicht weiß, wie man Kinder ziehen und lehren soll. Denn sie nichts selbst gelernt haben, ohne den Bauch zu versorgen.[17] . . . Aufs dritte, obgleich die Eltern geschickt wären und wollten's gerne selbst tun, so haben sie vor andern Geschäften und Haushalten weder Zeit noch Raum dazu. . . .

Darum will's hier dem Rat und der Obrigkeit gebühren, die allergrößte Sorge und Fleiß aufs junge Volk zu haben. Denn weil der ganzen Stadt Gut, Ehre, Leib und Leben[18] ihnen zu treuer Hand befohlen ist,[19] so täten sie nicht redlich vor Gott und der Welt, wo sie der Stadt Gedeihen und Besserung nicht suchten mit allem Vermögen Tag und Nacht (Jer. 29, 7). Nun liegt einer Stadt Gedeihen nicht alleine darin, daß man große Schätze sammle, feste Mauern, schöne Häuser, viel Büchsen und Harnisch zeuge.[20] Ja, wo des viel ist und tolle Narren darüber kommen, ist so viel desto ärgerer und desto größerer Schaden derselben Stadt. Sondern das ist einer Stadt bestes und allerreichstes Gedeihen, Heil und Kraft, daß sie viel feiner,

---

15 ihr Bestes zu denken — an ihr Bestes (ihre Wohlfahrt) zu denken.
16 doch die Natur usw. — since nature itself should impel us to do this.
17 ohne den Bauch zu versorgen — except to fill their bellies.
18 Leib und Leben — body and soul.
19 ihm zu treuer usw. — entrusted to its solicitous care.
20 zeugen (erzeugen) — to produce.

gelehrter, vernünftiger, ehrbarer, wohlgezogener Bürger hat: die könnten danach wohl Schätze und alles Gute sammeln, halten und recht brauchen. . . .

Ja, sprichst du abermals, ob man gleich sollte und müßte Schulen haben, was ist uns aber nütze, lateinische, griechische und hebräische Zungen und andere freie Künste zu lehren? Könnten wir doch wohl deutsch die Bibel und Gottes Wort lehren, die uns genugsam ist zur Seligkeit. Antwort: Ja, ich weiß leider wohl, daß wir Deutschen müssen immer Bestien und tolle Tiere sein und bleiben, wie uns denn die umliegenden Länder nennen und wir auch wohl verdienen. Mich wundert aber, warum wir nicht auch einmal sagen: Was sollen uns Seide, Wein, Würze und der fremden ausländischen Waren, so wir doch selbst Wein, Korn, Wolle, Flachs, Holz und Stein in deutschen Landen nicht allein die Fülle haben zur Nahrung, sondern auch die Kür [21] und Wahl zu Ehren und Schmuck? . . .

Zwar, wenn kein anderer Nutz an den Sprachen wäre, sollte uns das doch billig erfreuen und anzünden,[22] daß es so eine edle Gabe Gottes ist, damit uns Deutschen Gott jetzt so reichlich, fast über[23] alle Länder, heimsucht und begnadet. Man siehet nicht viel, daß der Teufel dieselben hätte lassen durch die hohen Schulen und Klöster aufkommen. Ja, sie haben allezeit aufs höchste dawider getobt, und auch noch toben. Denn der Teufel roch den Braten wohl: wo die Sprachen hervorkämen, würde sein Reich ein Fach gewinnen,[24] das er nicht könnte leicht wieder zustopfen. Weil er nun nicht hat können wehren, daß sie hervorkämen, denket er doch sie nun also schmal zu halten,[25] daß sie von ihnen selbst wieder sollen vergehen und fallen. Es ist ihm nicht ein lieber Gast damit ins Haus gekommen. Darum will er ihn auch also speisen, daß er nicht lange solle bleiben. Diese böse Tücke des Teufels sehen unser gar wenig, lieben Herren.

Darum, lieben Deutschen, laßt uns hier die Augen auftun, Gott danken für das edle Kleinod und fest darauf halten, daß es uns nicht wieder entzogen werde, und der Teufel nicht seinen Mutwillen büße. Denn das können wir nicht leugnen, daß, wiewohl das Evangelium allein durch den Heiligen Geist ist kommen und täglich kommt, so ist's doch durch Mittel der Sprachen gekommen und hat auch dadurch zugenommen, muß auch dadurch erhalten werden. . . .

[21] die Kür — the choice, selection.
[22] anzünden (anspornen) — to spur on.
[23] fast über — mehr als.
[24] Fach gewinnen (ein Loch erhalten) — Fach — an empty window frame.
[25] schmal halten — to feed small morsels, to keep on short rations.

So lieb nun als uns das Evangelium ist, so hart laßt uns über den Sprachen halten.²⁶ ... Und laßt uns das gesagt sein, daß wir das Evangelium nicht wohl werden erhalten ohne die Sprachen. Die Sprachen sind die Scheide, darinnen dies Messer des Geistes steckt; sie sind der Schrein, darinnen man dies Kleinod trägt; sie sind das Gefäß, darinnen man diesen Trank fasset. ... Ja, wo wir's versehen, daß wir (da sei Gott vor!)²⁷ die Sprachen fahren lassen, so werden wir nicht allein das Evangelium verlieren, sondern wird auch endlich dahin geraten, daß wir weder lateinisch noch deutsch recht reden oder schreiben können. Darum ist's gewiß, wo nicht die Sprachen bleiben, da muß zuletzt das Evangelium untergehen. ...

Nun laßt uns auch den Leib vornehmen, und setzen: obschon keine Seele noch Himmel noch Hölle wäre, und sollten allein das zeitliche Regiment ansehen nach der Welt,²⁸ ob dasselbe nicht bedürfe viel mehr guter Schulen und gelehrter Leute, denn das geistliche. ... Ich muß mich unsrer Christen schämen, wenn ich daran denke, und sonderlich unsrer Deutschen, die wir so gar Stöcke und Tiere sind und sagen: „Ja, was sollen die Schulen, so man nicht soll geistlich werden?"²⁹ ...

Wenn nun gleich (wie ich gesagt habe) keine Seele wäre, und man der Schulen und Sprachen gar nicht bedürfte um der Schrift und Gottes willen: so wäre doch allein diese Ursache genugsam, die allerbesten Schulen beide für Knaben und Mägdlein an allen Orten aufzurichten, daß die Welt, auch ihren weltlichen Stand äußerlich zu halten, doch bedarf feiner, geschickter Männer und Frauen, daß die Männer wohl regieren können Land und Leute, die Frauen wohl ziehen und halten können Haus und Kinder und Gesinde. Nun solche Männer müssen aus Knaben werden und solche Frauen müssen aus Mägdlein werden, darum ist's zu tun, ³⁰ daß man Knaben und Mägdlein dazu recht lehre und aufziehe. ...

Nun habe ich droben gesagt: Der gemeine Mann tut hier nichts zu,³¹ kann's auch nicht, will's auch nicht, weiß es auch nicht. Fürsten und Herren sollten's tun; aber sie haben auf dem Schlitten zu fahren, zu trinken und in der Mummerei³² zu laufen. ... Und ob's etliche

26 so hart laßt uns usw. — so zealously let us study the languages.
27 da sei Gott vor — God forbid.
28 Insert: so fragen wir uns.
29 geistlich werden (in den geistlichen Stand treten) — to enter the ministry.
30 es ist zu tun — it must be attended to.
31 tut hier nichts zu — does nothing in the matter.
32 die Mummerei — mummery, masquerade.

gerne täten, müssen sie die andern scheuen, daß sie nicht für Narren und Ketzer gehalten werden. Darum will's euch, lieben Ratsherren, alleine in der Hand bleiben; ihr habt auch Raum und Fug dazu,[33] besser denn Fürsten und Herren. . . .

Darum, lieben Herren, laßt euch das Werk anliegen,[34] das Gott so hoch von euch fordert, das euer Amt schuldig ist, das der Jugend so not ist und des weder Welt noch Geist[35] entbehren kann. . . . Wir sind allzu lange genug deutsche Bestien gewesen. Laßt uns einmal auch der Vernunft brauchen, daß Gott merke die Dankbarkeit seiner Güter[36] und andere Lande sehen, daß wir auch Menschen und Leute sind, die etwas Nützliches entweder von ihnen lernen oder sie lehren können, damit auch durch uns die Welt gebessert werde. Ich habe das Meine getan. Ich wollte ja dem deutschen Lande gerne geraten und geholfen haben, ob mich gleich etliche darüber werden verachten und solchen treuen Rat in den Wind schlagen[37] und Besseres wissen wollen. Das muß ich geschehen lassen. . . .

Am letzten ist auch das wohl zu bedenken . . . daß man Fleiß und Kosten nicht spare, gute Librareien oder Bücherhäuser,[38] sonderlich in den großen Städten, die solches wohl vermögen, zu verschaffen. Denn so das Evangelium und allerlei Kunst soll bleiben, muß es je in Bücher und Schrift verfasset sein. Und das nicht allein darum, daß diejenigen, so uns geistlich und weltlich vorstehen sollen, zu lesen und studieren haben, sondern daß auch die guten Bücher behalten und nicht verloren werden samt der Kunst und Sprachen, so wir jetzt von Gottes Gnade haben. . . .

Hiermit befehle ich euch alle Gottes Gnade. Der wolle eure Herzen erweichen und anzünden, daß sie sich der armen, elenden, verlassenen Jugend mit Ernst annehmen, und durch göttliche Hilfe ihnen raten und helfen zu seligem und christlichem Regiment deutsches Landes, an Leib und Seele mit aller Fülle und Überfluß, zu Lob und Ehren Gott dem Vater durch Jesum Christum unsern Heiland. Amen.

[33] Raum und Fug dazu haben — to have the time and the authority for it.
[34] anliegen lassen (angelegen sein lassen) — to make it one's business.
[35] weder Welt noch Geist — weder Leib noch Seele.
[36] die Dankbarkeit seiner Güter — die Dankbarkeit für seine Güter.
[37] in den Wind schlagen (unbeachtet lassen) — to disregard, to pay no heed to.
[38] das Bücherhaus (die Bibliothek) — the library.

Der Toren Reden

Pf. 14, 1

Joseph Barker war ein Gottesleugner, der, wie Ingersoll,[1] Jahre lang das Land durchzog, um Vorträge über den Atheismus zu halten. Eines Tages, als er in den Saal einer kleinen Stadt eine solche Rede hielt, sagte er: „Wenn es wirklich einen Gott gäbe, glaubt ihr nicht, daß derselbe sich dann um mich bekümmern müßte, der ich mein ganzes Leben damit zubringe, sein Dasein zu leugnen? Schaut mich nur einmal recht an, wie gut es mir geht: Ich bin stark, guter Laune und seelenvergnügt,[2] immer bereit, andere zum Lachen zu bringen, so gut wie irgend einer unter euch. Glaubt ihr nicht, daß, wenn es wirklich einen Gott gäbe, derselbe auf irgend eine Weise seine Unzufriedenheit mit meinen Vorträgen, mit denen ich ihn unaufhörlich lästere, kundgeben würde?" Bei diesen Worten stand ein in der Versammlung sich befindender Bauer auf und sagte: „Mein Hund hat die Gewohnheit, alles anzubellen, was er nur sieht; sogar den Mond, wenn er am reinen, blauen Himmel aufsteigt, begrüßt er mit seinem Gebell. Und was tut der Mond? Er fährt fort, in seinem Glanz und seiner Schönheit zu leuchten, ohne sich im geringsten um das Geheul zu kümmern. Gerade so verhält es sich mit dem Redner, welchen wir eben gehört haben. Er bellt auch gegen den Allmächtigen wie der Hund gegen den Mond. Und was tut Gott? Er läßt seine Sonne aufgehen über die Bösen und über die Guten und läßt regnen über Gerechte und Ungerechte (Matth. 5, 45). Er ist geduldig, weil er die lange Ewigkeit vor sich hat; aber es kommt der Tag, an dem er Rechnung halten wird mit allen Menschenkindern, wie es in der Heiligen Schrift geschrieben steht: Denkest du aber, o Mensch, daß du dem Urteil Gottes entrinnen werdest? Oder verachtest du den Reichtum seiner Güte, Geduld und Langmütigkeit? Weißest du nicht, daß dich Gottes Güte zur Buße leitet?" (Röm. 2, 3 f.)

Diese einfachen aber überzeugenden Worte des Landmannes machten einen tiefen Eindruck auf die Zuhörer. Und das Zeugnis war nicht vergeblich abgelegt worden.[3] Barker erkannte später seinen Irrtum, demütigte sich wegen seiner Sünde und beschloß seine irdische Laufbahn mit der Verkündigung des Evangeliums. Er war zu der Erkenntnis gekommen, daß, wenn ihn Gott so lange mit Geduld getragen, dies keine Folge seiner Machtlosigkeit, sondern vielmehr seiner unbeschreiblichen Barmherzigkeit und Langmut sei.

[1] Robert Green Ingersoll (1833—1899), an avowed agnostic and orator.
[2] seelenvergnügt — very happy.
[3] Zeugnis ablegen — to bear witness.

Jugendfreude

Rede, zum Schluß eines Schuljahrs im Concordia-College
zu St. Paul, Minn., gehalten

Fr. Sievers[1]

"Freue dich, Jüngling, in deiner Jugend!" — Pred. 11, 9

Einem älteren Mann kann es wohl schwer fallen, daß er sich vor die Aufgabe gestellt sieht, junge Knaben und Jünglinge anreden zu sollen. Denn schon bei der Vorbereitung auf die Rede kann ihn die Sorge plagen, ob es ihm wohl gelingen werde, den für die Jugend passenden Ton zu treffen,[2] und ob es nicht, falls etwa dies letztere nicht geschehe, mit seiner Rede mehr verderben als nützen werde. Als ich jedoch, durch solche Verlegenheit beunruhigt, darüber nachdachte, was etwa Angemessenes heute zu sagen sein möchte, machte ich eine glückliche Entdeckung. Ich fand nämlich einen für die heutige Gelegenheit höchst passenden Gegenstand schon längst im voraus angezeigt im Buch der Bücher durch jenen hochberühmten König des Volkes Gottes, der nicht nur für seine Person sich der höchsten Weisheit erfreute, sondern der sogar zu den heiligen Menschen Gottes gehörte, welche geredet haben, getrieben von dem Heiligen Geist (2 Petr. 1, 21), und die unter solchem Antrieb auch nie den rechten Ton verfehlen konnten. Wahrlich, seine Zunge war ein Griffel eines guten Schreibers (Pf. 45, 2) als er in seinem „Prediger" die allen christlichen Schülern wohlbekannten Worte verzeichnete: „So freue dich, Jüngling, in deiner Jugend und laß dein Herz guter Dinge sein in deiner Jugend. Tue, was dein Herz lüstet und deinen Augen gefällt; und wisse, daß dich Gott um dies alles wird vor Gericht führen." Laßt es euch denn wohlgefallen, wenn euch jetzt kurz gezeigt wird, wie dies so oft gemißbrauchte und noch öfter mißverstandene Gotteswort in hohem Maße nütze ist zur Lehre, zur Strafe, zur Besserung und zur Züchtigung in der Gerechtigkeit (2 Tim. 3, 16).

Also zuerst heißt es: „Freue dich, Jüngling, in deiner Jugend und laß dein Herz guter Dinge sein in deiner Jugend." Das wird den Jünglingen gesagt, und zwar für die Zeit ihrer Jugend. Da sollen sie fröhlich sein; da sollen sie ihr Herz guter Dinge sein lassen. Freilich, nicht sie allein. Alles, was lebt auf Erden, hat Gott zur Freude geschaffen. Zur Freude hat Gott alle Menschen bereitet und berufen. Wenn er selbst sie nötigt zur Traurigkeit und zum Wehklagen, so tut er es nur aus Not und aus weisem Rat; sein Wille ist es auch dann

---

[1] Regarding Pastor Sievers see "Eine Missionsreise im Staate Michigan."
[2] den passenden Ton treffen — to strike the right note.

nicht, daß sie in allzu große Traurigkeit versinken, sondern, daß sie auf dem Wege der göttlichen Traurigkeit zu wahrer Freude in ihm selbst gelangen, daß sie dann seinen Zuruf recht verstehen: „Freuet euch in dem Herrn allewege! und abermal sage ich: Freuet euch!" (Phil. 3, 1; 4, 4). Freude und Wonne ist nach seinem freundlichen Wohlgefallen das Ziel aller Wege, auf denen er die Menschenkinder führt, wie er verheißen hat: „Siehe, meine Knechte sollen fröhlich sein" (Jes. 65, 13. 15). „Siehe, meine Knechte sollen vor gutem Mut jauchzen." „Siehe, ich will Jerusalem schaffen zur Wonne und ihr Volk zur Freude" (Jes. 65, 18).

Ganz besonders ist aber die Jugend darauf angewiesen,³ sich zu freuen und in vollen Strömen die Freude zu genießen, für welche nach dem Willen ihres Schöpfers gerade die Jugendzeit gewidmet sein soll. „Freue dich, Jüngling, in deiner Jugend und laß dein Herz guter Dinge sein in deiner Jugend", so heißt es mit Nachdruck in unserm untrüglichen Gotteswort. Ein Jüngling hat den Ernst des Lebens, wie ihn die Jahre des reiferen Mannesalters mit sich bringen, noch nicht kennen gelernt. Desto frischer bewegt sich in seiner Seele die lebendige Erinnerung an die Freuden einer glücklichen Kindeszeit. Diese Freuden haben noch nicht ausgespielt.⁴ Die Lust und Munterkeit der Kinderjahre dringt wie ein liebliches Glockenspiel aufwärts und verpflanzt sich ganz von selbst auf die weitere Laufbahn des bereits an fleißige Arbeit gewöhnten Jünglings, um in dieser schönen Richtung wenigstens noch eine Weile weiter klingen zu können. So soll es auch sein; und so ist es auch ganz recht. So hat Gott selbst es geordnet und angeordnet. Wenn viele im römischen Papsttum ihr Leben hinter dicken Klostermauern vertrauert haben und noch vertrauern (obwohl es bei ihrer vielen auch ein traurig verjubeltes⁵ Leben war und noch ist), so ist solches Wesen wahrlich nicht von Gott, sondern von dem ärgsten Feinde Gottes und der Menschen gestiftet. Alle selbsterwählte Traurigkeit ist ganz vergeblicher Gottesdienst, also gar kein Gottesdienst. Wenn Gott will, daß wir weinen sollen, so wird er schon selbst uns etwas in die Augen reiben, daß die Tränen ungesucht und ungekünstelt fließen. Solange er das nicht tut, will er, daß wir die Freude genießen, die er uns allen, vor allem der Jugend, so reichlich gibt. „So freue dich, Jüngling, in deiner Jugend und laß dein Herz guter Dinge sein in deiner Jugend."

Und D. Luther schreibt zu diesen Worten: „Das ist: gibt dir Gott Freude, so brauche derselben; schicket er dir Trübsal zu, verzage nicht!

---

³ darauf angewiesen — directed to.
⁴ ausspielen — to finish.
⁵ verjubeln — to spend in merriment.

Also sollte man die jungen Leute von Jugend auf unterweisen; und welche Jünglinge nicht dieser Vermahnung folgen, da wird kein rechtschaffener Mann draus. Denn junge Leute sind heiß vor dem Kopfe und sind noch vieler Dinge unerfahren; darum können sie nicht weichen oder die große Bosheit und Undankbarkeit der Welt tragen. Darum ist Salomo ein recht königlicher Schulmeister. Er verbeut[6] der Jugend nicht, bei den Leuten zu sein oder fröhlich zu sein, wie die Mönche ihren Schülern; denn da werden eitel Hölzer und Klötze daraus, wie denn auch aller Mönche Vater, Anselmus,[7] gesagt hat: ein junger Mensch, so eingesperrt und von Leuten abgezogen,[8] sei wie ein feiner junger Baum, der Frucht tragen könnte, in einen engen Topf gepflanzt. Denn also haben die Mönche ihre Jugend gefangen, wie man Vögel in die Bauer setzet, daß sie die Leute nicht sehen und hören mußten, mit niemand reden durften. Es ist aber der Jugend gefährlich, also allein zu sein, also gar von Leuten abgesondert zu sein. Darum soll man junge Leute lassen hören und sehen allerlei Erfahrungen, daß sie zur Zucht und Ehren gehalten werden. Es ist nicht ausgerichtet mit solchem mönchischen Zwange. Es ist gut, daß ein junger Mensch viel bei den Leuten sei; doch daß er ehrlich[9] zur Redlichkeit und Tugend gezogen und von Lastern abgehalten werde. Jungen Leuten ist solcher tyrannischer, mönchischer Zwang ganz schädlich, und ist ihnen Freude und Ergötzen so hoch vonnöten,[10] wie ihnen Essen und Trinken ist; denn sie bleiben auch desto eher bei Gesundheit."

In einem Trostbrief an den Fürsten Joachim von Anhalt[11] bemerkt Luther unter anderm: „Es ist doch ja die Einsamkeit und Schwermut allen Menschen eitel Gift und Tod, sonderlich einem jungen Menschen. So hat auch Gott geboten, daß man solle fröhlich vor ihm sein, und will kein trauriges Opfer haben, wie das im Mose oft geschrieben steht und Pred. 12, 9: Freue dich, Jüngling, in deiner Jugend und laß dein Herz guter Dinge sein. Es glaubt niemand, was Schaden es tut, einem jungen Menschen Freude wehren[12] und zur Einsamkeit und Schwermut weisen. Eure Fürstliche Gnaden[13] haben Magister N. und andere mehr, mit denen seien sie fröhlich; denn Freude und guter

---

[6] verbeut — verbietet.
[7] Anselm of Canterbury (1033—1109), archbishop and primate of England; father of medieval scholastics.
[8] abgezogen — isolated.
[9] ehrlich — properly.
[10] vonnöten sein — to be in need of.
[11] The princes of Anhalt were adherents of Luther since 1521.
[12] Freude wehren — to keep from being happy.
[13] Eure Fürstliche Gnaden — Your Grace.

Mut (in Ehren und Züchten [14]) ist die beste Arznei eines jungen Menschen, ja aller Menschen. Ich, der ich mein Leben mit Trauern und Sauersehen [15] habe zugebracht, suche jetzt und nehme Freude an, wo ich kann. Ist doch jetzt, Gott Lob, so viel Erkenntnis, daß wir mit gutem Gewissen können fröhlich sein und mit Danksagung seiner Gaben brauchen, dazu er sie geschaffen und Wohlgefallen daran hat."

Ihr lieben Zöglinge dieser Schule könnt und wollt gewiß nicht sagen, daß euch die Freuden der Jugend verboten oder auch nur verkümmert werden. Ihr habt wohl alle, das hoffe und wünsche ich wenigstens, eine fröhliche und glückliche Zeit der Kindheit durchlebt. Und diese Anstalt, in der ihr mit so vielen gleichgesinnten Jugendgenossen versammelt seid, ist ein rechter Garten Eden, ein lustiger Freudenort für euch alle geworden. Aus täglicher Erfahrung könnt ihr bezeugen, daß eure Professoren euch viel zu lieb haben, als daß sie euch von Gott gegönnten Jugendfreuden irgendwie stören möchten; daß sie im Gegenteil darauf bedacht sind, euch die Wege rechter Freude zu zeigen und zu bahnen, nicht nur in den sogenannten Freizeiten und Spielstunden, sondern auch bei der Arbeit, die ja mit fröhlichem Sinn stets am besten vonstatten geht; [16] ja, daß sie sich selbst herzlich freuen, wenn sie sich mit euch freuen können. Welcher ehemalige oder jetzige Collegeschüler unserer Synode wüßte nicht zu erzählen von einem schallenden Gelächter, das bei gegebener Veranlassung [17] durch das ganze Klassenzimmer hindurchzog, und zwar nicht unter feierlichem Protest vom Lehrstuhl, sondern, mit Erlaubnis zu sagen, [18] unter allerhöchster Genehmigung, [19] ja sogar unter solcher Anleitung und Mitbeteiligung? [20] Nicht allein aber auf solche interessante Ausnahmefälle, auch nicht auf solche vergnügte Unterhaltung allein, wie sie ihr heute haltet, sondern auf die Beobachtungen und Erfahrungen des ganzen tagtäglichen Lebens könnt ihr euch berufen, wenn ihr mit Freuden bezeugt: Jawohl, hier darf es gehen und hier geht es nach der alten göttlichen Regel: „Freue dich, Jüngling, in deiner Jugend und laß dein Herz guter Dinge sein in deiner Jugend. Tue, was dein Herz lüstet und deinen Augen gefällt." Ein jeder weiß ja selbst am besten, was sein Herz lüstet und

[14] in Ehren und Züchten — with due propriety.
[15] mit Trauern und Sauersehen — with a mournful and surly face.
[16] vonstatten gehen — to progress, to thrive.
[17] bei gegebener Veranlassung — on a given occasion, if the occasion warranted.
[18] mit Erlaubnis zu sagen — if I may express it thus.
[19] mit allerhöchster Genehmigung — with the consent of the supreme powers.
[20] unter Anleitung und Beteiligung — initiated and participated in by.

was seinen Augen gefällt, und sucht demgemäß [21] seine Jugendfreuden zu genießen.

Doch wie? Fängt meine Rede jetzt nicht an bedenklich und gefährlich zu werden? Und wenn sie es wird, ist nicht unser Gotteswort selbst daran schuld? Ist es nicht wirklich sehr gefährlich, einem Jüngling zu sagen, er solle seine Jugendfreuden so genießen, wie es sein Herz lüstet und wie es seinen Augen gefällt? Könnte da nicht einer sagen: Meinen Augen gefällt nun einmal die Weltfreude im Tanz und Theaterspiel? Ein anderer: Mein Herz lüstet nach Faulheit und Frechheit, nach willkürlicher Durchbrechung der lästigen Fesseln, die mir durch das vierte Gebot, etwa auch durch die Hausordnung [22] im College angelegt werden? Und könnten nicht beide sich darauf berufen, daß ja geschrieben stehe: „Tue, was dein Herz lüstet und deine Augen gefällt"?

Nun, meine jungen Freunde, wiederum steht auch geschrieben: „Den Reinen ist alles rein; den Unreinen aber und Ungläubigen ist nichts rein, sondern unrein ist beide ihr Sinn und Gewissen" (Tit. 1, 15). Auch in manches, was der hocherleuchtete Apostel Paulus geschrieben hatte, wurde Verwirrung gebracht, nämlich von den Ungelehrigen [23] und Leichtfertigen, zu ihrer eigenen Verdammnis. Zu diesen wollen wir aber doch nicht gehören. Unsere Seele komme nicht in ihren Rat, in die Netze der ruchlosen Leute (Pf. 1, 1), die mit dem Allerheiligsten nichts Besseres anzufangen wissen, als es auf das unreinste zu verkehren, um dann das zuerst von ihnen selbst Verkehrte unter einem selbstgemachten Schein des Rechts [24] meisterlich zur Sünde mißbrauchen zu können — das einzige Interesse, das solche Menschen überhaupt bei etwaigem Gebrauch [25] des Wortes Gottes haben!

Aber sollte es denn wirklich möglich sein, unser Gotteswort anders zu verstehen, als jene Verkehrten es tun? Ja, ganz gewiß! Und nicht bloß möglich ist es, sondern die heiligen Worte selbst protestieren sogar höchst gewaltig gegen allen Unrat, den jene aus ihnen herausgedreht oder vielmehr in sie hineingedreht haben. Fragen wir zuerst: Zu wem ist doch das gesagt: „Tue, was dein Herz lüstet und deinen Augen gefällt"? Ist das zu aller Welt gesagt? Ist das zu jedem Jüngling, auch zu jedem gottvergessenen Jüngling, gesagt? Durchaus nicht! Salomo hat einen frommen Jüngling vor sich, den er durch die ersten elf Kapitel seines Buches bereits gründlich in der Furcht Gottes, die

---

[21] demgemäß — accordingly.
[22] die Hausordnung — school or dormitory regulations.
[23] ungelehrig — indocile, slow of comprehension.
[24] unter einem selbstgemachten Schein des Rechts — under a self-made cloak of right.
[25] bei etwaigem Gebrauch — if they indeed use.

aller Weisheit Anfang ist (Pf. 111, 10), unterwiesen, und der solche Unterweisung auch willig angenommen hat. Zu einem solchen sagt er dann schließlich: „Tue was dein Herz lüstet und deinen Augen gefällt"; denn er weiß: ein solcher steht bereits in der Übung wahrer Gottesfurcht und Frömmigkeit, nachdem ihm der Zuruf seines Gottes ins Herz gedrungen ist: „Laß dich nicht gelüsten des Bösen, gleichwie jene gelüstet hat" (1 Kor. 10, 6). „Gib mir, mein Sohn, dein Herz und laß deinen Augen meine Wege wohlgefallen" (Spr. 23, 26). Ist er auch lange noch nicht ein vollkommener Heiliger, so wohnt doch durch den wahren Glauben an Christum in seinem Herzen der Heilige Geist, der alle Kinder Gottes auf ebner Bahn führt und zu allem Guten treibt. Bei einem solchen (das weiß der Heilige Geist gar wohl) ist nichts riskiert, wenn zu ihm gesagt wird: „So freue dich, Jüngling, in deiner Jugend und laß dein Herz guter Dinge sein in deiner Jugend. Tue, was dein Herz lüstet und deinen Augen gefällt." Einem von Herzen frommen, christlichen Jüngling traut es der Heilige Geist wohl zu, daß er seine christliche Freiheit, die edle Gottesgabe in Christo Jesu, die Freiheit vom Fluche des Gesetzes nicht werde mißbrauchen wollen zu einem Deckel der Bosheit (1 Petr. 2, 16).

In seiner Warnung und Mahnung fügt er jedoch hinzu (und damit wird vollends [26] bei einem Leichtsinnigen die freche Mißdeutung dieses Gotteswortes zurückgewiesen): „Und wisse, daß dich Gott um dies alles wird vor Gericht führen." Da haben wir's! Es kommt also ein Tag, da wird Gott alle Werke vor Gericht bringen, das verborgen ist, es sei gut oder böse; da wird Gott sogar den Rat der Herzen offenbaren (1 Kor. 4, 5). Da werden die Menschen Rechenschaft geben müssen auch von jedem unnützen Wort, das sie geredet haben (Matth. 12, 36). „Wir müssen alle offenbar werden vor dem Richterstuhl Christi, auf daß ein jeglicher empfahe, (empfange) nachdem er gehandelt hat bei Leibes Leben, es sei gut oder böse" (2 Kor. 5, 10). Wer das bedenkt, hat wahrlich Warnung genug. Er hört ja, was ihm freigegeben ist: „Tue, was dein Herz lüstet und deinen Augen gefällt"; aber wie kann er dies Vorrecht mißbrauchen zum Bösen, wenn er festhält, was gleich dabei steht: „Und wisse, daß dich Gott um dies alles wird vor Gericht führen"? Wer das hinzunimmt, wird keinen Gelüsten des Bösen sein Herz einräumen und wird seinen Augen nicht das wohlgefallen lassen, was Gott mißfällt. Ach, wenn jenes unartige und verkehrte Geschlecht (Phil. 2, 15) den ganzen Spruch nehmen wollte, wie er lautet, also auch die Worte: „Und wisse, daß dich Gott um dies alles wird vor Gericht führen", wie bald könnte ihm dann die Lust vergehen,[27] dieses Gottes-

---

[26] vollends — wholly.

[27] die Lust vergehen — to lose all desire.

wort zur Bestätigung seines wüsten, unordentlichen Weltwesens zu mißbrauchen!

D. Luther sagt: „Freude in Sünden ist der Teufel" und ermahnt deshalb, gute Achtung darauf zu geben, daß man nicht in ein wüstes Wesen und Büberei gerate.[28] „Brauche Gottes Gaben, Essen, Trinken, Lust und Freude usw.; allein daß du wider Gott nicht sündigest, sondern brauche alles in Gottesfurcht. Siehe dich vor, daß du nicht fleischlich und gottlos der Welt Wollust suchest, welche dein Herz verderbet."

So werdet ihr denn, meine lieben jungen Freunde, die Worte wohlgemeinter Erinnerung, die euch heute dargeboten wurden, auch aufnehmen mit Sanftmut (Jak. 1, 21) und behalten in einem feinen, guten Herzen. Dadurch wird ja aller sündlichen und darum falschen Freude gewehrt, aber nur, um desto mehr Raum zu schaffen für alles, was edle, wahre, gottgefällige Freude heißt. So werdet ihr recht fröhlich vor Gott wandeln können, wie liebe Kinder vor ihrem lieben Vater; und eine glückliche, vergnügte Ferienzeit werdet ihr alle genießen, daß ihr dabei an der Seele keinen Schaden nehmt. Die Herzen voll Freude und voll guter Dinge, gerade zur Zeit eurer Jugend, werdet ihr den köstlichsten Beruf, den es auf Erden gibt, und auf welchen ihr hier vorbereitet werdet, fest im Auge behalten[29] und deshalb nach Ablauf[30] der Ferienzeit zur Fortsetzung eurer Studien fröhlich hier zurückkehren. Die Freude einer gottgeheiligten[31] Jugend wird auch euch die oft schwere Arbeit des Studierens mächtig erleichtern, und wie im Fluge[32] werdet ihr dem schönen Ziele entgegeneilen, daß ihr noch viele von euren Miterlösten dahin führen, zugleich auch selbst dahin gelangen dürft, wo es jetzt schon heißt: „Vor dir ist Freude die Fülle und lieblich Wesen zu deiner Rechten ewiglich" (Ps. 16, 11).

[28] in Büberei geraten — to fall into villainy.
[29] im Auge behalten — to keep in view, not to lose sight of.
[30] nach Ablauf — at the end of.
[31] gottgeheiligt — consecrated, sanctified.
[32] wie im Fluge — as on the wing.

Aus Dr. Luthers Auslegung der Epistel St. Pauli an die Galater [1]

Wir lehren den Glauben und was ein christliches Wesen sei, also daß der Mensch für allen Dingen [2] und zum ersten müsse durchs Gesetz gelehrt werden, sich selbst zu erkennen, was er sei, könne und vermöge, auf daß er dies Liedlein [3] mit dem Propheten wohl singen lerne: Sie haben allzumal gesündigt und mangeln des Ruhms, den sie an Gott haben sollten. Da ist keiner gerecht, auch nicht ein einziger, da ist keiner, der da verständig sei, keiner, der da nach Gott frage; sie sind allzumal abgewichen (Ps. 14, 1. 2; Röm. 3, 10. 11. 12. 23). Item: An dir allein habe ich gesündigt (Ps. 51, 6). Also vertrösten und verweisen wir die Leute nicht auf [4] ihre eignen Werke, damit sie sollen oder mögen sich zur Gnade bereiten und Gottes Huld erwerben, sondern sagen ihnen, daß sie vielmehr Gottes Zorn und Ungnade verdienen und ihm anders auch nicht tun können,[5] sie stellen sich [6] und tun gleich, wie sie wollen.

Wenn aber der Mensch durchs Gesetz also gedemütiget und zu seiner Selbsterkenntnis gebracht ist, so ist er alsdann recht bußfertig geworden; denn die rechte Buße muß sich an der Furcht und Gericht Gottes anfahen.[7] Und wird der Mensch alsdann gewahr, daß er so ein großer Sünder ist, daß er seiner Sünde durch eigne Kraft, Tun und Werk nicht mag los werden, dann versteht er allererst recht, was St. Paulus wolle und meine, da er Röm. 7, 23 sagt: der Mensch sei ein Sünder, Knecht und Gefangener unter der Sünde; item Röm. 11, 32, daß Gott alles unter die Sünde beschlossen hat, daß die ganze Welt für Gott schuldig und verdammlich sei.

Da hebt sich [8] alsdann ein solch Seufzen und Klagen: Ach, Herr Gott, wer kann und mag nur helfen und raten? Denn wenn der Mensch durchs Gesetz also erschreckt wird, muß er an seinen Kräften also ganz und gar verzagen, siehet sich um, seufzet und sehnt sich danach, daß ihm

---

[1] Luther always regarded this exposition as his best work. Wesley is said to have come to his knowledge of evangelical truth through this work of Luther.

[2] für allen Dingen (vor allen Dingen) — above all.

[3] dies Liedlein — this refrain.

[4] wir vetrösten und verweisen die Leute nicht auf — we do not comfort the people by pointing them to.

[5] ihm anders nicht tun können — cannot do otherwise than evoke the anger of God.

[6] sich stellen — to conduct oneself.

[7] anfahen — anfangen.

[8] sich heben (anheben) — to begin.

möge geholfen werden. Da kommt dann das heilwärtige [9] Wort des Evangelii zu rechter bequemer [10] Zeit und sagt: Sei getrost, mein lieber Sohn, deine Sünden werden dir vergeben (Matth. 9, 2). Glaube an Jesum Christum, der für deine Sünden gekreuziget ist, und fühlest du ja Sünde, so wisse, daß sie von dir weggenommen und auf Christum gelegt sein, welches Striemen dich haben gesund gemacht (Jes. 53, 5).

Dies ist nun der Anfang zur Seligkeit, auf solche Weise werden wir der Sünden los, gerecht und selig, als nämlich nicht um unser eigen Verdienst und Werk, sondern um des Glaubens willen, dadurch wir Christum ergreifen. Wenn wir aber den Glauben an Christum also gelehret haben, alsdann lehren wir auch von guten Werken, nämlich also: Weil du Christum durch den Glauben ergriffen und erlangt hast, durch welchen du gerecht bist, so gehe nun hin und liebe auch wiederum Gott und deinen Nächsten, tue, was dir in deinem Amt und Stand befohlen ist, welches dann die rechtschaffnen [11] guten Werke sind, die da fließen aus dem Glauben und Lust des Herzens, nachdem man die Vergebung der Sünden aus Gnaden durch Christum erlangt hat.

Was man darnach auch Widerwärtiges leiden und das Kreuz tragen muß, solches wird alles leicht und lieblich, denn das Joch, das Christus auflegt, ist sanft, und seine Last ist leicht (Matth. 11, 30). Denn wenn nun die Sünde vergeben und das Gewissen davon zufrieden gekommen ist, kann ein Christ alles andre leicht tragen, sintemal [12] ihm inwendig alles süß und lieblich worden ist. Darum tut er auch und leidet alles mit Lust und willig nach dem Geist, wiewohl es nach dem Fleisch ihm noch sauer ankommt.[13] Wenn aber der Mensch in seiner eigenen Gerechtigkeit einhergeht, was er alsdann tut und leidet, solches wird ihm alles zumal [14] sauer und schwer, darum daß er's ungern und mit Verdruß tut.

[9] heilwärtig (heilbringend) — saving, healing.
[10] bequem (formerly meant the same as geeignet. Melanchthon: "Darum haben die Apostel das Evangelium mit dem allerbequemsten Namen genannt eine fröhliche Botschaft") — appropriate, fitting.
[11] rechtschaffen (echt) — genuine, real.
[12] sintemal (seit dem Male) — since.
[13] es kommt ihm oder ihn sauer an (es fällt ihm schwer) — it is hard for him.
[14] alles zumal — alles zugleich.

Luther als Mönch (Lukas Cranach).

Brief Luthers an den Musikanten Ludwig Senfeln [1]

Gnade und Friede in Christo!

Obwohl mein Name so verhaßt ist, daß ich sorgen muß, man möchte auch mein Schreiben, so ich hier schicke, nicht gern sehen oder lesen, lieber Ludwig, so hat doch die Liebe zur Musik solche Furcht überwunden, mit welcher ich Euch von Gott gezieret und begabet sehe. Und solche Liebe läßt mich hoffen, es werde Euch mein Brief keine Gefahr bringen. Denn wer wollte auch unter Türken strafen, daß man eine Kunst liebe und den Meister darin lobe? Ich lobe und verehre auch Eure Herzöge von Bayern, ob sie mir wohl nicht gar hold sind,[2] dennoch gar sehr und vor andern darum, daß sie die Musik so hegen und in Ehren halten. Und es ist kein Zweifel, es stecke der Same vieler guten Tugenden in solchen Gemütern, die der Musik ergeben sind; die aber nicht davon gerührt werden, die halte ich den Stöcken und Steinen gleich. Denn wir wissen, daß die Musik auch den Teufeln zuwider und unerleidlich[3] ist.

Und ich halte gänzlich dafür und schäme mich auch nicht, es zu bejahen, daß nach der Theologie keine Kunst sei, die mit der Musik zu vergleichen sei, dieweil sie allein nach der Theologie dasjenige tut, was sonst die Theologie allein tut, nämlich, daß sie Ruhe und einen fröhlichen Mut macht, zu einem klaren Beweis, daß der Teufel, welcher traurige Sorgen und alles unruhige Lärmen stiftet, fast vor der Musik und deren Klange ebenso flieht, als vor den Worten der Gottesgelahrtheit.[4] Daher die Propheten keine Kunst so gebraucht haben als die Musik, da sie ihre Theologie nicht in die Erdmeß-,[5] Rechen- oder Sternkunst, sondern in die Musik gefasset, daß die Gottesgelahrtheit und Musik beisammen ständen, indem sie die Wahrheit in Psalmen und Gesängen gesaget.

Aber was lobe ich die Musik jetzt auf einem so engen Papier und will ein so groß Ding malen oder vielmehr verunzieren? Aber meine Neigung dazu wallet mir so stark auf gegen sie, die mich oft erquicket und mir großen Unmut vertrieben hat.

---

[1] Ludwig Senfl (Senffl) (1492—1555) was Luther's favorite composer; engaged at court of Emperor Maximilian I in Vienna; later at court of Duke William of Bavaria, a bitter foe of Luther; it is believed that Senfl was a Lutheran at heart.

[2] jemandem hold sein — to be favorably disposed toward someone.

[3] unerleidlich (unleidlich) — intolerable.

[4] die Gottesgelahrtheit (Gelehrtheit) — theology.

[5] die Erdmeßkunst — land surveying.

Ich komme wieder auf Euch[6] und bitte, wenn Ihr etwa eine Weise zu dem Lied habt: In pace in id ipsum,[7] daß Ihr mir sie doch abschreiben und zuschicken lasset. Denn derselbe Inhalt hat mich von Jugend auf ergötzt und desto mehr, da ich die Worte verstehe. Denn ich habe diesen Gesang nicht mit mehrern[8] Stimmen singen hören. Ich will Euch aber nicht die Mühe machen, daß Ihr erst eine Weise aussinnen und aufsetzen[9] sollet, sondern ich hoffe, daß Ihr schon eine sonst woher[10] haben sollet.

Ich hoffe, daß mein Lebensende bald da sein werde, und die Welt hasset mich und kann mich nicht leiden. Und mir hinwiederum grauet und ekelt auch[11] vor der Welt. Mag also auch der beste und treuste Hirt meine Seele immer zu Frieden hinnehmen. Auch darum habe ich dies Lied angefangen und wollte es gern nach rechter Weise absingen hören. Wenn Ihr nun keine habt oder nicht wisset, so schicke ich sie hier in ihren Noten gezeichnet, daß Ihr sie wenigstens nach meinem Tode, wo Euch beliebig,[12] in die rechten Verse bringet oder zierlich setzet.[13]

Der Herr Jesus sei mit Euch ewiglich. Amen. Verzeihet meiner Kühnheit und Geschwätzigkeit.[14] Grüßt Euren ganzen musikalischen Chor gar ehrerbietig.

Aus Koburg, den 4. Oktober 1530

[6] wieder auf Euch kommen — to revert to you again.
[7] Cf. Luther's hymn "Mit Fried und Freud ich fahr dahin"; No. 65 in the German hymnal of the Missouri Synod.
[8] mehrern (mehreren) — several.
[9] aufsetzen — to compose.
[10] sonst woher — from some other source.
[11] es grauet und ekelt mir vor — I feel a horror and a loathing for.
[12] wo Euch beliebig — if you like.
[13] zierlich setzen — to set nicely to music.
[14] die Kühnheit und Geschwätzigkeit — boldness and loquacity.

Schöne Gewohnheiten

Die Frömmigkeit und Gottesfurcht der Väter ging über in[1] Sprache, Sitte und Gebrauch. Wenn sie jemand grüßten, so sagten sie: „Gott grüße dich!" Und fingen sie etwas an, so sagten sie: „Mit Gott!" Gedachten sie in Zukunft etwas zu tun, so sprachen sie: „Will's Gott!" Nahmen sie Abschied voneinander, so hieß es: „Behüt' dich Gott!" Hatten sie etwas ausgerichtet, so war es „mit Gottes Hilfe" geschehen, und hatten sie eine Wohltat empfangen, so hieß es: „Vergelt's Gott!" Sie aßen und tranken nicht, ohn Jesum zu Gaste zu laden und zu bitten: „Komm, Herr Jesu, sei unser Gast!" Sie schliefen nicht ein ohne den Abendseufzer: „Das walte Gott Vater, Sohn und Heiliger Geist!"[2] und am Morgen begannen sie: „All unser Tun und Anfang ist im Namen des Herrn Jesu Christ."

Schöne Gebräuche, Sitten und Gewohnheiten!

Ich habe nun den Grund gefunden[1]

Johann Andreas Rothe

Johann Andreas Rothe (1688—1758) was pastor in Silesia. His gravestone pictures an anchor in memory of his beautiful hymn.

Ich habe nun den Grund gefunden,
Der meinen Anker ewig hält.
Wo anders, als in Jesu Wunden?
Da lag er vor der Zeit der Welt;
Der Grund, der unbeweglich steht,
Wenn Erd' und Himmel untergeht.

Es ist das ewige Erbarmen,
Das alles Denken übersteigt;
Es sind die offnen Liebesarme
Des, der sich zu dem Sünder neigt,
Dem allemal[2] das Herze bricht,
Wir kommen oder kommen nicht.[3]

---

[1] übergehen in — to pass over into.
[2] das walte Gott — may it please God, in the name of God.

[1] Hymn No. 240 in the German hymnal of the Missouri Synod.
[2] allemal — jedesmal.
[3] wir kommen oder kommen nicht — "whether we seek or forsake Him."

Wir sollen nicht verloren werden;
Gott will, uns soll geholfen sein;
Deswegen kam der Sohn auf Erden
Und nahm hernach den Himmel ein;
Deswegen klopft er für und für [4]
So stark an unsre Herzenstür.

O Abgrund, welcher alle Sünder
Durch Christi Tod verschlungen hat!
Das heißt die Wunde recht verbinden,
Da findet kein Verdammen statt,
Weil Christi Blut beständig schreit:
Barmherzigkeit! Barmherzigkeit!

Bei diesem Grunde will ich bleiben,
So lange mich die Erde trägt;
Das will ich denken, tun und treiben,
So lange sich ein Glied bewegt,
So sing ich einstens [5] höchst erfreut:
O Abgrund der Barmherzigkeit!

Deine Toten werden leben und mit dem Leichnam auferstehen
Jesaia 26, 19

Der Herbst entlaubt die Bäume,
Es fallen die Blätter herab;
Ach, alles, was hold und lieblich,
Verwelkt und sinkt ins Grab!

Und die fallenden Blätter und die welkenden Blüten, die kurzen Lichtgrüße der von Tag zu Tag früher zur Rüste gehenden [1] Sonne und die immer länger sich dehnenden dunklen Nächte, ja das ganze Reich der Natur mit seiner düsteren, ernsten Spätherbststimmung,[2] die sich so wehmütig auf des Menschen Gemüt legt, das alles redet ernst und feierlich vom Sterben und Vergehen.

Auch im Reich der Gnade ist eine Zeit, die vornehmlich davon redet.

[4] für und für — continually.
[5] einstens (einst) — at some future time.

[1] zur Rüste gehen — to set.
[2] die Spätherbststimmung — late autumn mood.

Es ist die Zeit der letzten Sonntage im Kirchenjahr. Die Evangelien dieser Sonntage erinnern mit ergreifendem Ernst an Tod, Ewigkeit und Gericht. Auch des Christen Herz wird also in diesen Tagen von den Schauern der Ewigkeit³ berührt. Wo wir aber des Todes gedenken, da ziehen unsere sehnenden Gedanken auch zu denen, die den letzten Erdenkampf schon durchgekämpft haben und nun friedlich ruhen in ihren stillen Kammern, zu unsern Toten.

Der Glaube versichert uns, daß unsere Toten leben, daß sie lebendig sind; aber wie ist doch so vielen Kindern unsrer Zeit dieser Glaube abhanden gekommen!⁴ Gäbe es denn heute so viel heidnische Trauer wie bei den andern, die keine Hoffnung haben (1 Thess. 4, 13), wenn der Glaube, daß unsere Toten leben, noch alle Herzen mit seinem kräftigen Trost erfüllte? Wie hat dieser Glaube sich doch in den Urgemeinden⁵ der Christenheit bezeugt, wo man an den Todestagen der Entschlafenen Freudenfeste hielt, weil man den Todestag eines teuren Angehörigen als seinen Geburtstag der Ewigkeit feierte!

Das Geschlecht unsrer Tage ist von solcher Zuversichtlichkeit des Glaubens weit abgekommen. „Tot ist tot" sagt der Unglaube, und:

> Macht hier das Leben gut und schön;
> Kein Jenseits gibt's,
> Kein Wiedersehn.

Das ist die trostlose Philosophie so vieler an den Gräbern.

Christen, die in Gottes Wort Bescheid wissen,⁶ haben andere Gedanken auf den Friedhöfen. Ist ihr Glaube auch nicht so stark, daß sie fröhlich sein können an den Gräbern ihrer Lieben, und bleibt ihnen der Tod ein Fürst der Schrecken, der die innigsten Bande zerreißt und dem wir alle wehrlos gegenüberstehen, so halten sie dennoch fest daran, daß es Gedanken des Friedens sind und nicht des Leides, die der Herr mit den Seinen hat (Jer. 29, 11), wenn auf sein Geheiß der Tod für eins die Türe öffnet zur Wanderung durchs dunkle Tal (Ps. 23, 4 f.); denn sie wissen ja, der Weg durchs dunkle Tal dauert nicht lange, und der Herr ist bei den Seinen auch auf diesem beschwerlichen Wege; sein Stecken und Stab sind die Tröster und Beschützer vor allem Unglück. Und sie wissen, daß einer vorangegangen ist, den Seinen die Stätte zu bereiten (Joh. 14, 2), der selbst drei Tage im Grabe gelegen und damit die Grabesruhe seiner Christen für alle Zeiten geweiht hat, der dann siegreich das Grab verlassen hat und, nachdem er sich seinen Jüngern lebendig erzeigt hatte, aufgefahren ist zu seinem Vater (Joh.

---

³ der Schauer der Ewigkeit — the awe of eternity.
⁴ abhanden kommen — to get lost.
⁵ die Urgemeinde — congregation of the early Christian Church.
⁶ Bescheid wissen — to be conversant with.

20, 17), einer, der es den Seinen klar und deutlich verkündigt hat: „Ich bin die Auferstehung und das Leben. Wer an mich glaubt, der wird leben, ob er gleich stürbe; und wer da lebet und glaubet an mich, der wird nimmermehr sterben." „Wo ich bin, da soll mein Diener auch sein" (Joh. 11, 25. 26; 12, 26). Das wissen Christenleute, und das ist ihr Trost an den Gräbern: Die an den Herrn geglaubt haben, die mußten zwar auch durch das dunkle Tal des Todes, aber ob sie gleich gestorben sind, leben sie doch — die Toten leben!

Ja, die Toten leben, weil der lebt, der dem Tode die Macht genommen und das Leben und ein unvergängliches Wesen ans Licht gebracht hat (2 Tim. 1, 10). Wer sich das ins Herz geschrieben hat, der wird auch in diesen trüben Herbsttagen unter fallenden Blättern und welkenden Blüten, die ihn ans eigene Sterben erinnern, einen getrosten Mut haben, der wird auch an den Gräbern seiner Lieben unter allem Schmerz und Weh der Trennung einen süßen Trost im Herzen tragen und mit dem frommen Sänger bekennen:

> Was sollen wir denn weinen
> Und gar so traurig sehn?
> Wir kennen ja den einen,
> Mit dem wir alle gehn,
> In seiner Hut und Pflege
> Geführt von seiner Hand
> Auf einem sichren Wege
> Ins eine Vaterland.

Die Verwerflichkeit des Unglaubens
Aus einer Predigt am Thomasfeiertage[1]
über Joh. 20, 24—29

Friedrich Karl Gerok

Friedrich Karl Gerok (1815—1890) was pastor in Stuttgart for 41 years; achieved renown as pulpit orator, but chiefly as a poet of spiritual lyrics; these are beloved both by Protestants and Catholics; collections of poems: "Palmblätter," "Pfingstrosen."

Wir würden sehr unrecht tun, wollten wir jeden redlichen Zweifler für einen Gottesleugner, jeden, der nicht zum vollen Glauben durchgedrungen ist, für einen Ungläubigen ansehen, und würden ebenso unchristlich wie unvernünftig handeln, wollten wir alle Forschungen der menschlichen Vernunft als eitel Fürwitz,[2] alle Arbeiten der mensch-

---

[1] der Thomastag — Dec. 21.
[2] der Fürwitz (der Vorwitz) — impertinence, prying curiosity.

lichen Wissenschaft als lauter verlorne Mühe, alle Zweifel des menschlichen Geistes als lauter Teufelswerk erklären.

Nein, so gewiß es gilt: „Selig sind, die nicht sehen und doch glauben" (Joh. 20, 29), so gewiß können wir den nicht schelten, der ehrlich und redlich danach ringt, zu einer seligen Glaubensgewißheit, zu einer festen Glaubensüberzeugung von Gott und göttlichen Dingen zu gelangen, und solchen redlichen Thomasseelen, denen wollten wir statt eines Verdammungsurteils lieber daß ermunternde Wort des Herrn zurufen: „Suchet, so werdet ihr finden, bittet, so wird euch gegeben, klopfet an, so wird euch aufgetan" (Matth. 7, 7).

Aber viel häufiger als dieser redliche Zweifel ist der trotzige Unglaube, der nicht suchen, nicht finden, nicht glauben will; bei dem es nicht nur heißt, wie dort bei Thomas: Es sei denn, daß ich seine Nägelmale gesehen und meinen Finger in seine Seite gelegt habe, so kann ich nicht glauben, daß mein Herr auferstanden ist, sondern der geradezu[3] spricht: Alles was ich nicht mit meinen Augen sehen und mit meinen Händen greifen kann, das glaub' ich nicht, das erklär' ich für Unsinn und Lüge.

Dieser Unglaube, der erhebt gerade in unserer Zeit frecher als jemals seine Stimme, der macht sich nicht nur in rohen Gesellschaften und gemeinen Wirtshausgesprächen breit,[4] nein, er wird auch in Büchern gepredigt, in Zeitschriften verkündigt und von Gelehrten und Ungelehrten unter dem Volke verbreitet.

Nach diesem neuesten Evangelium des Unglaubens, da glaubt man nicht nur an keinen auferstandenen Heiland, sondern auch an keinen lebendigen Gott, denn es hat ihn ja noch niemand gesehen; da glaubt man nicht nur an keine Heilige Schrift, sondern auch an keine menschliche Vernunft, denn nur die fünf Sinne sollen gelten; da glaubt man nicht nur an keine Ewigkeit und Unsterblichkeit — denn es ist ja noch keiner herübergekommen, uns von dort Kunde zu bringen — sondern auch keine Weltschöpfung; denn wie das Geschweiß im Sumpf ausgebrütet wird vom Sonnenschein, so soll einst aus dem Urschlamm der erste Mensch sich entwickelt haben. Da darfst du ja nicht glauben, du habest einen denkenden Geist — deine Gedanken sind nichts als Ausschwitzungen[5] des Gehirns. Da darfst du ja nicht meinen, du habest einen freien Willen — deine Handlungen sind nichts als das notwendige Erzeugnis vom Blutumlauf, Nervenschwingungen.[6] Da gib dir ja

[3] geradezu — bluntly.
[4] sich breit machen — to make a great show, to give oneself airs.
[5] die Ausschwitzung — exudation.
[6] die Nervenschwingung — vibration of the nerves.

keine Mühe, dich selbst zu verleugnen und züchtig und gerecht und gottselig zu leben in dieser Welt — die Tugend ist ein leerer Wahn,⁷ die Stimme der Natur ist das einzige Gesetz. Da darfst du dir ja nicht schmeicheln, du seiest eine unsterbliche Seele, nach dem Ebenbild Gottes geschaffen; bewahre:⁸ das Menschengeschlecht ist nichts als die höchste Gattung von Tieren, eine höhere Art von Affen, und nicht erst, wenn du einmal deinen letzten Hauch ausgehaucht hast, sondern schon jetzt gilt von dir jene spöttische Frage, die einst ein ungläubiger Professor an seine Studenten richtete, als er einen menschlichen Leichnam seziert hatte: Nun, meine Herren, wo sehen Sie denn da die Seele? Seele, Geist, freier Wille, Himmel, Heiland, Gott, das alles ist Unsinn, denn das alles kann man nicht mit Augen sehen und nicht mit Händen greifen.

Sollte man's für möglich halten, daß eine solch niederträchtige Lehre, womit die Menschheit sich selbst anspeit, jetzt bei vielen als der Stolz des Jahrhunderts gilt? Sollte man's für möglich halten, daß solch ein borniertes, brutaler Unglaube, der nicht über die fünf Sinne hinausgeht, von Tausenden als der Gipfel menschlicher Weisheit gepriesen wird? Darf man solchem Unglauben nicht als einen beschämenden Spiegel vorhalten das Wort des Herrn: „Selig sind, die nicht sehen und doch glauben"? (Joh. 20, 29.) Und unselig also sind, die nur da glauben wollen, wo sie mit Augen sehen und mit Händen greifen. In Wahrheit, gibt es etwas Trostloseres und Unseligeres als solchen Unglauben? Möchte eines unter euch, und wär's auch um alle Schätze der Welt, durchs Leben gehen und aus dem Leben gehen mit diesem einzigen Trost: der Mensch ist nicht besser als das Vieh? Und was, meinet ihr, würde aus der Menschheit werden, wenn es den Verführern gelänge, dieses seelenmörderische Gift dem Volke vollends einzuimpfen und den Glauben an Gott, an Tugend, an Ewigkeit und Gericht, an alles Höhere und Heilige vollends auszurotten aus den armen Seelen? Gerade dasselbe würde aus der Menschheit werden, was aus der Erde würde, wenn der grimmige Frost des Winters das ganze Jahr beherrschen würde. Erfrieren und erstarren würde die Menschheit in solchem Frost des Unglaubens. Keine grüne Saat der Tugend und Gerechtigkeit könnte mehr gedeihen, kein warmer Pulsschlag edler Gefühle würde mehr unser Herz bewegen, jeder frohe Aufschwung des Geistes wäre uns benommen, flügellahm müßte jeder höhere Gedanke nieder zur Erde sinken, wie Vögel tot aus der Luft fallen bei der grimmigen Kälte, wenn der Frost des Unglaubens die Welt in seine eisernen Bande schlüge, wenn die holde Sonne des

---

⁷ ein leerer Wahn — cf. Schiller's poem "Die Hoffnung."
⁸ bewahre (Gott bewahre!) — Heaven forbid!

Glaubens nicht mehr die Menschheit erleuchten und erwärmen, beleben und befruchten dürfte mit ihrem himmlischen Lichte. Dafür⁹ behüt' uns, lieber Herr Gott, und schreib' es uns als Warnung ins Herz gegen jede Lockung des frechen Unglaubens: „Selig sind, die nicht sehen und doch glauben!"

Wer soll Theologie studieren?
Aus den Ausführungen von D. Dibelius
mit besonderer Beziehung auf deutschländische Verhältnisse,
jedoch zugleich mit allgemeinerer Anwendung. 1931

> *Friedrich Karl Otto Dibelius, member of the high consistory of the Evangelical Church in Germany in 1921; was deposed in 1933 by National Socialists; was made Evangelical bishop of Berlin in 1945; since 1945, chairman of Consistory of Evangelical Church in Germany.*

Wer heute Theologie studiert, muß sich darüber klar sein, daß er nicht einer bequemen Versorgung, nicht einer behaglichen Pensionsberechtigung¹ entgegengeht. Er erwählt ein Leben reich an Opfern und Entsagungen, reich an Mühsal und Enttäuschung, auch reich an dem Schönsten, was es für den Menschen gibt, nämlich an dem Bewußtsein, dies bischen Leben an die größte und heiligste Aufgabe zu setzen.² Aber eben darum reich an Kämpfen und Anfeindungen. Wer heute Theologie studiert, muß sich darüber klar sein, daß er einmal um seines Amtes willen gehaßt werden wird von vielen, daß er oft einsam und unverstanden stehen und lebenslang gegen den Strom schwimmen wird, daß er vielleicht für das, was er predigt, einzustehen³ haben wird mit seinem Leben.

Um es noch deutlicher zu sagen: wir können keine Theologen brauchen, die sich hinterher⁴ berufen fühlen, den Gebildeten in einem Villenvorort⁵ das Evangelium zu predigen. Wer nicht mit tausend Freuden in die berufensten Großstadtviertel geht, um dort den Dienst

---

⁹ dafür — davor.

¹ die Pensionsberechtigung — right or title to pension.
² setzen an etwas — to risk, to stake something on a thing.
³ einstehen für — to answer for, to pay for.
⁴ hinterher — subsequently, afterwards.
⁵ der Villenvorort — suburb with its villas, the homes of the wealthy.

des evangelischen Predigers zu tun, wer nicht ebenso willig in eine entlegene Landgemeinde geht wie in eine Universitätsstadt, mit einem Wort, wer nicht bedingungslos und unter Aufopferung aller persönlichen Wünsche in den Beruf des Pfarrers eintreten will, der soll nicht Theologie studieren.

Es muß die Bitte ergehen[6] an die jungen Studenten, sich zu prüfen, solange es noch Zeit ist. Es muß diese Bitte vor allem an diejenigen ergehen, die einen jungen Mann beraten. Noch einmal, nur die Besten sind für das Studium der Theologie gut genug. Wo aber junge Menschen vom Evangelium ergriffen sind und erhebliche geistige Eigenschaften mitbringen, wo sie willens sind, ihr Leben unter bescheidenen äußeren Bedingungen an eine ganz große Aufgabe zu setzen, da sollen sie in Gottes Namen Theologie studieren. Da brauchen sie keine Sorge zu haben vor einer Überfüllung des Berufes. Von der Theologie führen viele Wege in eine bedeutungsvolle Wirksamkeit. . . . Er wird sein Leben lang es nicht bereuen.

Die Wesensbestandteile[1] des seligmachenden Glaubens[2]

W. H. T. Dau

William Herman Theodore Dau (1864—1944) was born in Germany; studied theology at Concordia Seminary, St. Louis; professor of dogmatics at his alma mater; first president of Valparaiso University under Lutheran control; an outstanding theologian and profound student of Luther.

Was ich Ihnen, meine werten Theologiestudenten, jetzt sagen will, kann man in Zusammenhang bringen mit dem, was ich Ihnen heute morgen über den Unterschied zwischen Luthertum und Christentum vorgelegt habe. Wir besprachen die Frage: Was ist für eine Beziehung zwischen Luthertum und Christentum? Sind das zwei wesentlich verschiedene Begriffe oder decken sie sich? Wir haben uns ja geeinigt, daß hier Identität vorliegt.

Nun führt das weiter zu der Frage: Was ist denn Christentum? Ich denke da an eine sehr imposante Gelegenheit an der Universität

---

[6] es muß die Bitte ergehen — the plea must be issued.

[1] die Wesensbestandteile — the essential parts.
[2] This address was delivered before the students of the theological seminary in Zehlendorf, Germany.

Oxford. Dort trat der greise Orientalist Max Müller[3] in einer Art Abschiedsrede vor die Studentenschaft und sagte in seinen einleitenden Worten, er habe die Religion des Ostens sein Leben lang aus ihren Schriften studiert (und seine eigenen Schriften zeigen ja auch, daß er auf diesem Gebiete bewanderter ist als irgendeiner; er ist der größte Orientalist gewesen), und er habe gefunden, daß bei sämtlichen Religionen, wenn man anfängt bei den Urreligionen der Brahminen und dann weiter zu dem Buddhismus, dem Konfuzianismus usw., dieser eine Grundton durchklinge in allem, was sie sagen: „Der Mensch muß sich mit Gott versöhnen durch eigene Entschließung und eigene Kraft." Sämtliche Religionen des Ostens, sagte er, sind Selbsterlösungsreligionen. Mir ist es immer vorgekommen, sagte er, als ob in diesen Religionen nichts anderes rede als das schuldbeladene Gewissen. Es sind die Religionen des Schuldbewußtseins, und in keiner Religion habe er einen Troststrahl gefunden, der Ruhe in das Menschenherz bringt. Nur in einer Religion des Ostens sei dies der Fall, und in dieser einen Religion herrsche allerdings der Trost vor, den das böse Gewissen nötig hat, und das sei die christliche Religion. Als die Zeitungen über dieses Bekenntnis Max Müllers berichteten, stand diese Ausführung, die ich ihnen in kurzen Zügen[4] gegeben habe, mitten im Bericht und war stark unterstrichen. Nach seinem Tode sind die Werke Max Müllers in Buchform erschienen, und da ist das Ungeheure passiert: Gerade dieses schöne Bekenntnis ist nicht mit abgedruckt worden. Sie werden es nicht finden. Ich selber habe in vielen Bibliotheken Amerikas gesucht, habe es aber nicht gefunden. Es kam mir dann der Gedanke, es sei vielleicht eine Art literarische Lüge vorgekommen, bis mir jemand erzählte, das Bekenntnis sei von den Herausgebern seiner Werke unterdrückt worden. Aber Tatsache ist: So stand Max Müller: Die einzige Religion, die dem Gewissen Trost und Frieden bringt, ist die christliche. Das Wesen des Christentums ist nicht dieses, ganz neue Anschauungen über das Wesen Gottes zu verbreiten, auf dem Wege der Philosophie tiefer in den Begriff und die Werke Gottes einzudringen, sondern dies ist das Wesen des Christentums: Gott vorzustellen als den gnädigen Gott, der den Sündern gnädig ist; und das ist ja nach unserer bekannten dogmatischen Terminologie der Begriff der Gnade. Die einzige Religion, welche die Gnade predigt, ist die christliche. Und darum ist diese mit keiner anderen zu vergleichen. Die christliche Religion ist durch und durch sui generis,[5] sie gehört in eine Klasse

[3] Max Müller (1823—1900), born in Germany, for many years professor at Oxford, England; orientalist; father of the German poet Wilhelm Müller.

[4] in kurzen Zügen — in brief outline.

[5] *sui generis* (eigener Art) — in a class by itself.

für sich. Wenn hier vergleichende religionsphilosophische Studien angetreten werden, dann macht man oft den Grundfehler, daß man sich die christliche Religion neben dem Buddhismus usw. denkt. Ein Vergleich ist ausgeschlossen. Die christliche Religion fängt da an, wo es im Gewissen anfängt zu rumoren, wo der Mensch, dem das Verantwortungsgefühl anerschaffen ist, sich sagt: Du bist nicht, was du sein sollst. Diesem Schuldgefühl entspringen alle Bußübungen, welche die nichtchristlichen Religionen in ausgiebigem Maße[6] anstellen. Das verklagende Gewissen treibt sie zu all diesem Vornehmen, sich Gottes Wohlgefallen durch Selbstpeinigung, durch Tugendübungen und dgl. zu erwerben. Aber sie kommen nie zu dem Punkt, sie kriegen keinen Frieden mit Gott. Die nichtchristlichen Religionen sind Religionen der Verzweiflung. Die Verzweiflung gibt den Menschen alle diese Maßnahmen in die Hand, und wenn sie alles getan haben, dann müssen sie sich schließlich, wenn sie ehrlich sein wollen, sagen: Es genügt nicht, es ist ein Manko da, das wir nicht decken können. Und dann setzt die richtige Verzweiflung ein; sie scheiden ohne Trost aus dieser Welt, nachdem sie es sich haben sauer werden lassen,[7] die Gnade Gottes zu erlangen.

Das ist das Große in der lutherischen Kirchenbewegung, daß es Luther gelang, den Begriff der Gnade zu packen und festzuhalten, daß er sich sagte, Gnade Gottes ist nicht etwas, was der Mensch sich erwirbt und hineinbringt und auf Grund dessen Gott mit ihm verhandelt, sondern etwas, was in Gott allein besteht, diese huldvolle Gesinnung, daß er die Sünde nicht anrechnet, sondern durch einen freien Akt vergeben will. Das ist Gnade. Sie kommt zu uns von Gott, aber ist ursprünglich in Gott. Wir reden ja auch von Gnade in uns, aber das ist ein anderer Begriff oder Gebrauch des Begriffes. Wir sollten von Gnadenwirkungen reden. Worauf es im Christentum ankommt, das ist dies, daß der einzelne gläubige Christ sich fest bewußt bleibt: Ganz abgesehen von[8] allem, was ich bin und tue und getan habe, steht die Gnade fest, und daran muß ich mich halten, wenn es zeitlich und ewiglich gut gehen soll. Die Gnade Gottes ist die Grundlage des ganzen Heilsplanes Gottes, und diese Gnade muß man sich nicht so denken, wie D. Harnack,[9] daß da so eine Art Laune bei Gott sei, daß er so wie ein alter Vater auf seinem Throne sitze und sage: Was kümmere ich mich um die Sünde der Menschen, es sind arme Kreaturen.

---

6 in ausgiebigem (ergiebigem) Maße — in abundant measure.

7 es sich sauer werden lassen — to take great pains.

8 ganz abgesehen von — entirely apart from.

9 Dr. Adolf von Harnack (1851—1930) was professor of church history at different German universities.

Schwamm darüber;[10] wir wollen es vergessen. Wie ein schwacher Familienvater die Streiche seiner Jungen übersieht, sie sollen nicht gelten, sie sollen nicht ans Kerbholz geschrieben[11] werden. Nein, die Gnade Gottes ist eine gar ernste Sache. Indem Gott beschließt, daß er den Sündern gnädig sein will, vergißt er nicht, daß er zur gleichen Zeit der gerechte Gott ist.

Alle Eigenschaften Gottes sind Gott selbst. Es ist nur ein Gedankenakt bei uns, daß wir uns Gottes Attribute separat denken. Es ist nicht so wie bei den Menschen, daß die Eigenschaften dazukommen. Jedes Attribut ist Gott selbst. Nun ist da der gerechte Gott und danach muß Gott den Sünder, der seine Gebote übertreten hat, strafen. Das hat er gesagt. Und da ist Gottes Wahrhaftigkeit. Was er sagt, muß stehen bleiben, das muß geschehen. Da wird nichts daran gerüttelt; es ist immer Ja und Amen, wenn Gott etwas sagt. Wenn Gott sagt: ich werfe dich in die Hölle, so muß er das tun.

Wie wird da nun eine Verbindung hergestellt zwischen Gottes Gnade und seiner Gerechtigkeit und Wahrhaftigkeit? Sie wird hergestellt, indem Gott sagt: Meine Gerechtigkeit soll ihren Gang nehmen;[12] aber ich will das, was ich strafen muß, nicht an denen strafen, welche die Schuld auf ihr Gewissen geladen haben durch ihre bösen Taten, sondern ich will da einen Stellvertreter für sie eintreten lassen. Und da kommt nun der zweite große Hauptgedanke in den Heilsratschluß Gottes: Die Sendung Gottes ins Fleisch. Und die christliche Religion fängt da an, wo zum erstenmal dem ersten Sünder von dem Weibessamen, der der Schlange den Kopf zertreten soll (1 Mos. 3, 15) gesagt wird. Die Erlösungsreligion fängt an den Pforten des Paradieses an, das sich dem ersten Übertreter geschlossen hatte, und geht durch bis an das Ende der Welt, bis Christus wiederkommt. Das Alte Testament ist das vorbereitende Stadium,[13] das Zeitalter der Weissagungen von Christo. Gott hat es so eingerichtet, daß das, was Christus allen Menschen sein soll, er den Menschen schon von der ersten Verheißung an gibt. Gott macht die Sünder schon im Alten Testament selig auf demselben Wege wie im Neuen. Was er beschlossen hat, ehe der Welt Grund gelegt war, steht schon fertig da. Wenn die Väter des Alten Testaments glauben an den Messias, der da in der Fülle der Zeit kommen soll, dann haben sie in ihrem Glauben das ganze Rechtfertigungsgut, das Christus später durch sein Leben, Leiden und Sterben erwirbt.

[10] Schwamm darüber — let bygones be bygones, let us forget about it.
[11] ans Kerbholz schreiben — to chalk up against.
[12] ihren Gang nehmen — to take its course.
[13] das Stadium — phase, stage.

Die Wesensbestandteile des seligmachenden Glaubens

Nun müssen wir Christum so fassen, nämlich als Stellvertreter der gefallenen Menschheit. Er ist vom ersten Augenblick der Empfängnis bis zu seinem Tode unser großer Bruder, der dem kleinen hilflosen Bruder an die Seite tritt und sagt: Was du nicht leisten kannst und nie können wirst, das leiste ich für dich. Ich gebe mich selbst hin für dich. Mein Leben soll dein Leben ersetzen. Alles, was an mir rein und heilig und schön ist, das soll gesetzt werden an die Stelle von allem, was häßlich und böse und garstig in deinem Leben ist. Und dann, weil die Sünde den Tod in die Welt gebracht hat nach dem gerechten Urteil Gottes, will ich, obwohl selber unschuldig, mein Leben zum Schuldopfer darbringen, und das soll so gelten, als ob du in mir gestorben seiest, mit mir in das Grab gelegt seiest, daß kein Gericht Gottes dir etwas anhaben[14] kann. Wenn du dich auf mich berufst[15] als deinen Stellvertreter und Bürgen, dann soll das so angesehen werden, als ob keine Klage erhoben wäre. Gott, der gerecht ist, tritt in dem Gerichtsaal als dein Advokat auf und sagt: Ich habe getan, was er nicht getan hat. Meine Leistungen und mein Sterben sollen als seines gelten! Und weil Gott diesen Plan gefaßt hat, das Werk Christi in seinen Heilsratschluß aufgenommen hat, deswegen spricht Gott den Sünder im Namen Christi rein von aller Schuld.

Das Werk Christi war fertig, als er am Kreuze rief: „Es ist vollbracht!" (Joh. 19, 30.) Und das war eine vollgültige Gerechtigkeit für alle Menschen; an der war nichts auszusetzen. Es war eine Gerechtigkeit, die den Scharfblick des ewigen gerechten Gottes herausforderte. Und da war kein Manko mehr; da war der Mensch so, wie Gott ihn sich gedacht hatte, als er Adam rein und heilig nach seinem Bilde schuf. Das ist sehr wichtig, daß wir uns die Gerechtigkeit Christi so vorstellen als eine, die mit dem höchsten Maßstab der Gerechtigkeit bemessen sich als vollkommen erweist. Wir erhalten darum, wenn uns Christi Gerechtigkeit übertragen wird, eine vollkommene Gerechtigkeit, in der wir selber vor Gott bestehen können. Wir können das Kindergebetlein von Herzen sprechen: „Christi Blut und Gerechtigkeit, das ist mein Schmuck und Ehrenkleid; damit will ich vor Gott bestehn, wenn ich zum Himmel werd' eingehn."

Das ist Wahrheit, das ist die große evangelische Wahrheit, das ist das Herz der christlichen Religion. Die war fertig, als Christus am Kreuze starb, und nichts, was ein Mensch auf dem Wege des tugendhaften Lebens leistet, kann irgend etwas zu dieser Gerechtigkeit hinzufügen. Das liegt auf einem ganz anderen Gebiete.

Aber die Gerechtigkeit, die uns Christus erworben hat, mußte an

---

[14] jemandem etwas anhaben — to harm someone; to have a design upon someone.

[15] sich berufen auf — to refer to, to appeal to.

die Leute gebracht werden. Davon wußten nur wenige Leute etwas. Und sie galt ja für alle Menschen; denn Christus ist der Welterlöser. Wie sollte uns nun die Gerechtigkeit Christi zuteil werden?[16] Da beschließt Gott in seinem Heilsratschluß, daß er einen Heilsapparat[17] aufrichten will; er will die Gnade, die in Christo erschienen ist und die unsere Versöhnung bewirkt hat, in gewisse Mittel legen und diese kräftig wirksam machen, daß sie das Gut der Erlösung Christi, alle Früchte seiner Tätigkeit, an die Menschen austeilen sollen. Man nennt diese die Gnadenmittel, weil sie nicht bloß von der Gnade erzählen, sondern sie darbieten, in die Herzen der Sünder, die der Gnade bedürfen, hineinbringen, versiegeln. Die christliche Religion fordert für ihre ganze Tätigkeit unter den Menschen immerfort diese Mittel.

Das eine Gnadenmittel ist sein Wort und speziell das Wort, das von der Gnade spricht, nicht bloß, was die Schrift von der Schöpfung und von der Allmacht sagt, sondern das Evangelium, die frohe Botschaft, daß Gott um Christi willen den Menschen die Sünde vergeben will. Das Wort Gottes greift in das menschliche Bewußtsein auf dem Wege des Hörsinns ein. Es wird gepredigt, man kann es in den Schriften lesen. Gott will aber den Menschen, der in die Sünde gefallen ist und dort alles verloren hat, bei jedem Sinn anpacken. Und so schafft er neben dem Wort noch gewisse äußere, greifbare Mittel in den Sakramenten, um den Menschen, der in Sünden ganz tot ist, aufzurütteln. In diese Mittel, das Wort und die Sakramente, ist das ganze Gut niedergelegt, das Christus für die Gerechtigkeit des bedürftigen Menschen erworben hat. Und wer nun das annimmt, was das Wort sagt, was die Taufe bietet, das Heilige Abendmahl ihm bietet, der hat den Schatz der Gerechtigkeit, den Christus erworben hat. Wenn der Mensch dieses Gut in seinen Besitz bekommen will, so ist nur ein einziger Weg möglich: der Glaube.

Was ist der Glaube, der Glaube, der einen Menschen vor Gott gerecht und selig macht? Der Glaube, von dem wir jetzt reden, ist nichts anderes als daß man annimmt, was Gott uns in den Gnadenmitteln anbietet. Der Glaube darf nicht als eine moralische Tugendleistung[18] des Menschen aufgefaßt werden, durch die er sich Gott lieb macht,[19] sondern es ist dieselbe Handlung wie bei einem Bettler, dem ein Geschenk dargeboten wird; er streckt seine Hand danach aus und nimmt es und hat es. Ist das ein Verdienst des Bettlers? Kann er sagen: Ja, daß ich reich geworden bin, das habe ich mir zu verdanken;

[16] zuteil werden — to be bestowed on, to become someone's share.
[17] der Heilsapparat — plan of salvation.
[18] die Tugendleistung — virtuous performance.
[19] sich Gott lieb machen — to endear oneself to God.

ich habe es genommen. Gewiß, es ist etwas, was in uns vorgeht; aber es ist eine Bettlertätigkeit. Wenn ein Bettler so, wie eben gesagt, redete, so würden wir sagen: Das ist doch ein überaus großer Hochmut, wenn der Bettler sich etwas darauf einbildet,[20] daß er die Gabe angenommen hat. Der Glaube ist immer als dieses Tun unseres Verstandes und Willens zu fassen, daß wir nehmen, nehmen, nehmen von Gott, was er uns gibt. Aber auch dieses Nehmen ist nicht etwas, was der Mensch aus sich selbst leistet. Denn es steht so, daß von Natur der in Sünden versunkene Mensch, der keine Ahnung von dem gnädigen Gott hat, gar nicht glaubt, wenn ihm dies vorgetragen wird. Er schüttelt den Kopf dazu und sagt: Das ist unmöglich; so etwas gibt es gar nicht. Sein eigenes Gewissen sagt ihm immer nur dies: Wenn du mit Gott ins Gleiche kommen[21] willst, mußt du dafür sorgen; du kannst nicht durch eines anderen Gerechtigkeit gerecht werden; es muß jeder selbst besorgen. Darum weist er fortwährend das ganze Evangelium von sich. Paulus sagt, die Predigt von Christo ist den Griechen eine Torheit (1 Kor. 1, 23). Wenn ein Mensch zum Glauben kommt und damit von Gott nehmen lernt, so hat er das einer Wirkung Gottes des Heiligen Geistes zu verdanken. Der Glaube selbst wird in uns durch die Gnadenmittel geschaffen. Luther hat recht, wenn er in der Erklärung des dritten Artikels sagt: „Ich glaube, daß ich nicht aus eigener Vernunft noch Kraft an Jesum Christum, meinen Herrn, glauben oder zu ihm kommen kann, sondern der Heilige Geist hat mich durch das Evangelium berufen, mit seinen Gaben erleuchtet, im rechten Glauben geheiliget und erhalten."

Noch eins: Der Glaube, der von Gott nimmt, tritt sofort in ein neues Leben ein. Wir unterscheiden nur logisch, aber nicht chronologisch zwischen gewissen Begriffen in der Theologie, nämlich zwischen Rechtfertigung, Wiedergeburt, Erneuerung u. dgl. Alle diese Akte fallen in einem Moment zusammen. Es ist nur, daß unser Verstand eine gewisse Phase allein faßt und dann wieder eine andere Phase. Aber alle zusammen treten in einem Augenblick ein und wirken harmonisch. Wir nennen das Rechtfertigung, wenn ein Mensch den Gnadenspruch Gottes über sich vernimmt und glaubt: Ich bin aller meiner Sünde frei und los; kein Fleck ist an mir zu finden; Gott spricht mich gerecht.

Die Rechtfertigung zieht sich durch das ganze Leben des Menschen hindurch.[22] Immer von neuem vergibt ihm Gott um Christi willen täglich und reichlich alle seine Sünden. Aber in demselben Augenblick ist er ein ganz anderer Mensch geworden. Er erkennt, daß das Leben,

---

[20] sich etwas einbilden auf — to pride oneself on.
[21] ins Gleiche kommen — to square accounts, to set things in order.
[22] sich hindurch ziehen — to continue through.

welches hinter ihm liegt, ein verkehrtes war, die Dinge, die er lieb gehabt hat, haßt er nun, und Dingen, von denen er sich abgekehrt hatte, kehrt er sich nun zu.

In der Einleitung zum Römerbrief sagt Luther: „Der Glaube ist nicht zu denken als ein müßiger Gedanke im Kopf, der sich mit Gott beschäftigt, sondern der Glaube ist ein lebendig, tätig, schäftig[23] Ding, das immerfort nach dem Gutestun strebt." Aus Dankbarkeit für das, was Gott der Herr durch Christum getan hat, widmet der Sünder Christo den Rest seines Lebens und sucht Christo nachzuleben, nachzuwandeln in allen seinen Lebenstätigkeiten, in jedem Stand und Beruf. Das ist die Heiligung. Ohne Heiligung gibt es keinen Glauben. Sie fängt aber in demselben Augenblick an, wo die Rechtfertigung anfängt. In der Heiligung wird der Sünder auch gerecht durch das, was er tut. Das ist nicht die Gerechtigkeit, die er einsetzt, da gilt nur die Gerechtigkeit, die Christus für ihn erworben, als die vollgültige Bezahlung aller seiner Schulden. Und in diesem Bestreben tritt der Mensch wieder ein in die Urbestimmung des ersten Menschen, dem Gott die ganze Erde als sein Gebiet gegeben hat. In der Heiligung fängt der Mensch auch an, in das große Reich der Natur hinauszugreifen. Er sucht die Kräfte der Natur zu verstehen; das ist alles mit einbeschlossen in die erste Urbestimmung des Menschen.

Wir hören so viel von der Gefahr der Naturwissenschaft. Da ist gar keine Gefahr, die Menschen machen sie sich selber. Gott hat dem Menschen die Erde zugewiesen, und was er erforscht, das ist alles nach Gottes Willen. Zwischen wahrer Wissenschaft und dem Christentum besteht kein Widerspruch. Der kommt nur, wenn der Teufel sich in die Welt hineinläßt und dem Menschen einflüstert, er brauche Gott nicht, ihn auf den Gedanken bringt, es gebe keinen Gott. Der wahre Naturforscher hat nie so gestanden. Durch die lutherische Bewegung entstand vor 400 Jahren nicht nur eine Umwälzung auf religiösem Gebiet, sondern die Reformation befruchtete nachweislich alle Gebiete des menschlichen Wissens und Könnens. Die Schulen, die jetzt zu so großer Blüte gekommen sind, haben ihren Hauptentwicklungsgang[24] mit der Reformation angetreten. Es gab da ausgezeichnete Gelehrte, welche in der menschlichen Gelehrsamkeit Wunderbares geleistet haben, und sind dabei doch demütige Gotteskinder geblieben. Einer dieser war, wie Sie wissen, Kopernikus.[25] Dem sagte Luther: Grüble du nicht weiter. Fahre fort mit deinem Messen und deinen Beobachtungen der Himmelskörper, aber

---

[23] schäftig (geschäftig) — hard-working.

[24] der Hauptentwicklungsgang — chief course of development.

[25] Copernicus (1473—1543). Polish astronomer. In his "De Revolutionibus Orbium Caelestium" he exchanged the positions of the earth and the sun in the celestial scheme.

bleibe du im Rahmen der Heiligen Schrift. Und Kopernikus ist auch in diesem Rahmen geblieben. Ich stand vor einigen Jahren in Königsberg [26] am Grabdenkmal dieses Gelehrten. Als ich die Grabinschrift las, kam mir der Gedanke: Die hat er sich selber gesetzt. Sie lautet auf Deutsch so: „Ich begehre nicht eine gleiche Gnade, wie die, die du Paulo erwiesen hast; auch die Vergebung des Petrus fordere ich nicht, sondern solche Gnade, wie du sie am Stamme des Kreuzes dem Schächer hast zuteil werden lassen, die verfolge ich mit Eifer." Was für ein feines Bekenntnis! So sollen alle denken, die wirklich auf dem Boden der christlichen Religion stehen,[27] und das soll nicht nur die Parole für ihr ganzes Leben und ihre Tätigkeiten sein, sondern das sollen sie als ihren Sterbetrost in ihr letztes Stündlein mitnehmen, wenn es hinausgeht über die Grenze und sie hinausfahren über das große, weite Meer, von dem sie nicht zurückkommen. Und wenn unser Schifflein abstößt vom Strande [28] der Zeit, lassen Sie uns Sorge haben, daß wir den rechten Lotsen in unserem Schifflein haben, wenn es über die Wogen hinausgeht über das Endlose, wenn wir seufzen und stöhnen müssen in der Erwartung der schrecklichen Dinge, die uns bevorstehen. Wer Christum als Steuermann im Schifflein hat hier und im letzten Stündlein, der ist sicher und der landet an den ewigen Küsten der seligen Gottesstadt.

Grüß Gott [1]

Grüß Gott! aus deutschem Munde
Wie herzig klingt der Gruß!
Auf heimatlichem Grunde
Fühlt wieder sich mein Fuß;
„Grüß Gott!" ich komm' als Wandrer
Aus fernen Landen her,
Doch tönt so lieb kein andrer,
Kein Gruß der Welt wie der!

[26] Königsberg — a city in the former province of East Prussia; now in the Soviet Union; Russian, Kaliningrad.
[27] auf dem Boden der Religion stehen — to be based on religion.
[28] das Schiff stößt vom Strande — the ship leaves the shore.

[1] A greeting current in South Germany, without any equivalent in English. The common translation "A good day to you" does not do it justice. This is the first stanza of a poem by Karl Gerok, taken from his collection "Palmblätter."

„Gott erhalte unserer Synode ein gottseliges Ministerium!"

Rede gehalten vor der Studentenschaft des
Concordia-Seminars zu St. Louis,
am 22. Februar 1927

Fr. Pfotenhauer

Frederick Pfotenhauer (1859—1939), born in Germany, studied theology at Concordia Seminary, St. Louis; was traveling missionary on wide frontier of Dakota Territory; elected first full-time President of Missouri Synod in 1911.

Meine lieben Studenten!

Es ist heute das erste Mal, daß ich diese Studentenschaft in diesem neuen Seminar [1] begrüße. Sie haben am Schluß des letzten Schuljahrs die alte Stätte, in der unsre Prediger über vierzig Jahre lang ausgebildet wurden, verlassen und sind in diese neuen Gebäude gezogen.

Ihr Umzug hat stattgefunden bei einem wichtigen Abschnitt unsrer Synode. Als im Jahre 1887, vierzig Jahre nach Gründung unsrer Synode, Dr. Walther starb, kam die erste Generation zum Abschluß. Und jetzt, nach vierzig Jahren, schließt das zweite Geschlecht ab und verbirgt sich in seiner Kammer, während an seiner Stelle nun das dritte Geschlecht auf die Bahn tritt.[2] Man kann mit Recht sagen: Der Einzug in dies neue Predigerseminar bezeichnet die Grenze zwischen der zweiten und dritten Generation unsrer Synode.

Es ist schriftgemäß[3] daß man die Geschichte der Kirche nach Generationen einteilt. So wird im ersten Kapitel des Evangeliums St. Matthäi die ganze Zeit des Volkes Gottes des Alten Testaments in dreimal vierzehn Geschlechter eingeteilt. „Alle Glieder von Abraham bis auf David sind vierzehn Glieder. Von David bis auf die babylonische Gefangenschaft sind vierzehn Glieder. Von der babylonischen Gefangenschaft bis auf Christum sind vierzehn Glieder" (V. 17). Auch erinnert uns die Schrift daran, daß mit dem Wechsel der Geschlechter gemeiniglich Veränderungen vor sich gehen. So war das Zeitalter Josephs eine Zeit der Ruhe und Erquickung für das Volk Gottes, während nach dem

---

[1] Concordia Seminary was moved to St. Louis from Perry County, Mo., in 1849. In 1882 an imposing building replaced the original one. In 1926 the school was moved to its present beautiful site. For early history of the seminary see "Der Lutheraner," XVI, 161 ff.

[2] auf die Bahn treten — to arise, to begin a course.

[3] schriftgemäß — in conformity with Scripture.

Tode Josephs die Unterdrückung und Verfolgung hereinbrach. Unter David blühte die Kirche des Alten Testaments, während bereits unter seinem Sohne Salomo der Abfall sich anbahnte und nach dessen Tode die Zertrennung des Reiches und der große Abfall sich ereignete. Ähnlich erging es der Kirche im Neuen Testament. So wurde durch den Dienst der Apostel Paulus und Johannes herrliche Gemeinden in Kleinasien gegründet, deren Glanz aber nicht die zweite Generation überdauerte. Luther macht daher auf Grund seiner Geschichtsstudien den erschrecklichen Ausspruch, daß das Wort Gottes an einem Ort nicht rein und lauter geblieben sei über eines Menschen Gedenken,[4] und daß es hinweg sei, wenn die sich schlafen gelegt, die es auf den Plan gebracht haben.[5]

Dieser Ausspruch des Reformators hat sich nach Luthers Tode an der lutherischen Kirche bewahrheitet. Kaum hatte er die Augen geschlossen, da brach das Elend mit Macht herein. Und gerade die Universität Wittenberg, von der das Licht ausgegangen war, war vornehmlich schuld an der Verwirrung. Dreißig Jahre lang dauerte der Kampf und die Zerrissenheit, bis im Jahre 1577 durch die Verabfassung der Konkordienformel[6] wiederum eine neue Zeit der Blüte der Kirche geschenkt wurde, die vierzig Jahre währte, bis zum Ausbruch des schrecklichen Dreißigjährigen Krieges im Jahre 1618.

Als vor vierzig Jahren **Dr. Walther** und die anderen Väter unserer Synode von uns schieden, da ging durch die ganze Synode die bange Frage: Wie wird es nun werden? Dr. Walther lag bereits im Sterben, als die fünfte Delegatensynode am 4. Mai 1887 in Fort Wayne sich versammelte, und sein Tod trat ein am Synodalabend, den 7. Mai. Dr. Schwan[7] wies in seiner Synodalrede auf das bevorstehende Ableben Dr. Walthers als auf ein bedeutsames Ereignis hin und sagte unter anderm: „Ungefähr mit der diesjährigen Versammlung wird ein neuer Abschnitt in der Geschichte unserer Synode beginnen. Das kann nicht fehlen." Die Synode selbst eröffnete ihre Sitzung am Montag mit einem Trauergottesdienst, in dem das Lied „Aus tiefer Not schrei ich zu dir" gesungen wurde sowie die Litanei knieend nach der Vorlesung des 90. Psalms.

Was man befürchtete, ging jedoch nicht in Erfüllung. Gott war

---

4 über eines Menschen Gedenken — beyond the memory of one generation.

5 auf den Plan bringen — to introduce, to bring into the open.

6 The Formula of Concord (1577) was the last confessional writing of the Lutheran Church.

7 Heinrich Christian Schwan (1819—1905) was pastor in Cleveland for many years; President of the Missouri Synod 1878—1899; supervised the writing of the Synodical Catechism, published in 1896. See "Der Lutheraner," XLIX, 50, 180; XCIV, 241.

der zweiten Generation unaussprechlich gnädig, und zwar vornehmlich in der Weise, daß er diesem Seminar tüchtige Kräfte bescherte, die voll und ganz auf der Heiligen Schrift standen und im Worte lebten und so Pastoren erzogen, die imstande waren, christliche Gemeinden zu gründen und zu fördern. So wurde nicht nur der Kampf um das sola gratia mit allem Nachdruck fortgeführt, sondern unsere Synode breitete sich auch in ungeahnter Weise über unsern ganzen Kontinent aus und errichtete Missionen in fernen Erdteilen. Zur Ehre Gottes darf es gesagt werden, daß die Geschichte der zweiten Generation unserer Synode eine herrliche Blütezeit gewesen ist, wie sie die Kirche selten erlebt hat.

Das zweite Geschlecht hat sich nun auch schlafen gelegt. Die wenigen, die noch übrig sind, warten auf den baldigen Ruf des Herrn. Ein neues Geschlecht steht auf der Bahn.[8] Sie, meine jungen Freunde, gehören diesem Geschlechte an. Was wird nun die Geschichte der dritten Generation unserer Synode sein?

In den letzten Jahren hat sich manches bei uns geändert. Äußerlich manches zum Vorteil. Unsere Lehranstalten sind prächtig ausgebaut. Viele unsrer Gemeinden versammeln sich in herrlichen Kirchen. Unsere Arbeit ist fein organisiert und geschickten Kommissionen überwiesen. Der Synodalkörper[9] funktioniert. Aber alles dieses ist kein sicheres Zeichen, daß wir noch sind, was wir waren, sondern mag nur die Hülle sein, unter der sich der Verfall versteckt und vollzieht. Es ist nicht zu leugnen, daß sich immer mehr bedrohliche Symptome zeigen, die darauf hindeuten, daß die Kraft abnimmt und das Verwelken einsetzt, wenn nicht Einhalt geboten wird.[10] Um nur auf einiges aufmerksam zu machen. Die Liebe zu dem Worte Gottes und die Lust daran hat abgenommen. Deswegen vertieft man sich nicht mehr so in die Schrift, wie das früher der Fall war. Die Erziehung der heranwachsenden Jugend liegt in manchen Teilen unserer Synode im Argen.[11] Die Gemeindeschulen sind abgefallen, und ein Geschlecht wächst auf, das nicht tief und fest gegründet ist in der Wahrheit. Die Grenze zwischen uns und der Welt fängt an, sich zu verwischen, und die Folge davon ist, daß mancherorts Pastoren und Gemeinden Logentum[12] und Weltwesen dulden und nicht auf Scheidung und Absonderung dringen. Die Bereitschaft, um Jesu willen alles zu verlassen und um des Evangeliums willen Opfer zu bringen, wird geringer, wie dieser Mangel auch zutage

---

[8] auf der Bahn stehen — to stand in the arena. Cf. 1 Cor. 9:24 ff.
[9] der Synodalkörper — die Synode.
[10] Einhalt gebieten — to check.
[11] im Argen liegen — to be in a bad way, to be in jeopardy. Cf. 1 John 5:19.
[12] das Logentum — "lodgery."

tritt [13] an unsern Studenten zur Zeit, wenn die Berufe ausgeteilt werden.

Wenn wir, teure Studenten, gegen diese und andere Schäden unsre Augen schließen und sprechen: Es ist Friede, es hat keine Gefahr (Jer. 6, 14; 8, 11; Hesek. 13, 10. 16), so werden die Giftstoffe sich mehren, unsren Synodalkörper mehr und mehr vergiften und schließlich den Tod herbeiführen.

Davor möge der gnädige Gott die dritte Generation unserer Synode behüten und bei ihr bleiben, wie er gewesen ist bei ihren Vätern, und uns offne Augen schenken, daß wir den Schaden Josephs (Amos 6, 6) erkennen, Buße tun, wachen, flehen und beten! Und da möchte ich zum Schluß, Sie, werte Studenten, an Ihre hohe Aufgabe und Verantwortung erinnern. Wie die zweite Generation unserer Synode bei der Wahrheit erhalten worden ist vornehmlich durch unser Predigerseminar, so wird es auch vornehmlich von dieser hohen Schule [14] abhängen, welchen Kurs die dritte Generation unsrer Synode nehmen wird. Sie werden die Leiter und geistlichen Führer dieser Generation sein. Als Dr. Walther auf seinem Sterbebette an die zweite Generation unsrer Synode dachte, betete er: „Gott erhalte unsrer Synode ein gottseliges Ministerium!" Diese Gnade muß der Herr auch der dritten Generation schenken, sonst ist alles verloren.

Und da kommt nun viel darauf an, wie Sie die Zeit der Vorbereitung aufs Predigtamt hier ausnutzen, in welchem Sinn und Geist Sie studieren und in welcher Gesinnung Sie ins Amt treten. Der freundliche Gott hat diesem Seminar bis auf den heutigen Tag treue Lehrer geschenkt, Männer, die in der Schrift erfahren sind und wohl ausgerüstet, Theologen zu erziehen. Wollen Sie nun rechte Theologen werden und sich die Fähigkeit aneignen, später Gemeinden Gottes zu erbauen, so bitten Sie täglich den Heiligen Geist um die rechte Kunst der Konzentration auf das eine, das einem Theologen not tut, und das ist, daß die Lehre von der Rechtfertigung durch den Glauben, der große Artikel von Christo, dem Sünderheiland, der Mittelpunkt Ihres theologischen Denkens ist, so daß Sie mit Luther sprechen können: „In meinem Herzen herrscht allein und soll herrschen dieser einige [15] Artikel von Christo, welcher aller meiner geistlichen Gedanken, so ich immerdar Tag und Nacht haben mag, der einige Anfang, Mittel und Ende ist." Wenn dieser Artikel in Ihnen lebt, so sind Sie sicher vor aller Irrlehre, werden auch

---

[13] zutage treten — to become apparent.
[14] die Hohe Schule (die Hochschule) — university; here: theological seminary.
[15] einige — einzige.

bewahrt bleiben auf der einen Seite vor Vielgeschäftigkeit,[16] worin manche Pastoren Heil und Rettung suchen, und auf der anderen Seite vor Faulheit und Trägheit, da der Glaube ein mächtig, schäftig, tätig Ding ist und immerdar gute Werke tut, und zwar diejenigen, die eines jeden Beruf und Stand mit sich bringen.

Unser Land feiert heute Washingtons Geburtstag und erinnert sich der Wohltaten die Gott uns durch den Dienst dieses wahrhaft großen und edlen Mannes geschenkt hat. Unsere Synode hat diese Woche für publicity bestimmt, um uns aufs neue daran zu erinnern, daß wir das Evangelium in der Nähe und Ferne verkündigen sollen. Beide Begebenheiten können Sie, meine lieben Studenten, nicht besser begehen,[17] als daß Sie sich aufs neue der großen Verantwortung bewußt werden, die der Herr auf Sie gelegt hat.

Der barmherzige Gott segne die dritte Generation unserer lieben Synode und bleibe bei ihr mit seiner Gnade und Treue um Jesu willen. Amen.

Heines Lossagung vom Atheismus [1]

Wenn man auf dem Sterbebette liegt, wird man sehr empfindsam und weichselig und möchte Frieden machen mit Gott und der Welt. . . . Seit ich selbst der Barmherzigkeit Gottes bedürftig bin, habe ich allen meinen Feinden Vergebung erteilt. Gedichte, die nur halbwegs Anzüglichkeiten gegen den lieben Gott selbst enthielten, habe ich mit ängstlichem Eifer den Flammen überliefert. Es ist besser, daß die Verse brennen, als der Versifex.[2] Ja, wie mit der Kreatur, habe ich auch mit dem Schöpfer Frieden gemacht, zum größten Ärgernis meiner Freunde, die mir Vorwürfe machten über dieses Zurückfallen in den Aberglauben, wie sie meine Rückkehr zu Gott zu nennen beliebten. Andere in ihrer Intoleranz äußern sich noch herber. Der gesamte hohe Klerus[3] der Gottlosigkeit hat seinen Fluch über mich ausgesprochen, und es gibt fanatische Ungläubige, die mich gern auf die Folter spannten.[4] Aber

---

[16] die Vielgeschäftigkeit — busybodiness, preoccupation.

[17] eine Begebenheit begehen — to celebrate an event.

[1] In 1825 Heine adopted the Lutheran faith for material reasons. For a time he professed atheism, but toward the end of his years he returned to the Jewish faith of his fathers.

[2] der Versifex — versifier, poet.

[3] der Klerus — clergy, clerical tribe.

[4] auf die Folter spannen — to put to the rack.

ich will ohne Folter alles bekennen. Ja, ich bin zurückgekehrt zu Gott, wie der verlorene Sohn (Luk. 15, 11—32), nachdem ich lange Zeit die Schweine gehütet. War es die Not, die mich zurücktrieb? Vielleicht ein minder miserabler Grund: das himmlische Heimweh überfiel mich und trieb mich fort durch Wälder und Schluchten, über die schwindlichsten Bergpfade der Dialektik.[5] Auf meinem Wege fand ich den Gott der Pantheisten, aber ich konnte ihn nicht gebrauchen. Dies arme träumerische Wesen ist mit der Welt verwebt und verwachsen,[6] gleichsam in ihr eingekerkert, und gähnt dich an, willenlos und ohnmächtig. Um einen Willen zu haben, muß man eine Person sein, und, um ihn zu manifestieren, muß man die Ellbogen frei haben. Wenn man nun einen Gott begehrt, der zu helfen vermag — und das ist doch die Hauptsache — so muß man auch seine Persönlichkeit, seine Außerweltlichkeit[7] und seine heiligen Attribute, die Allgüte, die Allweisheit, die Allgerechtigkeit usw. annehmen. Die Unsterblichkeit der Seele, unsere Fortdauer nach dem Tode, wird uns dann gleichsam mit in den Kauf gegeben, wie der schöne Markknochen, den der Fleischer, wenn er mit seinen Kunden zufrieden ist, ihnen unentgeltlich in den Korb schiebt.

Martin Luther ein Seelsorger für die heutige Zeit

Vortrag, gehalten in Kaufbeuren, Bayern, am 18. Februar 1946 von Pfarrer Hans Seifert, den Amtsbrüdern gewidmet, die „persönliche Opfer bringen, um uns die Pakete[1] schicken zu lassen und auch die Übersendung des „Lutheraner" zu ermöglichen . . . als Zeichen unsres Dankes und als Ausdruck unsrer Verbundenheit.[2] (Etwas verkürzt.)

Es war im Mai des Jahres 1521, wenige Wochen nach dem Reichstag in Worms. Martin Luther hatte dort den von ihm verlangten Widerruf abgelehnt mit den Worten: „. . . Mein Gewissen ist gefangen in Gottes Wort, widerrufen kann ich nicht und will ich nicht; dieweil wider das Gewissen zu handeln, unsicher und gefährlich ist. Hier stehe ich. Ich kann nicht anders! Gott helfe mir! Amen!"

[5] die Dialektik — dialectics (that branch of logic which teaches the art of disputation and of discriminating truth from error).

[6] verwebt und verwachsen — interlaced and interwoven.

[7] die Außerweltlichkeit — state of being extra-mundane.

[1] Packages containing charitable gifts for the alleviation of the distress resulting from World War II.

[2] unsere Verbundenheit — our common cause, our oneness in the faith.

Wie er erwarten mußte, war daraufhin die Reichsacht über ihn verhängt worden.³ Er war als vogelfrei erklärt.⁴ Kein Wunder, daß sich in den folgenden Wochen das Gerücht verbreiten und Glauben finden konnte, Luther sei überfallen und niedergestochen worden und — wie Gerüchte gern Einzelheiten bringen — er sei in einem Steinbruch tot aufgefunden worden.

Eben dieses Gerücht drang auch zu Albrecht Dürer,⁵ der sich gerade auf einer Reise in den Niederlanden befand. Auf die Nachricht von Luthers vermeintlichem Tod schrieb er damals in sein Tagebuch: „O Gott, ist Luther tot, wer wird uns hinfort das heilige Evangelium so klar vortragen? Ach Gott, was hätte er noch in zehn oder zwanzig Jahren schreiben mögen! O alle ihr frommen Christenmenschen, helft mir fleißig beweinen diesen gottgeistigen⁶ Menschen und Gott bitten, daß er uns einen neuen erleuchteten Mann sende."

Gott sei Dank! So dürfen wir sagen, jenes Gerücht war unzutreffend. Dürers Klage war unbegründet. Luther lebte — und er lebte noch weitere 25 Jahre, und er hat während dieses Vierteljahrhunderts noch unendlich viel geschrieben, weiterhin das heilige Evangelium klar vorgetragen, bis er am 18. Februar 1546 in die Ewigkeit heimgerufen wurde.

Noch heute wird allüberall, wo evangelisch-lutherische Christen wohnen, seiner in tiefer Dankbarkeit gedacht. Man wird es gut verstehen können, daß wir ihn nicht nur achten, sondern auch lieben. Er hat aus dem Herzen heraus zu unsern Herzen gesprochen, um uns den Weg zu Gott zu zeigen und uns zu helfen, das Leben zu meistern. Keinem Menschen der deutschen Vergangenheit können wir so tief in die Seele blicken wie ihm, der jederzeit offenherzig heraussagte, was ihn bewegte. Kein Mensch der deutschen Vergangenheit hat solchen Einfluß auf unser Innerstes gewonnen wie er, denn seit 400 Jahren wurden den evangelischen Christen die Worte seines Katechismus eingeprägt. Durch diese lernten wir, wie wir im Alltag⁷ den Willen Gottes erfüllen sollen. Und ins Heiligtum unsres Glaubens wurde Generation nach Generation hineingeführt, als sie Luthers Worte lernten: „Ich glaube, daß Jesus Christus, wahrhaftiger Gott, vom Vater in Ewigkeit geboren, und auch wahrhaftiger Mensch, von der Jungfrau Maria geboren, sei mein Herr, der mich verlornen und verdammten Menschen

---

[3] die Reichsacht verhängen über — to decree the ban of the empire.

[4] als vogelfrei erklären — to proscribe, to outlaw.

[5] Albrecht Dürer (1471—1528) was court painter to Maximilian I and to Charles V; sympathetic to Luther, who influenced him greatly.

[6] gottgeistig — endowed with the spirit of God.

[7] im Alltag — in our daily life.

erlöset hat, erworben und gewonnen von allen Sünden, vom Tode und von der Gehalt des Teufels, nicht mit Gold oder Silber, sondern mit seinem heiligen, teuren Blut und mit seinem unschuldigen Leiden und Sterben."

Als was wurde er nicht alles gefeiert: Als der Erneurer der deutschen Sprache, wie die Inschrift unter seiner Büste in der Walhalla bei Regensburg [8] lautet — als der Held des Gewissens — als der Vorkämpfer der Geistesfreiheit — als die echteste Verkörperung deutschen Wesens — als der Mann, der uns, mit Goethe zu reden, „frei gemacht hat von den Fesseln geistiger Borniertheit und fähig gemacht hat, zur Quelle zurückzukehren und das Christentum in seiner Reinheit zu fassen; der uns den Mut gab, mit festen Füßen auf Gottes Erde zu stehen und uns in unsrer gottbegabten Menschennatur zu fühlen."

Wollen wir jedoch den eigentlichen Sinn seiner Sendung kennzeichnen und die tiefsten Beweggründe seines Handelns herausstellen, dann müssen wir ihn nennen: den begnadeten Prediger des Evangeliums, den großen Seelsorger seines Volkes. Als solcher hat er auf seine Zeitgenossen gewirkt, als solcher hat er im Lauf der vier Jahrhunderte seither auf das religiöse Leben unzähliger Menschen maßgebenden Einfluß gewonnen, als solcher spricht er noch heute zu uns und hat uns immer noch hierin den wertvollsten Dienst zu leisten.

Luther ist zunächst der Seelsorger s e i n e r Zeit gewesen. Als er zum ersten Male an die Öffentlichkeit trat ohne eine Ahnung von der Tragweite seines Tuns, als er die Streitsätze gegen den Ablaß veröffentlichte, da tat er dies, getrieben von seiner Verantwortung als Seelsorger. Denn er sah, daß die damalige Art des Ablaßhandels das Gegenteil von dem bewirkte, was die Aufgabe der Seelsorge ist: Die sicheren Sünder wurden in ihrem Leichtsinn bestärkt; die aber, die es gewissenhaft nehmen wollten, wurden noch tiefer in quälende Ungewißheit über ihr ewiges Heil verstrickt. Weil ihm sein eigenes Seelenheil so wichtig war, war ihm sein Blick geschärft für die Seelennot und für alle seelische Verwahrlosung seiner Zeitgenossen. Der Einzelne wurde von ihm in seiner Not ernst genommen, und zugleich lag ihm sein ganzes Volk mit allen seinen Ständen am Herzen. Es ist bezeichnend [9] für ihn, wem alles er mit seinen seelsorgerlichen Rat zu dienen suchte. Als er hörte, daß der Ablaßprediger Tetzel in Leipzig todkrank darniederlag, da schrieb er seinem Gegner einen Trostbrief voll warmen Mitgefühls, um bald danach sich an die Abfassung der großen reformatorischen Kampfschriften zu machen, mit denen er dem

---

[8] Walhalla — memorial hall erected in 1830 near Regensburg by Ludwig I of Bavaria.

[9] bezeichnend für — characteristic of.

Volke als ganzem aufhelfen wollte: „An den christlichen Adel deutscher Nation von des christlichen Standes Besserung."[10]

Als ihn einmal ein Nachbar, sein Friseur, etwas über das Gebet fragte, da verfaßte er sein eigenes Büchlein über die rechte Art zu beten und widmete es Meister Peter, dem Barbier. Das gleiche Thema hat er immer wieder behandelt im Hinblick auf[11] die ganze Christenheit auf Erden, wenn er etwa das Gebet des Herrn in seinem Katechismus auslegte. Wenn er selber Kirchenlieder schuf und seine Freunde auch dazu aufforderte, so waren diese Lieder in der Wir=Form abgefaßt: „Nun freut euch, liebe Christen g'mein, und laßt uns fröhlich springen, daß wir getrost und all' in ein mit Lust und Liebe singen."[12] So war sein Denken, Schreiben und Dichten immer auf das Ganze seines Volkes gerichtet. Was war doch dieser Mann auf Reisen,[13] um dem Volke sich hinzugeben im Helfen und Raten! Das Reisen war in damaliger Zeit eine unbequeme Angelegenheit, auch eine gefährliche Sache für den, der sich immer noch bis zu seinem Ende in der Reichsacht befand. Welche Unmenge von Briefen hat er geschrieben! Allein seine lateinisch geschriebenen Briefe sind gesammelt in 18 Bänden von je 400 Seiten; dabei muß man bedenken, daß viele davon, besonders aus seiner früheren Zeit, verlorengegangen sind. Immerhin mögen noch etwa 3,000 Briefe erhalten sein. Die Zahl seiner Einzelschriften beträgt — nebenbei gesagt[14] — rund 500.[15] Er schrieb Briefe an gekrönte Häupter, wie an den König von England oder den Papst; an Kurfürsten und Herzöge; an die Ratsherren deutscher Städte; an einzelne Studenten und Freunde; an gefangengehaltene Anhänger. In allen diesen Briefen spricht immer der Seelsorger ebenso wie dann, wenn er einen Trostbrief schrieb für seinen angefochtenen Kurfürsten oder wenn er für jemanden Fürsprache einlegte.[16] Das war übrigens meistens der Inhalt seiner Briefe, die Fürsprache.

Was war nun bei seinem Wirken sein innerstes Anliegen? Wir geben ihm zunächst das Wort. „Ich habe es auf den Mann Christus gewagt.[17] Der höchste Artikel unsres Christenglaubens ist Christus."

[10] Address to the Christian Nobility — Luther's powerful manifesto of war against Rome, 1520.
[11] im Hinblick auf — with a view to.
[12] Hymn No. 243 in the German hymnal of the Missouri Synod.
[13] Was war doch dieser Mann auf Reisen — think of the many trips this man undertook.
[14] nebenbei gesagt — by the way, parenthetically said.
[15] rund — in round numbers.
[16] Fürsprache einlegen — to intercede.
[17] Ich habe es auf den Mann Christus gewagt — I have staked or ventured all on that Man Christ.

Oder in seiner letzten Predigt, gehalten am 14. Februar 1546: „Wir sollen lernen an Christi Wort uns halten, alle hohen Personen aus den Augen setzen und zu ihm kommen, wie er uns aufs freundlichste lockt, und zu ihm sagen: Du bist allein mein Herr und Meister, ich bin dein Schüler." Und auf dem Sterbebette lautete sein letztes Gebet: „O mein himmlischer Vater, mein Gott und Vater unsres Herrn Jesu Christi, du Gott alles Trostes, ich danke dir, daß du mir deinen lieben Sohn Jesum Christum offenbart hast, an den ich glaube, den ich gepredigt und bekannt habe, den ich geliebet und gelobet habe." Und wie hieß sein erstes Wort an die Öffentlichkeit? Wie hieß die erste von den 95 Thesen: „Da unser Herr und Meister Jesus Christus spricht, tut Buße."

Inwiefern ist nun das, was unsrem Luther das Höchste und Wichtigste war, auch für uns notwendig? Hierzu müssen wir etwas ausholen und die gegenwärtige religiöse Lage unsres Volkes aus ihren geschichtlichen Ursachen heraus zu verstehen suchen. Seit Jahrzehnten steht die abendländische Menschheit im Zeichen des Säkularismus,[18] das heißt, der zunehmenden Verweltlichung des Lebens und der inneren Haltung.[19] Verursacht wurde dies durch verschiedene Faktoren: Der Geist der Aufklärung vor 150 Jahren hatte weithin die bisherige klare und alle Lebensgebiete[20] durchdringende christliche Gläubigkeit verdünnt zu den blassen Ideen von Gott, Tugend und Unsterblichkeit. Eine Philosophie, die den Menschen zum Mittelpunkt aller Dinge machte, verflüchtigte noch mehr den Gottesgedanken, wenn er ihn nicht gar leugnete und bekämpfte. Bezeichnend war, daß man von religiösen Stimmungen und Ahnungen sprach und noch mehr von Gottesfurcht — von Hingabe an das Unendliche[21] und nicht mehr vom Halten der Gottesgebote — von der inneren Selbstbefreiung des Menschen und nicht mehr von der Erlösung durch Gottes Gnade. Die Fortschritte in Technik und Wissenschaft verleiteten dazu, daß sich die Menschheit im Glanze ihrer eigenen Erfolge sonnte. Der Geist, der in der Arbeiterschaft durch planmäßige und geschickte Propaganda genährt wurde, war gleichfalls ein Geist der Verneinung aller religiösen Wahrheit und Sitte. Schon um die Jahreswende litt ein Großteil unsres Volkes infolgedessen an religiöser Schwindsucht. Diese machte noch vor dem Weltkriege[22] rasche Fortschritte, beschleunigt durch Oberflächlichkeit und Genußsucht in den Kreisen der sogenannten Gebildeten und durch

---

[18] im Zeichen des Säkularismus — marked by secularism.
[19] die innere Haltung — attitude.
[20] alle Lebensgebiete — all areas of life.
[21] das Unendliche — the infinite.
[22] der erste Weltkrieg, 1914.

die bewußt genährte Unzufriedenheit in der Arbeiterschaft. Die Erschütterungen des Weltkrieges trafen bereits ein religiös schwach gewordenes Geschlecht. Langsam nur machte die von den christlichen Kirchen zu leistende Aufbauarbeit Fortschritte. Dann kam die völkische Bewegung.²³ Unter der Nachwirkung dieser mächtigen und den christlichen Glauben zersetzenden Propaganda stehen heute noch viele deutsche Menschen. Nachhaltiger und tiefgreifender aber ist gegenwärtig der Eindruck von der Unzulänglichkeit dessen, was den christlichen Glauben ersetzen sollte. Niederschmetternd war für viele die Enttäuschung über die Brüchigkeit derjenigen Ideen, die mit vielen großen Worten waren gepredigt worden. Man spürte deutlich eine Vermessenheit des Menschen, der sich selber zum Maß aller Dinge machte. Das erste Gebot, das Luther uns durch seine Auslegung „Wir sollen Gott über alle Dinge fürchten, lieben und vertrauen" eingeschärft hat, war praktisch außer Geltung gesetzt.²⁴ Dem mußte eine furchtbare Ernüchterung folgen.

Die Fragen, vor die uns das tägliche Leben immer wieder stellt, sind alles im letzten Grunde²⁵ religiöse Fragen, Fragen nach Gott und nach gottgegebenen höchsten Werten und letzten Zielen. So erscheint mir der Mensch vor eine große Entscheidung gestellt zu sein: Entweder bewußte Glaubenslosigkeit, wobei man sich behilft mit einem erneuerten römisch-heidnischen Epikurismus: Komme so gut durchs Leben, wie du eben kannst; genieße, was du genießen kannst. Oder aber²⁶ wir wenden uns bewußt und entschieden einer Glaubenshaltung²⁷ zu, die wir als wetterfest, als leid- und sturmerprobt,²⁸ als wirklichkeitsgerecht und wirklichkeitsüberwindend²⁹ erkennen.

Wenn wir eine solche suchen, dann hat uns Luther etwas Entscheidendes zu sagen. Denn sein Glaube läßt sich zusammenfassen in dem Claudiuswort³⁰ „Der Mensch ist nicht groß, sondern seine Größe besteht darin, daß er an etwas Größeres und Besseres glauben kann." Dieses Größere und Bessere ist nach Luthers Überzeugung uns gegeben in Jesus Christus: „Fragst du, wer der ist, er heißt Jesus Christ!"

[23] die völkische Bewegung — national movement (National Socialism).
[24] außer Geltung setzen — to invalidate.
[25] im letzten Grunde — in the final analysis.
[26] oder aber — or else.
[27] die Glaubenshaltung — faith.
[28] leid- und sturmerprobt — tested and tried by the sorrows and storms of life.
[29] wirklichkeitsgerecht und wirklichkeitsüberwindend — suited to and overcoming reality.
[30] Matthius Claudius (1740—1815), German poet and sincere defender of the Christian faith.

In eben diesem Lied von der festen Burg verkündigt Luther in vier Strophen seinen Christusglauben. Da stößt er durch zu den Hintergründen des Lebens. Er deutet an den Kampf zwischen Gott und dem Satan und zeigt uns den einzigen wahren Freund, den wir haben: „den in Christus gnädigen Gott. Freue dich, denn Gott ist dein Freund!" Er zeigt uns den alt' bösen Feind, den Satan, der uns blind macht, uns vorspiegelt,[31] als brauchten wir Gott nicht, als kümmere er sich nicht um uns. So stürzt uns der Satan in Verzweiflung und andere böse Schande und Laster,[32] aber durch die Freudenbotschaft des Evangeliums wissen wir, daß der Kampf entschieden ist zu unsren Gunsten: „Tut er uns doch nicht, das macht er ist gericht't, ein Wörtlein kann ihn fällen." Sieghaft bleibt das Kreuz, das Zeichen des weltüberwindenden Gottessiegers: „Das Reich muß uns doch bleiben."

Daß Christus diesen Kampf für uns gekämpft und gewonnen hat, das ist der Inhalt des Evangeliums, das auf Grund des Wortes Gottes in der Heiligen Schrift uns immer neu verkündet werden muß. Daß der Kirche dieses Wort von der Erlösung anvertraut ist, begründet ihr bleibendes Recht und ihre Notwendigkeit für alle Zeiten. Wenn sie von diesem Wort abgeht, verfälscht sie ihr Wesen, unterschlägt sie ihre Gabe, veruntreut sie ihren Dienst.[33] Darum Luthers dringender Ruf: „Erhalt uns, Herr, bei deinem Wort." [34] Darum sein Bemühen, das Wort Gottes an die Menschen heranzubringen. Wo dieses Wort recht verkündigt wird, geschieht wahre Seelsorge. Wer dieser Verkündigung seinen Glauben schenkt, für dessen Seele ist gesorgt, denn dann hat sie ihn mit ihrem Gott verbunden, der sie führt in die Geborgenheit und in die Freiheit, zur Freude und zum Dienst. Können wir uns mehr erhoffen?

Die Geborgenheit. „Ein' feste Burg ist unser Gott." Dieser Ton des festen Gottvertrauens klingt in den Liedern, Predigten und Aussprüchen des Reformators immer wieder durch. In Hinblick auf seine Person und sein Werk hat er es sein ganzes Leben hindurch bewahrt. Wie entschieden wehrte er dem Geiste kleinmütiger Sorge bei seinen Freunden! Wie konnte er sich über Melanchthon ergrimmen, der „die Sorge so gierig in sich sauge wie der Blutegel das Blut." Wenn seine Frau sich mit Sorgen abhärmt, nennt er sie die „Selbstmärtyrerin von Wittenberg." „Ihr müßt die Sorgengedanken verachten wie das

---

[31] vorspiegeln — to delude a person by fine show, to talk into believing.
[32] Schande und Laster — cf. Luther's explanation of the Sixth Petition in his Catechism.
[33] Dienst veruntreuen — to be unfaithful to a mission.
[34] Written in 1541 by Luther, No. 159 in the German hymnal of the Missouri Synod.

Schnarren einer Gans." Durch ein kühnes Vertrauen Gott ehren, das war ihm Gebot und Pflicht.

Die Freiheit. „Die christliche Freiheit geht den Leib und das äußerliche Leben nicht an, sondern die Seele." Wenn einer frei war von Menschenfurcht, dann Luther. Weil er gebunden war an Gott, darum wußte er sich frei von Menschen. War es nicht ganz im Sinne Luthers, wenn Theodor Storm[35] seinen Söhnen ins Leben den Vers mitgab: „Der eine fragt, was kommt danach; der andre nur, ist's recht, und also unterscheidet sich der Freie von dem Knecht." Wenn einer frei von der Todesfurcht, dann Luther. In seinem Trostbrief an seinen sterbenskranken Vater schreibt er: „Sintemal der Abschied von diesem Leben vor Gott viel geringer ist, als wenn ich von Mansfeld hierher oder Ihr von Wittenberg gen Mansfeld zöget." Weil er durch Christus den Satan und den Tod besiegt weiß, so trotzt er gegen den Tod mit den Worten: „Wenn du mich unter die Erde bringst, will ich dir wieder durch die Rippen rumpeln, daß du lieber einen ganzen Wald gefressen haben wolltest."

Die Freude. „Das gefällt Gott wohl, wenn wir auf Gott trotzen, stolzieren und fröhlich sind. Was wollt' ich nehmen für die Freude, daß mir mein Herr und Gott alle Engel zu Freuden gemacht hat." Wie leuchtet diese Freude über Gott uns überall aus Luthers Wort und Wandel entgegen! Wie fröhlich ist er bei seinen Kindern, bei Tische, mit seinen Tischgenossen, beim Spiel im Garten und bei der Musica im Studierstüblein. Und wie seine Fröhlichkeit zum Humor wird, wird uns ja bekannt sein und wäre eines eigenen Vortrags wert. Wie ließ er seine Fröhlichkeit in der Musik ausströmen! Wie ließ er durch die Musik sein Herz fröhlich stimmen! „Böse Gedanken soll man auf die Schnauzen schlagen[36] durch die Musica. Wer sich die Musik erkiest, hat ein himmlisch Gut gewonnen."

Der Dienst. „Ihr wißt, Dr. Martinus ist nicht Theologus und Verfechter des Glaubens allein, sondern auch Beistand des Rechtes[37] armer Leute, die von allen Orten und Enden zu ihm fliehen, Hilfe und Vorschrift an Obrigkeiten zu erlangen, daß er genug damit hätte, wenn ihm sonst keine Arbeit auf der Schulter drückte. Aber Dr. Martinus hilft den Armen gerne." Wie unmittelbar alles Helfen und Dienen bei ihm aus seinem Glauben hervorgeht, das sagt sein Wort: „Wer Gott fühlt, der fühlt auch seines Nächsten Unfall."

An Stelle des selbsterwählten Gottesdienstes des Mönchtums, wo-

---

[35] Th. Storm (1817—1888), German poet and author.

[36] auf die Schnauze schlagen — to silence.

[37] der Beistand des Rechtes (der Rechtsbeistand) — counsel, advocate.

durch keinem Menschen geholfen wurde, setzte er den Dienst, die Hilfe, die Rücksicht, die dem Nächsten erwiesen wird: „Ich soll und muß jedermann tröstlich und nicht schädlich sein, will ich ein rechter Christ sein." Nichts ist ihm so fremd als der Geiz. Es ist ihm unmöglich, einen Bittenden abzuweisen; da heißt es: „Heraus, Junker Gulden,³⁸ dort ist ein armer, nackender Mann, der hat keinen Rock, dem mußt du dienen! Dort liegt einer krank, der hat keine Labung. Hervor, Junker Annaberger³⁹ und Joachimstaler.⁴⁰ Ihr müßt fort! Hin und helft ihm!" Und da nichts anders im Hause ist, gibt Luther das Patengeld seiner Kinder dahin: „Gott ist reich, er wird anders bescheren." Sein letztes Werk war ja auch ein Werk der Hilfe. Er stiftete Frieden zwischen den entzweiten Grafen von Mansfeld.

Wenn einmal gesagt wurde, aus dem Leben keines großen Mannes sei der Ehrgeiz wegzudenken — bei Luther finden wir diesen in keiner Weise als die Triebfeder seines Handelns. Er fühlt sich schuldig seinem Nächsten um Gottes willen. Um dem Volke zu helfen, wehrt er jedem Laster und nennt die deutschen Nationalfehler deutlich bei Namen. Er würde auch heutzutage nicht schweigen bei mancher Würdelosigkeit. Vor allem würde er sich schützend hinstellen vor eins der größten Güter des Volkes: vor eine saubere Ehe. Wie hat er doch den Ehestand gepriesen: Die höchste Gabe und Gnade Gottes ist es, ein lieb, freundlich, gottfürchtig und häuslich Gemahl haben, mit der du friedlich lebst, der du darfst all dein Gut und was du hast, ja dein Leib und Leben anvertrauen." Wie würde er an die Verantwortung erinnern, die Eheleute füreinander und für ihre Kinder haben! Wie würde er warnen und die Leute beschwören, sich nicht selber um den Frieden ihres Familienglückes zu bringen!⁴¹ Wie hat er in alledem sein Volk geliebt! „Ich kann's ja nicht lassen, ich muß mich sorgen für das arm, elend, verlassen, veracht, verraten und verkauft Deutschland, dem ich ja kein Arges, sondern alles Gute gönne, als ich schuld bin meinem Vaterland." So würde er mit uns trauern darüber, daß der Ehrenschild unsres Volkes so schlimm beschmutzt wurde durch Menschen unsres Blutes. Er würde Buße, Buße und nochmals Buße verkünden, nicht, damit wir uns vor Menschen demütigen, sondern damit wir unser Verhältnis zu Gott in Ordnung bringen. Daraus ergäbe sich⁴² dann eine

---

³⁸ Junker Gulden — Sir Florin.

³⁹ Annaberger — coin named for Annaberg in Saxony, a mining town as early as 1496.

⁴⁰ Joachimsthaler — Joachimsthal, a city in former Bohemia, containing silver mines. Since 16th century the term "Thaler" is popularly applied to large coins in general.

⁴¹ sich bringen um — to rob oneself of.

⁴² es ergibt sich aus — it proceeds from.

neue Haltung gegenüber unsrem Volk. Nicht der Stolz auf das vermeintliche Herrenvolk,[43] sondern Dankbarkeit darüber, daß wir nun eben unsrem Volke angehören dürfen, das auch eine Gottesschöpfung ist und einen Gottesauftrag besitzt, auch jetzt noch und für die Zukunft. Nicht mehr blinde Vergötterung seiner Vorzüge, aber gerechtes Urteil über seine gottgegebene Eigenart und seinen Beitrag für die gesamte Menschheit, den zu leisten es dann fähig ist, wenn es sich in Gottes Schule läutern läßt. Aber auch keine Selbstbemitleidung,[44] sondern die aus aufrichtiger Buße geborene Tapferkeit, alles Harte zu tragen und nach dem geheimen Segen zu suchen, den Gott in ein schweres Schicksal zu legen pflegt.

Wenn Luther immer wieder Christus predigte, dann wollte er uns dadurch zu einer Gottverbundenheit[45] führen, kraft deren uns solche Haltung des getrosten Geborgenseins, der Freiheit, der Freude und des Dienstes möglich ist. Wie könnte heute noch durch Luthers Dienst unsrem Volke innerlich aufgeholfen werden! Sein Seelsorgeramt an unsrem Volk ist wahrhaftig noch nicht am Ende.

Das Große an Luther war eben doch dies, daß er ganz im Dienst seiner großen Sache stand, nämlich des Evangeliums. Um seine Person war es ihm dabei nicht zu tun.[46] „Was bin ich armer, stinkender Madensack schon wert!" Seine Bücher, meint er, könne man ruhig alle verbrennen, wenn nur die Bibel gelesen wird. So bliebe auch für die heutige Zeit dies sein Hauptanliegen,[47] daß das Evangelium verkündet werde und glauben fände.

Wenn er jetzt unter uns treten könnte, wenn er hörte wie es gegenwärtig in Deutschland und in den Herzen der deutschen Menschen aussieht, dann wäre er gewiß tief erschüttert. Voll Ergriffenheit würde er es mit ansehen, wie unser Volk jetzt seine Straße dahinzieht, müde und verbittert, kleinmütig, gedemütigt und weithin haltlos, stumpf und hoffnungsarm, durch die materielle Not und Gefahr gebracht, auch materiell gesinnt zu sein und beengt in jeder Hinsicht in dem eng gewordenen Lebensraum. Ergrimmt wäre er wohl darüber, welches Ausmaß die Verachtung des Wortes Gottes genommen hat; und doch fände er ein Wort der Ermutigung, herausquellend aus heißer Liebe zu seinem deutschen Volk. Er würde dem Volk als Ganzem und dem

[43] das Herrenvolk — superior nation, nation of lords.
[44] die Selbstbemitleidung — self-pity.
[45] die Gottverbundenheit — association with God, relationship to God.
[46] nicht zu tun um — not to be concerned about.
[47] das Hauptanliegen — chief desire, thing nearest one's heart.

Einzelnen in seiner Not und Wirrnis zurufen: „Seht doch das ganze Geschehen unter dem religiösen Gesichtspunkt an! Der Kampf zwischen Gott und Satan ist doch offenkundig! Darum haltet euch an das Evangelium. Ihr spürt deutlicher als die Generationen vor euch die Macht des alten, bösen Feindes. Aber seid getrost, Christus hat ihn schon aufs Haupt geschlagen:⁴⁸ ‚Des danket Gott in Ewigkeit, geduldig, fröhlich allezeit.'"

Aus einem Ausspruch Heines über Luthers Bedeutung [1]

Luther ist nicht nur der größte, sondern auch der deutscheste Mann unserer Geschichte. Er war zugleich ein träumerischer Mystiker und ein praktischer Mann der Tat. Seine Gedanken hatten nicht bloß Flügel, sondern auch Hände — er sprach und handelte. . . . Derselbe Mann, der wie ein Fischweib [2] schimpfen konnte, konnte auch weich sein, wie eine zarte Jungfrau. Er war manchmal wild wie der Sturm, der die Eiche entwurzelt, und dann war er wieder sanft wie der Zephyr, der mit Veilchen kost. . . .

Ruhm dem Luther! Ewiger Ruhm dem teuren Manne, dem wir die Rettung unsrer edelsten Güter verdanken, und von dessen Wohltaten wir noch heute leben. . . . Er gab uns nicht nur die Freiheit der Bewegung, sondern auch das Mittel des Bewegens, dem Geist gab er nämlich seinen Leib. Er gab dem Gedanken auch das Wort. Er schuf die deutsche Sprache — dieses geschah, indem er die Bibel übersetzte. . . . Ich weiß nicht, wie die Sprache, die wir in der lutherischen Bibel finden, entstanden ist. Aber ich weiß, daß durch diese Bibel die lutherische Sprache in wenigen Jahren über ganz Deutschland verbreitet und zur allgemeinen Schriftsprache erhoben wurde. Diese Schriftsprache herrscht noch immer in Deutschland und gibt diesem Lande eine literarische Einheit. . . . Dieses alte Buch ist eine ewige Quelle der Verjüngung [3] für unsrige Sprache. Alle Ausdrücke und Wendungen die in der lutherischen Bibel stehen, sind deutsch — der Schriftsteller

---

48 aufs Haupt schlagen — to inflict a mortal wound.

[1] Taken from Heine's "Salon" (a collection of letters originally sent from Paris to Baron Cotta for publication).

[2] das Fischweib — fishwife, scurrilously abusive woman.

[3] die Quelle der Verjüngung — fountain of youth.

darf sie immerhin noch gebrauchen. Und da dieses Buch in den Händen der ärmsten Leute ist, so bedürfen diese keiner besonderen gelehrten Anleitung, um sich literarisch aussprechen zu können.

Merkwürdiger und bedeutender als die prosaischen Schriften sind seine Gedichte; die Lieder, die in Kampf und Not aus seinem Gemüt entsprossen, gleichen manchmal einer Blume, die auf einem Felsen wächst, manchmal einem Mondstrahl, der über ein bewegtes Meer hinzittert.[4]

Ich habe gezeigt, wie wir unserm teuren Dr. M. Luther die Geistesfreiheit verdanken, welche die neuere Literatur zu ihrer Entfaltung bedurfte. Ich habe gezeigt, wie er uns auch das Wort schuf, die Sprache, worin diese neue Literatur sich aussprechen konnte. Ich habe jetzt nur noch hinzuzufügen, daß er auch selber diese Literatur eröffnet, daß diese und ganz eigentlich die schöne Literatur[5] mit Luther beginnt, daß seine geistlichen Lieder sich als die ersten wichtigen Erscheinungen derselben ausweisen und schon den bestimmten Charakter derselben kundgeben. Wer über die neuere deutsche Literatur reden will, muß daher mit Luther beginnen.

Aus Walthers „Die Stimme unsrer Kirche in der Frage von Kirche und Amt"[1]

Vom heiligen Predigtamt oder Pfarramt

1. Thesis

Das heilige Predigtamt oder Pfarramt ist ein von dem Priesteramt, welches alle Gläubigen haben, verschiedenes Amt.

Beweis aus Gottes Wort

Obgleich uns in der heiligen Schrift bezeugt wird, daß alle gläubige Christen Priester sind (1 Petr. 2, 9; Offenb. 1, 6; 5, 10), so wird uns doch zugleich ausdrücklich gelehrt, daß es in der Kirche ein Amt

---

[4] hinzittern — to quiver.

[5] die schöne Literatur — belles-lettres, "literature of aesthetic as distinguished from informational or utilitarian value."

[1] In the confusion that followed in the wake of Pastor Stephan's unmasking, the task of restoring tranquillity and peace of mind to troubled consciences devolved upon Dr. Walther. This he did in the Altenburg Theses. Later he elaborated the truths laid down there in several books, one of which was "Die Stimme unsrer Kirche in der Frage von Kirche und Amt."

Carl Ferdinand Wilhelm Walther

zu lehren, zu weiden, zu regieren usw. gebe, welches die Christen vermöge ihres allgemeinen Christenberufes nicht haben. Denn also stehet geschrieben: „Sind sie alle Apostel? Sind sie alle Propheten? Sind sie alle Lehrer? usw." (1 Kor. 12, 29). „Wie sollen sie aber predigen, wo sie nicht gesandt werden" (Röm. 10, 15). „Liebe Brüder, unterwinde sich nicht jedermann Lehrer zu sein, und wisse, daß wir desto mehr Urteil empfangen werden" (Jak. 3, 1).

2. Thesis

Das Predigtamt oder Pfarramt ist keine menschliche Ordnung, sondern ein von Gott selbst gestiftetes Amt.

Beweis aus Gottes Wort

Daß das heilige Predigtamt oder das Amt des Neuen Testamentes nicht eine menschliche Ordnung, nicht eine kirchliche Einrichtung, sondern ein Werk der göttlichen Weisheit, eine Stiftung Gottes selbst sei, erhellt erstens aus ² den Weissagungen der Propheten, daß Gott der Kirche des Neuen Bundes ³ selbst Hirten und Lehrer geben werde: „Der Herr gibt das Wort mit großen Scharen Evangelisten" (Ps. 68,12). „Und will euch Hirten geben nach meinem Herzen, die euch weiden sollen mit Lehre und Weisheit" (Jer. 3,15). Und ihr Kinder Zions, freuet euch, und seid fröhlich in dem Herrn, eurem Gott, der euch Lehrer zur Gerechtigkeit gibt" (Joel 2, 23). Die göttliche Einsetzung des neutestamentlichen Amtes erhellt zweitens aus dem Berufe der heiligen Apostel zum Lehramt durch den Sohn Gottes nach Matth. 10; 28, 18—20; Luk. 9, 1—10; Mark. 16, 15; Joh. 20, 21—23; 21, 15—17 („Weide meine Schafe") und der siebenzig Jünger nach Luk. 10, 1—22. Endlich erhellt die Göttlichkeit des evangelischen Predigtamts drittens aus allen den Stellen, in welchen auch die mittelbar Berufenen ⁴ als von Gott Berufene dargestellt werden: „So habt nun acht auf euch selbst und auf die ganze Herde, unter welche euch der Heilige Geist gesetzt hat zu Bischöfen, zu weiden die Gemeine Gottes, welche er durch sein eigenes Blut erworben hat" (Apost. 20, 28). „Und Gott hat gesetzt in der Gemeine aufs erste die Apostel, aufs andere die Propheten, aufs dritte die Lehrer, darnach die Wundertäter, darnach die Gaben gesund zu machen, Helfer, Regierer, mancherlei Sprachen. Sind sie alle Apostel? Sind sie alle Propheten? Sind sie alle Lehrer? Sind sie alle Wundertäter?" (1 Kor. 12, 28. 29). „Und er hat etliche zu Aposteln gesetzt, etliche aber zu Propheten, etliche zu Hirten und Lehrern" (Eph. 4, 11). Daher denn viertens die heiligen Apostel sich den mittelbar berufenen Dienern der Kirche als deren Amtsgenossen an die Seite setzen: „Die Ältesten, so unter euch sind, ermahne ich, der Mitälteste" (1 Petr. 5, 1). Vgl. 2 Joh. 1, 3; 3 Joh. 1, wo sich Johannes einen Presbyter oder Ältesten; ferner Kol. 4, 7, wo Paulus den Tychikus Mitknecht; ferner Phil. 2, 25, wo Paulus den Epaphroditus seinen Gehilfen und Mitstreiter und den Apostel der Philipper; endlich 1 Kor. 4, 1; 1, 1, wo sich Paulus mit Sosthenes Christi Diener und Haushalter über Gottes Geheimnisse nennt.

3. Thesis

Das Predigtamt ist kein willkürliches Amt, sondern ein solches Amt, dessen Aufrichtung der Kirche geboten und an das die Kirche bis an das Ende der Tage ordentlicherweise ⁵ gebunden ist.

² erhellt aus — becomes clear from.

³ der neue Bund — the New Covenant, the New Testament.

⁴ die mittelbar Berufenen — those who are called indirectly or mediately.

⁵ ordentlicherweise (wie die Ordnung es verlangt) — properly.

Beweis aus Gottes Wort

So spricht der Herr Matth. 28, 19. 20: „Gehet hin, und lehret alle Völker und taufet sie usw.; und lehret sie halten alles, was ich euch befohlen habe. Und siehe, ich bin bei euch alle Tage bis an der Welt Ende." Hieraus gehet klar hervor, daß das Predigtamt der Apostel aus Christi Befehl bis an das Ende der Tage währen soll; soll dies aber geschehen, so muß die Kirche bis an das Ende der Tage fort und fort das ordentliche öffentliche Predigtamt aufrichten und die Gnadenmittel in dieser Ordnung unter sich handhaben.[6]

4. Thesis

Das Predigtamt ist kein besonderer, dem gemeinen Christenstand gegenüberstehender[7] heiliger Stand, wie das levitische Priestertum, sondern ein Amt des Dienstes.

Beweis aus Gottes Wort

Laut Gottes Wort sind alle gläubige Christen, und sie allein, Priester (priesterlichen Standes). Vgl. 1 Petr. 2, 9; Offenb. 1, 6. Es ist unter ihnen kein Unterschied des Standes, sie sind allzumal Einer in Christo Jesu (Gal. 3, 28), sie sind alle Brüder (Matth. 23, 8—12). Wie aber im Alten Bunde zwar alle Söhne Aarons priesterlichen Geschlechts und Standes waren, aber immer nur einige des Priester= amts pflegten und Dienst taten,[8] so sind auch im Neuen Bunde die= jenigen, welche das öffentliche Predigtamt tragen, nicht deswegen Priester, oder Priester vor anderen, sondern allein die Diensttuenden unter einem priesterlichen Volke. Daher schreibt der heilige Apostel: Wer ist nun Paulus? Wer ist Apollo? Diener sind sie, durch welche ihr seid gläubig worden" (1 Kor. 3, 5). Ferner: „Denn wir predigen uns nicht selbst, sondern Christum Jesum, daß er sei der Herr, wir aber eure Knechte um Jesu willen" (2 Kor. 4, 5). „Für seinen Leib, welcher ist die Gemeine, welcher ich ein Diener worden bin nach dem göttlichen Predigtamte, das mir gegeben ist unter euch, daß ich das Wort Gottes reichlich predigen soll" (Kol. 1, 24. 25).

5. Thesis

Das Predigtamt hat die Gewalt, das Evangelium zu predigen und die heiligen Sakramente zu verwalten und die Gewalt eines geistlichen Gerichts.

---

[6] die Gnadenmittel handhaben — to administer the means of grace.

[7] gegenüberstehend — contradistinctive, in contradistinction to

[8] Dienst tun — to officiate.

Beweis aus Gottes Wort

Welches die Gewalt sei, die das mit dem Apostolate gestiftete Predigtamt hat, zeigt der Herr klar und deutlich an, wenn er spricht: „Gehet hin, und lehret alle Völker, und taufet sie im Namen des Vaters, und des Sohnes, und des Heiligen Geistes; und lehret sie halten alles, was ich euch befohlen habe" (Matth. 28, 19. 20). Ferner: „Gleichwie mich der Vater gesendet hat, so sende ich euch. . . . Welchen ihr die Sünden erlasset, denen sind sie erlassen; und welchen ihr sie behaltet, denen sind sie behalten" (Joh. 20, 21. 23). Ferner: „Weide meine Lämmer. Weide meine Schafe" (Joh. 21, 15. 16). Es ist also die in der obigen [9] Thesis angegebene Gewalt. Daher schreibt der heilige Apostel: „Dafür halte uns jedermann, nämlich für Christi Diener und Haushalter über Gottes Geheimnisse" (1 Kor. 4, 1).

6. Thesis

Das Predigtamt wird von Gott durch die Gemeinde, als Inhaberin aller Kirchengewalt oder der Schlüssel, und durch deren von Gott vorgeschriebenen Beruf übertragen. Die Ordination der Berufenen mit Handauflegung ist nicht göttlicher Einsetzung, sondern eine apostolische kirchliche Ordnung und nur eine öffentliche Bestätigung jenes Berufes.

A. Das Predigtamt wird von Gott durch die Gemeinde, als Inhaberin aller Kirchengewalt oder der Schlüssel, und durch deren von Gott vorgeschriebenen Beruf übertragen.

Beweis aus Gottes Wort

Da die Gemeinde, oder Kirche Christi, d. i.[10] die Versammlung der Gläubigen, die Schlüssel und das Priestertum unmittelbar hat (Matth. 18, 15—20; 1 Petr. 2, 5—10. Vgl. das oben unter Thesis 4 des 1. Teils Gesagte [von der Kirche]), so ist sie es auch und kann nur sie es sein, durch welche, nämlich durch deren Wahl, Beruf und Sendung, das Predigtamt, welches das Amt der Schlüssel und alle priesterliche Ämter in der Gemeinde öffentlich verwaltet, gewissen dazu tüchtigen [11] Personen übertragen wird. Daher wir denn auch lesen, daß selbst der Apostel Matthäus nicht von den Elfen allein, sondern von der ganzen Schar der versammelten Gläubigen, deren bei [12] hundertundzwanzig

---

[9] obig — aforesaid.

[10] d. i. — das ist.

[11] dazu tüchtig — qualified or suited to it.

[12] bei — ungefähr.

gegenwärtig waren, zu seinem hohen Amte gewählt wurde (Apost. 1, 15—26). Ferner lesen wir, daß auch die Diakonen von der „ganzen Menge" gewählt wurden (Apost. 6, 1—6). Gehören zu der berufenden Gemeinde auch schon das Amt verwaltende Kirchendiener, so gehören natürlich auch diese und zwar sie, nach dem Amte, das sie in der Kirche bereits tragen, vor allen zu den Berufenden, so daß, wenn ihnen die ihrem Amte angemessene Mitwirkung [13] hierbei versagt wird, der Beruf der „Menge" in solchem Falle keine Gültigkeit hat; weil derselbe dann eben nicht von der Gemeinde, sondern von einzelnen in der Gemeinde, die, wenn gehörig geordnet, aus Predigern und Zuhörern besteht, ergangen ist. Gehören jedoch keine bereits Amtierenden zu der berufenen Gemeinde, so hat zwar der Beruf der Menge auch ohne Mitwirkung ersterer seine Gültigkeit, doch erfordert es erstens die Liebe und Einigkeit, welche nach Christi Willen unter allen Gliedern seines Leibes stattfinden und sich bezeugen soll, zweitens die Ehre, welche die Gläubigen den treuen Trägern des Amtes schuldig sind, und drittens die Heiligkeit und Wichtigkeit der Sache selbst: daß auch eine allein stehende Gemeinde [14] hier nicht allein nach ihrer Ansicht handle, sondern bereits vorhandene Kirchendiener, wenn sie solche zuziehen kann, auch wirklich zuziehe, ihres Rates und Unterrichts sich hierbei bediene und ihnen insonderheit die Prüfung und ordentliche öffentliche feierliche Einsetzung des Gewählten überlasse. Das Vorbild hierzu ist u. a. das Apost. 6, 1—6 für alle Zeiten der Kirche vorgestellte Beispiel.

B. Die Ordination der Berufenen mit Handauflegung ist nicht göttlicher Einsetzung, sondern eine apostolische kirchliche Ordnung und nur eine öffentliche, feierliche Bestätigung des Berufs.

Beweis aus Gottes Wort

Wovon Gottes Einsetzung in Gottes Wort nicht nachgewiesen werden kann, dies kann ohne Abgötterei nicht für Gottes eigene Stiftung erklärt und angenommen werden; von einer göttlichen Einsetzung der Ordination schweigt aber die Schrift und bezeugt uns allein, daß die heiligen Apostel dieselbe gebraucht und daß damals mit der Handauflegung die Mitteilung herrlicher Gaben verbunden gewesen sei. Freilich ist es jedoch nach Gottes Wort außer Zweifel, daß auch noch jetzt die Ordination, wenn sie mit einem gläubigen, auf die dem Predigtamt insonderheit gegebenen herrlichen Verheißungen gegrün-

---

[13] die ihrem Amte angemessene Mitwirkung — participation proper to their office.

[14] eine alleinstehende Gemeinde — a congregation without a pastor.

deten, Gebete der Kirche verbunden ist, keine leere Zeremonie, sondern von Ausschüttung himmlischer Gaben über den gläubigen Ordinatus [15] begleitet sei.

7. Thesis

Das heilige Predigtamt ist die von Gott durch die Gemeinde als Inhaberin des Priestertums und aller Kirchengewalt übertragene Gewalt, die Rechte des geistlichen Priestertums im öffentlichen Amte von Gemeinschafts wegen [16] auszuüben.

Beweis aus Gottes Wort

Nachdem unter Thesis 1—4 erwiesen worden, daß das geistliche Priestertum, welches alle wahrhaft gläubige Christen haben, und das Predigtamt oder Pfarramt nach Gottes Wort nicht eins und dasselbe sind; daß weder ein gemeiner Christ darum, weil er ein geistlicher Priester ist, auch ein Pfarrer, noch ein Pfarrer darum, weil er das öffentliche Predigtamt inne hat, ein Priester ist; daß weder das geistliche Priestertum ein öffentliches Amt in der Kirche, noch das öffentliche Predigtamt ein besonderer von dem Christenstand verschiedener Stand, sondern ein (jedoch von Christo selbst in der Aufrichtung des apostolischen Amtes geordnetes) Amt des Dienstes ist — nachdem ferner unter Thesis 5 erwiesen worden, daß die Prediger eben die Ämter öffentlich von Gemeinschafts wegen verwalten, welche ursprünglich die Kirche, als das rechte königlich priesterliche Geschlecht, und somit ein jeder wahrhaft gläubige Christ hat — nachdem endlich unter Thesis 6 erwiesen worden, daß den Predigern ihr Amt und ihre Gewalt von Gott durch die Gemeinde, als die ursprüngliche Inhaberin derselben, und durch deren von Gott vorgeschriebenen Beruf übertragen ist: so kann das Predigtamt nach seinem Wesen nichts anderes sein, als die von Gott durch die Gemeinde als Inhaberin des Priestertums und aller Kirchengewalt übertragene Gewalt, die Rechte des geistlichen Priestertums im öffentlichen Amte von Gemeinschafts wegen auszuüben. Der Beweis aus Gottes Wort ist bereits unter Thesis 4 und 7 des ersten Teils (von der Kirche) und unter Thesis 1, 4, 5, 6 des zweiten Teils geführt.[17] Es sei hier nur noch einmal daran erinnert,[18] daß die Heilige Schrift die Kirche, d. i. die Gläubigen, als die Braut des Herrn und als die Hausherrin uns darstellt, welcher die Schlüssel, und hiermit das Recht und der Zugang zu allen Gemächern, Heilig-

---

[15] der Ordinatus — ordinand, candidate for ordination.

[16] von Gemeinschafts wegen — by order or on behalf of the congregation or the communion of saints.

[17] Beweis führen — to adduce proof.

[18] es sei erinnert — may I remind.

tümern und Schätzen des Hauses Gottes und die Gewalt, darüber Haushalter zu stellen, gegeben ist; daß ferner ein jeder wahre Christ nach der Heiligen Schrift ein geistlicher Priester und daher berechtigt und berufen ist, nicht nur für sich selbst die Gnadenmittel zu gebrauchen, sondern dieselben auch denen, welche selbige noch nicht haben und daher auch mit ihm die Priesterrechte noch nicht besitzen, zu spenden; daß aber da, wo diese Rechte alle haben, keiner sich vor den anderen hervortun [19] und dieselben den übrigen gegenüber ausüben dürfe, sondern daß hin und her, wo Christen zusammenleben, die Priesterrechte aller öffentlich von Gemeinschafts wegen nur von denen verwaltet werden sollen, welche dazu von der Gemeinschaft in der von Gott vorgeschriebenen Weise berufen worden sind; daher denn die Träger des öffentlichen Predigtamtes innerhalb der Kirche in Gottes Wort nicht nur Diener und Haushalter Gottes, sondern auch Diener und Haushalter der Kirche oder Gemeinde genannt und somit als solche dargestellt werden, die nicht ihre eignen, sondern die Rechte, Gewalten, Güter, Schätze und Ämter der Kirche verwalten, also nicht nur im Namen Christi handeln, sondern auch im Namen und anstatt seiner Braut, der Kirche der Gläubigen. Wohl hat Christus selbst die Ordnung des öffentlichen Predigtamtes in seiner Kirche gestiftet und die Rechte und Gewalten bezeichnet, welche dasselbe haben soll; es sind das aber nicht Rechte und Gewalten, welche die Träger des Amtes mit Ausschluß der Kirche [20] besitzen, sondern die Rechte und Gewalten, welche Christus seiner Kirche mit den Schlüsseln zum Eigentum gegeben hat, die aber nach seinem ausdrücklichen Befehl und Willen (vgl. oben Thesis 2 und 3) in der Kirche nicht von der Menge gemeinschaftlich ohne Unterschied (promiscue), sondern durch bestimmte, dazu tüchtige, mit den nötigen Gaben ausgerüstete und durch diese Gaben von dem Herrn selbst der Kirche geschenkte und angewiesene, und darum von der Kirche zu berufende und berufene Männer öffentlich verwaltet werden sollen. Obgleich daher das allgemeine geistliche Priestertum und das öffentliche Predigtamt in der Kirche nicht eins und dasselbe ist, so ist doch das letztere des ersteren Frucht, indem es, wie unsere Alten sagen, in jenem „wurzelt"; obgleich der, welcher ein Träger des Kirchenamtes wird, dadurch nicht ein Priester wird (vielmehr soll er aus der Priesterschar der Christen genommen sein), so verwaltet er doch der Christenpriester heilige Ämter. Daher schreibt der heilige Apostel von sich: „Ich soll sein ein Diener Jesu Christi unter die Heiden, zu opfern das Evangelium Gottes" (Röm. 15, 16).

[19] sich hervortun — to make oneself conspicuous, to push oneself to the fore.
[20] mit Ausschluß der Kirche — to the exclusion of the church.

8. Thesis

Das Predigtamt ist das höchste Amt in der Kirche, aus welchem alle anderen Kirchenämter fließen.

Beweis aus Gottes Wort

Da die Träger des öffentlichen Predigtamtes die Schlüssel des Himmelreichs, welche die Kirche ursprünglich und unmittelbar besitzt (Matth. 16, 19; 18, 18), zur Verwaltung derselben in öffentlichem Amte von Gemeinschafts wegen haben (Joh. 20, 21—23), so muß ihr Amt notwendig das höchste Amt der Kirche sein und aus demselben alle anderen Ämter fließen, indem die Schlüssel die ganze Kirchengewalt in sich fassen. Daher werden denn auch die Träger jenes Amtes in der Heiligen Schrift Älteste, Bischöfe, Vorsteher, Haushalter usw. und die Träger eines Unteramtes Diakonen, d. i. Diener, nicht nur Gottes, sondern auch der Gemeinde und des Bischofs genannt, und von den letzteren insonderheit gesagt, daß sie die Gemeinde Gottes versorgen und über alle Seelen wachen sollen, als die da Rechenschaft dafür zu geben haben (1 Tim. 3, 1. 5. 7; 5, 17; 1 Kor. 4, 1; Tit. 1, 7; Hebr. 13, 17). Wir sehen daher, daß die heiligen Apostel anfänglich mit dem Predigtamte zugleich das Diakonenamt in Jerusalem verwalteten, bis es die Vergrößerung der Gemeinde erheischte, daß dieses Amt, zur Unterstützung der ersteren, besonderen Personen übertragen würde (Apost. 6, 1—6). Mit dem Apostolat hat nämlich der Herr nur ein Amt in der Kirche aufgerichtet, welches alle Kirchenämter in sich begreift und durch welches die Gemeinde Gottes in jeder Beziehung versorgt werden soll; das höchste Amt ist das Predigtamt, mit welchem auch alle anderen Ämter zugleich übergeben werden; jedes andere öffentliche Amt in der Kirche ist sonach ein Teil desselben oder ein Hilfsamt, das dem Predigtamt zur Seite steht, es sei nun das Ältestenamt derjenigen, welche nicht im Wort und in der Lehre arbeiten (1 Tim. 5, 17), oder das Regieramt (Röm. 12, 8), oder das Diakonat (Dienstamt im engeren Sinn), oder welche Ämter nur in der Kirche besonderen Personen zur besonderen Verwaltung übergeben werden mögen. Die Ämter der Schullehrer, welche Gottes Wort in ihren Schulen zu lehren haben, der Almosenpfleger, der Küster, der Vorsänger in den öffentlichen Gottesdiensten usw. sind daher sämtlich als kirchliche, heilige Ämter anzusehen, welche einen Teil des einen Kirchenamtes tragen und dem Predigtamte zur Seite stehen.

9. Thesis

Dem Predigtamt gebührt Ehrfurcht und unbedingter Gehorsam, wenn der Prediger Gottes Wort führt,[21] doch hat der Prediger keine

---

[21] Gottes Wort führen — to be God's spokesman.

Herrschaft in der Kirche; er hat daher kein Recht, neue Gesetze zu machen, die Mitteldinge und Zeremonien in der Kirche willkürlich einzurichten und den Bann allein ohne vorhergehendes Erkenntnis der ganzen Gemeinde zu verhängen [22] und auszuüben.

A. Dem Predigtamt gebührt Ehrfurcht und unbedingter Gehorsam, wenn der Prediger Gottes Wort führt.

Beweis aus Gottes Wort

Obgleich die Träger des öffentlichen Predigtamtes keinen von dem gemeinen Christenstande verschiedenen, heiligeren Stand bilden, sondern allein die ihnen zu öffentlicher, geordneter Verwaltung übertragenen allgemeinen Christenrechte auszuüben: so sind sie doch darum nicht Menschenknechte. Die prinzipale wirkende Ursache der Ordnung des öffentlichen Predigtamtes ist Gott, der Allerhöchste, selbst. Dieselbe ist nicht eine um der Schicklichkeit und Heilsamkeit willen [23] von Menschen getroffene weise Einrichtung, sondern eine Stiftung des dreieinigen Gottes, des Vaters, des Sohnes und des Heiligen Geistes. Ist daher einer Person durch die Gemeinde die Amtsbefugnis vermittelst ordentlichen, rechtmäßigen Berufes übertragen, so ist dieselbe von Gott selbst der Gemeinde, obwohl durch sie, vorgesetzt (1 Kor. 12, 28; Eph. 4, 11; Apost. 20, 28); der Eingesetzte ist nun nicht nur ein Diener der Gemeinde, sondern zugleich ein Diener Gottes, ein Botschafter an Christus Statt, durch welchen Gott die Gemeinde vermahnt (1 Kor. 4, 1; 2 Kor. 5, 18—20). Wenn daher ein Prediger in seiner Gemeinde Gottes Wort führt, sei es [24] lehrend oder ermahnend, strafend oder tröstend, sei es öffentlich oder sonderlich,[25] so hört die Gemeinde aus seinem Munde Jesum Christum selbst, so ist sie ihm unbedingten Gehorsam schuldig als dem, durch welchen Gott ihr seinen Willen kund tun und sie zum ewigen Leben leiten will; und je treuer der Prediger sein Amt verwaltet, je größerer Ehre soll die Gemeinde ihn wert halten. Sie hat auch kein Recht, einem solchen treuen Diener Jesu Christi sein Amt wieder zu nehmen; tut sie dies, so stößt sie damit Jesum Christum selbst, in dessen Namen er ihr vorstand, von sich. Erst dann kann die Gemeinde einen Träger des Amtes von seinem Amte entfernen, wenn es aus Gottes Wort offenbar ist, daß der Herr selbst ihn als einen Wolf oder Mietling entsetzt habe. Daher heißt es

---

[22] den Bann ohne Kenntnis der Gemeinde zu verhängen — to excommunicate without knowledge of the congregation.

[23] um der Schicklichkeit und Heilsamkeit willen — for the sake of convenience and benefit.

[24] sei es — whether it be.

[25] sonderlich — privately.

denn in der Schrift also: „Wer euch höret, der höret mich; und wer euch verachtet, der verachtet mich; wer aber mich verachtet, der verachtet den, der mich gesandt hat" (Luk. 10, 16). „Gehorchet euren Lehrern und folget ihnen, denn sie wachen über eure Seelen, als die da Rechenschaft dafür geben sollen; auf daß sie das mit Freuden tun, und nicht mit Seufzen, denn das ist euch nicht gut" (Hebr. 13, 17).

„Wir bitten euch aber, liebe Brüder, daß ihr erkennet, die an euch arbeiten und euch vorstehen in dem Herrn und euch vermahnen. Habt sie desto lieber um ihres Werkes willen, und seid friedsam mit ihnen" (1 Thess. 5, 12. 13).

„Die Ältesten, die wohl vorstehen, die halte man zwiefacher Ehre wert; sonderlich die da arbeiten im Wort und in der Lehre. Denn es spricht die Schrift: Du sollst dem Ochsen nicht das Maul verbinden, der da drischet; und: Ein Arbeiter ist seines Lohnes wert. Wider einen Ältesten nimm keine Klage auf außer zween oder dreien Zeugen" (1 Tim. 5, 17—19; vgl. Gal. 6, 6—10).

„Wo ihr aber in ein Haus gehet, so grüßet dasselbige, und so es dasselbige Haus wert ist, wird euer Friede auf sie kommen. Ist es aber nicht wert, so wird sich euer Friede wieder zu euch wenden. Und wo euch jemand nicht annehmen wird noch eure Rede hören, so gehet heraus von demselbigen Hause oder Stadt und schüttelt den Staub von euren Füßen. Wahrlich, ich sage euch: Dem Lande der Sodomer und Gomorrer wird es erträglicher ergehen am Jüngsten Gericht denn solcher Stadt" (Matth. 10, 12—15).

B. Der Prediger hat keine Herrschaft in der Kirche; er hat daher kein Recht, neue Gesetze zu machen und die Mitteldinge und Zeremonien in der Kirche willkürlich einzurichten.

Beweis aus Gottes Wort

So spricht der Herr zu seinen Jüngern: „Ihr wisset, daß die weltlichen Fürsten herrschen, und die Oberherren haben Gewalt. So soll es nicht sein unter euch" (Matth. 20, 25. 26). „Ihr sollet euch nicht Rabbi nennen lassen; denn Einer ist euer Meister, Christus; ihr aber seid alle Brüder" (Matth. 23, 8). Ferner bezeugt der Herr vor Pilatus: „Mein Reich ist nicht von dieser Welt. Wäre mein Reich von dieser Welt, meine Diener würden darob kämpfen" (Joh. 18, 36). Hieraus ersehen wir, daß die Kirche Jesu Christi nicht ein Reich von Gebietenden und Gehorchenden, sondern eine große, heilige Brüderschaft ist, in welcher keiner herrschen und Gewalt üben kann. So wenig nun diese notwendige Gleichheit unter den Christen durch den Gehorsam aufgehoben wird, welchen dieselben den Predigern leisten, wo diese ihnen das Wort Jesu Christi vorhalten; denn dann gehorchen sie ja in den

Predigern nicht Menschen, sondern Christo selbst: so gewiß aber würde jene Gleichheit der Gläubigen aufgehoben und die Kirche in einen weltlichen Staat verwandelt, wenn ein Prediger Gehorsam auch da verlangte, wo er nicht Christi, seines und aller Christen Herrn und Hauptes, Wort, sondern, was nur er nach seiner Einsicht und Erfahrung für gut und zweckmäßig hält, dem christlichen Volke vorhält. Sobald es sich daher in der Kirche um Dinge handelt, welche indifferent sind, d. h. welche in Gottes Wort weder geboten noch verboten sind, so darf der Prediger für das, was gerade ihm das Beste zu sein scheint, nie unbedingten Gehorsam fordern; vielmehr ist es dann Sache der ganzen Gemeinde, des Predigers mit den Zuhörern, über das Anzunehmende und zu Verwerfende [26] zu entscheiden; obwohl dem Prediger nach seinem Lehr-, Aufsichts- und Wächteramt zusteht, die darüber anzustellenden Beratungen [27] zu leiten, über die Sache die Gemeinde zu unterrichten, zu sorgen, daß auch bei Feststellung der Mitteldinge und bei Anrichtung kirchlicher Ordnungen und Zeremonien nicht leichtfertig verfahren, noch etwas Verderbliches festgesetzt werde. Daher schreiben denn die heiligen Apostel: „Die Ältesten, so unter euch sind, ermahne ich, der Mitälteste . . . : weidet die Herde Christi, so euch befohlen ist, und sehet wohl zu, nicht gezwungen, sondern williglich; nicht um schändlichen Gewinnes willen, sondern von Herzensgrunde; nicht als die über das Volk herrschen, sondern werdet Vorbilder der Herde" (1 Petr. 5, 1—3). „Nicht sage ich, daß ich etwas gebiete; sondern dieweil andere so fleißig sind, versuche ich auch eure Liebe, ob sie rechter Art sei" (2 Kor. 8, 8). Paulus hatte die Korinther zuvor um eine Armensteuer gebeten! „Solches aber sage ich zu eurem Nutzen; nicht daß ich euch einen Strick an den Hals werfe, sondern dazu, daß es fein ist, und ihr stets und ungehindert dem Herrn dienen könnet" (1 Kor. 7, 35). Paulus hatte zuvor für die Zeit der Verfolgung das ehelose Leben empfohlen! Wenn nun dennoch die heiligen Apostel u. a. also schreiben: „Das andere will ich ordnen, wenn ich komme" (1 Kor. 11, 34): so ergibt es sich aus dem obigen, daß sie solche indifferente Ordnungen nicht etwa gebietend, sondern ratgebend und unter Einstimmung der ganzen Gemeinde [28] gemacht haben.

C. Der Prediger hat kein Recht, den Bann allein, ohne vorhergehendes Erkenntnis der ganzen Gemeinde zu verhängen und auszuüben.

[26] das Anzunehmende und zu Verwerfende — that which seems wise to accept and to reject.
[27] die anzustellenden Beratungen — the necessary and proper deliberations.
[28] unter Einstimmung der Gemeinde — with the assent of the congregation.

Beweis aus Gottes Wort

So gewiß es ist, daß den Trägern des öffentlichen Predigtamtes auch das Amt der Schlüssel im engeren Sinne, nämlich die Gewalt, öffentlich zu lösen und zu binden, anvertraut sei: so kann es doch unmöglich in des Predigers Macht liegen, einen Sünder ohne vorhergehendes Erkenntnis der Gemeinde selbst aus derselben auszuschließen, da außerdem die christliche Gemeinde, selbst in Sachen der Seligkeit, dem Prediger blinden Gehorsam zu leisten hätte; denn hier handelt es sich nicht allein um eine klare Lehre göttlichen Wortes, sondern um das Urteil über den Seelenzustand eines Menschen, und zwar um ein solches Urteil, durch welches einem bestimmten Menschen der Himmel zugeschlossen und ihm die brüderliche Gemeinschaft mit den Christen und diesen mit jenem untersagt wird. Obgleich daher die öffentliche Vollziehung des Bannes den Trägern des öffentlichen Predigtamtes nach dem Worte des Herrn und seiner heiligen Ordnung gehört und verbleiben muß, so soll doch nach desselben Herrn ausdrücklicher Vorschrift und Ordnung das der Vollstreckung des Bannes vorhergehende Erkenntnis und die letzte richterliche Entscheidung [29] durch die ganze Gemeinde, das ist Lehrer und Zuhörer, geschehen; denn also steht geschrieben: „Sündiget aber dein Bruder an dir, so gehe hin, und strafe ihn zwischen dir und ihm allein. Höret er dich, so hast du deinen Bruder gewonnen. Höret er dich nicht, so nimm noch einen oder zween zu dir, auf daß alle Sache bestehe auf zweier oder dreier Zeugen Mund. Höret er die nicht, so sage es der Gemeine. Höret er die Gemeine nicht, so halte ihn als einen Heiden und Zöllner. Wahrlich, ich sage euch: Was ihr auf Erden bindet, soll auch im Himmel gebunden sein; und was ihr auf Erden lösen werdet, soll auch im Himmel los sein. Weiter sage ich euch: Wo zween unter euch eins werden auf Erden, warum [30] es ist, daß sie bitten wollen, das soll ihnen widerfahren von meinem Vater im Himmel. Denn wo zween oder drei versammelt sind in meinem Namen, da bin ich mitten unter ihnen" (Matth. 18, 15—20). Hier gibt Christus offenbar, wie unsere Bekenntnisse reden, der Kirche oder Gemeinde das höchste Gericht und will, daß ein Sünder in der Gemeinde erst dann für einen Heiden und Zöllner angesehen und daß an ihm erst dann das furchtbare Gericht des Bannes vollzogen werden soll, wenn er nach mehrfachen fruchtlosen Privatmahnungen auch öffentlich vor und durch die ganze Gemeinde vergeblich ermahnt und daher von letzterer der Ausschluß desselben aus ihrer Gemeinschaft einstimmig beschlossen und durch den Prediger der Gemeinde vollzogen worden ist. Demgemäß

---

[29] **die letzte richterliche Entscheidung** — the final judicial sentence.

[30] **warum (worum)** — whatever they may be asking for.

wollte denn auch selbst Paulus den Blutschänder zu Korinth nicht ohne die Gemeinde in den Bann tun, sondern schrieb, obwohl er diesen großen Sünder für des Bannes würdig erklärte, doch der Gemeinde, daß dies „in ihrer Versammlung" vor ihr selbst geschehen solle (1 Kor. 5, 4). Auch straft es Johannes in seinem dritten Brief V. 9. 10 hart an dem Bischof Diotrephes, der, eine Oberstelle in der Gemeinde sich anmaßend, willkürlich ohne die Gemeinde rechtschaffene Christen, die etwa seiner Herrschsucht entgegen waren, aus der Gemeinde stieß.

Es bedarf jedoch wohl kaum der Erwähnung, daß das, was zur Zeit der Apostel die Gemeinde Mann für Mann tat (2 Kor. 2, 6; 1 Tim. 5, 20), allerdings auch, wo die regierende Gemeinde durch ein Presbyterium oder Konsistorium vertreten ist, welches aus Leuten geistlichen und weltlichen Standes besteht, durch das bloße Presbyterium oder Konsistorium das Urteil des Bannes gültig und rechtmäßig werden kann, wenn dies nur mit Wissen und Zustimmung des Volkes geschieht.

10. Thesis

Zu dem Predigtamt gehört zwar nach göttlichem Rechte auch das Amt, Lehre zu urteilen, doch haben das Recht hierzu auch die Laien; daher dieselben auch in den Kirchengerichten und Konzilien mit den Predigern Sitz und Stimme haben.[31]

Beweis aus Gottes Wort

Daß das Amt, Lehre zu urteilen, zum öffentlichen Predigtamte gehöre, bedarf keines Beweises, da ohne das erstere das letztere gar nicht geführt werden kann. Daß aber nach Gottes Wort durch Aufrichtung des besonderen öffentlichen Amtes, über die Lehre zu richten, das Recht hierzu den Laien keineswegs abgenommen, sondern die Übung desselben vielmehr dennoch zur heiligen Pflicht gemacht sei, geht unwidersprechlich erstlich aus allen den Stellen Heiliger Schrift hervor, in welchen auch den gemeinen Christen dieses Richten geboten wird; so schreibt z. B. der heilige Apostel Paulus: „Als mit den Klugen rede ich, richtet ihr, was ich sage: der gesegnete Kelch, welchen wir segnen, ist der nicht die Gemeinschaft des Blutes Christi?" usw. (1 Kor. 10, 15. 16). Ferner: „Prüfet die Geister, ob sie von Gott sind" (1 Joh. 4, 1; vgl. 2 Joh. 10, 11; 1 Thess. 5, 12). Zum Beweise dienen ferner alle diejenigen Stellen, in welchen die Christen aufgefordert werden, sich vor falschen Propheten zu hüten, als Matth. 7, 15. 16; Joh. 10, 5, und in welchen sie wegen ihres Eifers in Prüfung der Lehre belobt werden; wenn es u. a. von den Beroensern[32] heißt: „Sie

---

[31] Sitz und Stimme haben — to have a voice and vote.
[32] die Beroenser — people of Berea.

waren die Edelsten unter denen zu Thessalonich; die nahmen das Wort auf ganz williglich und forschten täglich in der Schrift, ob sich's also hielte", wie nämlich Paulus und Silas ihnen gepredigt hatten (Apost. 17, 11).

Endlich wird uns aber auch in der Geschichte der Apostel berichtet, daß auf dem ersten apostolischen Konzil Laien nicht nur gegenwärtig sind, sondern auch mitgesprochen haben, und daß hier die Beschlüsse ebenso von ihnen, wie von den Aposteln und Ältesten gefaßt und in ihrem, wie in dieser Namen ausgefertigt worden sind;[33] daher es keinem Zweifel unterliegt,[34] daß in den Kirchengerichten und Synoden mit den öffentlichen Kirchendienern auch die Laien Sitz und Stimme haben (Apost. 15).

O Haupt voll Blut und Wunden[1]

Paul Gerhardt

O Haupt voll Blut und Wunden, voll Schmerz und voller Hohn!
O Haupt, zum Spott gebunden mit einer Dornenkron'!
O Haupt, sonst schön gezieret mit höchster Ehr' und Zier,
Jetzt aber höchst schimpfieret,[2] gegrüßet seist du mir!

Nun, was du, Herr, erduldet, ist alles meine Last;
Ich hab' es selbst verschuldet, was du getragen hast.
Schau her, hier steh' ich Armer, der Zorn verdienet hat:
Gib mir, o mein Erbarmer, den Anblick deiner Gnad'!

Wenn ich einmal soll scheiden, so scheide nicht von mir;
Wenn ich den Tod soll leiden, so tritt du dann herfür;
Wenn mir am allerbängsten wird um das Herze sein,[3]
So reiß mich aus den Ängsten kraft deiner Angst und Pein.

Erscheine mir zum Schilde, zum Trost in meinem Tod,
Und laß mich sehn dein Bilde in deiner Kreuzesnot!
Da will ich nach dir blicken, da will ich glaubensvoll
Dich fest an mein Herz drücken. Wer so stirbt, der stirbt wohl.

[33] Beschlüsse fassen und ausfertigen — to pass and draw up resolutions.
[34] es unterliegt keinem Zweifel — it cannot be doubted, it admits of no doubt.

[1] No. 84 in the German hymnal of the Missouri Synod.
[2] schimpfieren (beschimpfen) — to cover with shame.
[3] um das Herze bange sein — to be frightened.

Ich bin getauft auf deinen Namen[1]

This hymn was written by Johann Jakob Rambach (1693—1735), who is often classed with the pietistic poets. This hymn, however, shows relatively little emotionalism. English translation: "Baptized into Thy Name Most Holy."

Ich bin getauft auf deinen Namen,
Gott Vater, Sohn und Heil'ger Geist!
Ich bin gezählt zu deinem Samen,
Zum Volk, das dir geheiligt heißt.
Ich bin in Christum eingesenkt,[2]
Ich bin mit seinem Geist beschenkt.

[1] No. 458 in the German hymnal of the Missouri Synod.
[2] eingesenkt — buried.

Du hast zu deinem Kind und Erben,
Mein lieber Vater, mich erklärt.
Du hast die Frucht von deinem Sterben,
Mein treuer Heiland, mir gewährt.
Du willst in aller Not und Pein,
O guter Geist, mein Tröster sein.

Doch hab' ich dir auch Furcht und Liebe,
Treu und Gehorsam zugesagt;
Ich habe dir aus reinem Triebe
Gelobt, daß ich dein eigen sei;
Hingegen[3] sag' ich bis zum Grab
Des Satans schnöden Werken ab.

Laß diesen Vorsatz nimmer wanken,
Gott, Vater, Sohn und Heil'ger Geist!
Halt' mich in deines Bundes Schranken[4]
Bis mich dein Wille sterben heißt;
So leb' ich dir, so sterb' ich dir,
So lob' ich dort dich für und für.

Lobe den Herren[1]

Joachim Neander (1650—1680) became pastor of St. Martini Church in Bremen, where he and two friends had attended in their youth in order to ridicule the sermon. Neander's renown as a hymn writer in the Reformed Church is comparable to that of Luther and Gerhardt in the Lutheran Church.

Lobe den Herren, den mächtigen König der Ehren!
Meine geliebete Seele, das ist mein Begehren.
Kommet zu Hauf![2]
Psalter und Harfe,[3] wacht auf!
Lasset die Musikam hören!

[3] hingegen — on the other hand.

[4] in deines Bundes Schranken — within the safe enclosure of your covenant.

[1] Hymn No. 341 in the German hymnal of the Missouri Synod.

[2] Kommet zu Hauf (kommt in großen Scharen) — come in great throngs.

[3] Psalter und Harfe — psalter and harp (two musical string instruments used in Jewish services).

Lobe den Herren, der alles so herrlich regieret,
Der dich auf Adelers Fittigen sicher geführet,
Der dich erhält,
Wie es dir selber gefällt,
Hast du nicht dieses verspüret?

Lobe den Herren, der künstlich und fein dich bereitet,
Der dir Gesundheit verliehen, dich freundlich geleitet!
In wie viel Not
Hat nicht der gnädige Gott
Über dir Flügel gebreitet!

Lobe den Herren, der deinen Stand sichtbar gesegnet,
Der aus dem Himmel mit Strömen der Liebe geregnet!
Denke daran,
Was der Allmächtige kann,
Der dir mit Liebe begegnet!

Lobe den Herren, was in mir ist, lobe den Namen!
Alles, was Odem hat, lobe mit Abrahams Samen![4]
Er ist dein Licht;
Seele, vergiß es ja nicht!
Lobende,[5] schließe mit Amen!

Luther in seiner letzten Stunde[1]

Als schon kalter Todesschweiß das Angesicht des müden, ehrwürdigen Greises bedeckte, fing er mit lauter Stimme an zu beten: „Mein himmlischer Vater, mein Gott und Vater unsers Herrn Jesu Christi, du Gott alles Trostes, ich danke dir, daß du mir deinen lieben Sohn Jesum Christum offenbart hast, an den ich glaube, den ich gepredigt und bekannt habe, den ich geliebt und gelobt habe, welchen der leidige Papst und alle Gottlosen schänden und lästern. Ich bitte dich, mein Herr Jesu, laß dir mein Seelchen befohlen sein. O himmlischer Vater, ob ich schon diesen Leib lassen und aus diesem Leben hinweggerissen werde, weiß ich doch gewiß, daß ich bei dir ewig bleiben werde und

---

[4] Abrahams Same — the spiritual progeny of Abraham.

[5] lobende — lobende Seele.

[1] Luther died Feb. 18, 1546, in his native city Eisleben. See J. Strieder, "Authentische Berichte über Luthers letzte Lebensstunden"; Christoph Schubart, "Die Berichte über Luthers Tod und Begräbnis"; Bornkamm, "Luthers geistige Welt" (chapter 16: "Luther's Tod").

aus deinen Händen mich niemand reißen kann." Weiter sprach er lateinisch: „Also hat Gott die Welt geliebt, daß er seinen eingebornen Sohn gab, auf daß alle, die an ihn glauben, nicht verloren werden, sondern das ewige Leben haben" (Joh. 3, 16), und die Worte aus dem 68. Psalm (V. 21): „Wir haben einen Gott, der da hilft, und den Herrn Herrn, der vom Tode errettet." Nach einer Weile sprach er sehr eilend dreimal nacheinander: „Vater, in deine Hände befehle ich meinen Geist; du hast mich erlöset, Herr, du treuer Gott!" (Pf. 31, 6.) Hierauf war er still, man rief ihn, man kühlte ihn, man rüttelte ihn ganz leise, aber seine Augen blieben geschlossen. Dr. Jonas und M. Coelius [2] riefen ihm zu: „Ehrwürdiger Vater, wollet ihr auf Christum und die Lehre, die ihr geprediget, beständig sterben?" Darauf antwortete er noch einmal, und zwar so laut, daß es alle Umstehenden vernehmen konnten „Ja." Hier wendete er sich, wie der Bericht sagt, auf die rechte Seite, fing an zu schlafen, fast eine Viertelstunde, daher auch einige Besserung hofften; aber die Ärzte und die Theologen sagten, dem Schlaf wäre nicht zu trauen. Bald erblich sein Gesicht, noch einmal holte er tief und sanft Atem, und damit gab er seinen Geist auf, ohn einige Qual des Leibes oder Schmerzen des Todes. Er entschlief sanft im Herrn, wie Simeon singt (Luk. 2, 29 ff.), so daß der Spruch Joh. 8, 51 an ihm wahr wurde: „Wahrlich, wahrlich, ich sage euch, so jemand mein Wort wird halten, der wird den Tod nicht sehen ewiglich." Dies geschah am Tage Concordiä, den 18. Februar (1546), früh um 3 Uhr.

Sein Tod erfolgte im Beisein [3] vieler Grafen, Herren, Doktoren und anderer guten Leute. Johann Mathesius [4] schließt die Beschreibung der letzten Stunden Luthers mit den Worten: „Der ewige Sohn Gottes wolle diesem treuen Diener und Zeugen eine fröhliche Auferstehung und neue Freude im ewigen Leben bescheren und uns alle bei seinem heiligen Evangelio bis an unser Ende beständig erhalten, uns auch einen solchen ruhigen Abschied und Sterbestündlein in wahrer Anrufung und Bekenntnis des Herrn Jesu Christi verleihen. Amen, Herr Jesu Christe, Amen."

[2] Magister Michael Cölius (also Celius) was pastor in Eisleben.
[3] im Beisein — in the presence.
[4] Johann Mathesius (1504—1565) was one of Luther's table mates, who took notes of his table talk.

Das Gebet, das ihn seine Mutter lehrte

Paul Wienand

Lang ruht die Mutter unterm Kirchhofsmoose;
Lang, lang ist's her, daß ich auf ihrem Schoße
Die Hände hab' gefaltet wie verklärt;
Es waren weihevolle, sel'ge Stunden,
Und Wonne hat mein kindlich Herz empfunden
Bei dem Gebet, das Mutter mich gelehrt.

Ja, lang ist's her! Ich habe unterdessen
Gelernt noch vieles, vieles auch vergessen,
Der Lebenskampf hat viel davon verheert;
Doch tief im Herzen wie ein Fels im Meere
Im heißen Kampfgewühl als Schutz und Wehre
Blieb das Gebet, das meine Mutter mich gelehrt.

Erfolglos war oft Streben, Ringen, Kämpfen
Und das Bemühn,[1] die bittere Not zu dämpfen;
Die Sorge war als Gast doch eingekehrt.
Doch brachte mir das Leben schweren Kummer,
Mir raubend oft den heißbegehrten Schlummer,
Sprach ich's Gebet, das Mutter mich gelehrt.

Wenn das Gebet gen Himmel froh gestiegen,
Dann fand ich Kraft, Verzweiflung zu besiegen;
Es hat dem Herzen Linderung gewährt.
Kein Gut ist mir so köstlich hier auf Erden,
In Freud und Leid kann mir nichts Besseres werden
Als das Gebet, das Mutter mich gelehrt.

Und fordert mich der Tod zu seiner Beute,
So folg' ich nun getrost zum letzten Streite
Mit dem Gebet, das Mutter mich gelehrt.
Und will mich Satan dreist dereinst verklagen,
Will ich vertrauensvoll zum Richter sagen,
Wie von der Mutter ich es oft gehört:

---

[1] das Bemühn (die Bemühung) — effort, endeavor.

„Breit aus die Flügel beide,[2]
O Jesu, meine Freude,
Und nimm dein Küchlein[3] ein![4]
Will Satan mich verschlingen,
So laß die Englein singen:
Dies Kind soll unverletzet sein!"

[2] The final stanza of Paul Gerhardt's hymn "Nun ruhen alle Wälder," No. 319 in the German hymnal of the Missouri Synod.
[3] das Küchlein (das Kücken) — small chick.
[4] einnehmen — to shield.

Glossary

A

Abbild, das — image
abbilden — to portray
abendländisch — western, occidental
Abendmahl, das — the Lord's Supper, Holy Communion
Aberglaube, der — superstition
Abfall, der — apostasy
abfallen — to decrease in number
abfassen (verfassen) — to compose
abgehen (einem) — to lack, to want
abgeschabt — shabby
Abgott, der — idol
Abgrund, der — abyss
abhandeln — to treat, to discuss
Abhandlung, die — discourse
abhärmen (sich) — to pine away, to grieve
Ablaß, der — indulgence
Ablaßhandel, der — sale of indulgences
ablauschen — to learn by listening
abnehmen — to decrease in number, to decline
Abrechnungstermin, der — time for balancing accounts
absagen — to renounce
abschaffen — to abolish
Abschaffung, die — abolition
Abscheiden, das — departure, death
Abschnitt, der — chapter, epoch
absondern — to separate
Absonderung, die — separation
absprechen — to dispute, to question
Abstecher, der — excursion
absterben — to die off (einer Sache abgestorben sein — to be indifferent or dead to)
Abteilung, die — grouping, section
abtreten — to withdraw from
abtrünnig — apostate
Abtrünnige, der — the apostate
abwenden — to avert, to turn away from
abwerfen — to yield
Achsel, die — the shoulder
afterreden — to backbite, to slander
ahnden — to punish

ähneln — to resemble
allenthalben — everywhere
Allerheiligste, das — Holy of Holies
Allgegenwart, die — omnipresence
Allmacht, die — omnipotence
Almosen, das — alms
Almosenpfleger, der — almoner
Alltag, der — workday
Allwissenheit, die — omniscience
allzu (allzu groß) — too big by far
Älteste, der — presbyter, the elder
Altvater, der — patriarch, progenitor
Amt, das — office, ministry
Amt der Schlüssel — power or office of the keys
amtieren — to officiate
Amtsbefugnis, die — authority of office
Amtsbruder, der — colleague
Amtsgenosse, der — colleague
Amtsgeschäft, das — professional or official duty
anbahnen (sich) — to begin, to make its way
Anbau, der — cultivation
anbellen — to bark at
anbeten — to worship
Andacht, die — meditation
andächtig — devout, attentive
andersgläubig — adhering to a different faith
aneignen (sich) — to acquire
anerschaffen — inborn
anfachen — to arouse
anfänglich — initially, in the beginning
anfechten — to trouble, to assail, to tempt
Anfechtung, die — temptation (involving a trial of one's faith)
anführen — to quote
Angabe, die — declaration
angähnen — to yawn at
Angebot, das — offer
angefochten — troubled, assailed
anlangen — to arrive
Angelegenheit, die — affair
angemessen — proportionate, adapted, suitable

angenehm — pleasant, pleasing
Angesicht, das — countenance, face
anhaben — to harm
anhalten — to propose, to ask in marriage
Anhänger, der — adherent
Anhängsel, das — appendage
anheben — to begin
ankommen (auf) — to depend upon
Anlaß, der (die Veranlassung) — occasion, cause
Anleitung, die — instruction
Anliegen, das — petition, desire
anmaßen (sich) — to arrogate to oneself, to usurp
anmelden — to announce
annehmen (sich) — to take an interest in a matter
Anordnung, die — arrangement
anraten (raten) — to advise
Anrede, die — address
anrichten — to cause
anrufen — to call upon, to invoke
ansagen — to announce
anschicken (sich) — to prepare, to get ready for
Ansiedler, der — settler, colonist
Ansiedlungen, die — settlements, colonies
anspeien — to spit at
anspornen — to spur on
Anstoß, der — offense
Anteil (nehmen an) — to concern oneself about, to sympathize with
Antlitz, das — face
Antrittsrede, die — inaugural address
anweisen — to assign
anwenden — to employ
anzeigen — to indicate, to announce
Anzüglichkeit, die — pointed remarks; innuendo
Apostelgeschichte, die — Acts of the Apostles
Apostolikum, das — the Apostles' Creed
Arche, die — ark, Ark of the Covenant (die Bundeslade)
Ärgernis, das — offense, stumbling block
Armensteuer die — alms, parochial relief
Aschermittwoch, der — Ash Wednesday
Aufblühen, das — flowering, rise

auferstehen — to rise
Auferstehung, die — resurrection
Auferweckung, die — raising up, resuscitation
Aufgebot, das — publishing the bans (of matrimony)
aufglimmen — to glow, to gleam
aufhalsen — to palm off, to foist on
aufheben — to end, to abrogate, to abolish
Aufklärung, die — enlightenment
Auflage die — edition
aufmachen (sich) — to rise
aufreiben — to wear out
aufrührerisch — rebellious, mutinous
aufrütteln — to arouse
aufsagen — to recite
Aufschwung, der — flight, soaring
Aufsichtsamt, das — office of supervision
aufwallen — to fret and fume, to well up, to rise
aufzeichnen — to note, to record
Aufzug, der — attire
auserwählen — to choose, to elect
auserwählt — choice
Ausfluß, der — result, consequence
ausführbar — feasible
ausführen — to specify
Ausführung, die — discourse, discussion
ausgesetzt (sein) — to be exposed
ausgestattet (schön) — beautifully got up
ausgießen — to pour out
ausholen — to go back, to give a circumstantial account
auskaufen — to make the most of
auslegen — to interpret, to explain
Auslese, die — selection
Ausmaß, das — extreme measure, extent
Ausnahmefall, der — exception
ausrichten — to accomplish
Ausrichtung, die — performance, execution
ausroden — to grub up, to clear
ausrotten — to eradicate, to clear
ausrüsten — to endow, to equip, to prepare
Aussaat, die — sowing
Aussatz, der — leprosy
Aussätzige, der — leper

ausschließen — to excommunicate, to expel
Ausschüttung, die — outpouring
aussetzen — to discontinue, to suspend, to find fault with
aussondern — to single out, to select
ausströmen — to flow forth
ausstudieren — to master completely
ausweisen (sich) — to prove to be
ausziehen — to move out
Auszug, der — exodus

B

Bahre, die — bier, coffin
bändig machen (bändigen) — to tame
Bann, der — excommunication, anathema
Bannbulle, die — bull of excommunication
bannen — to excommunicate, to lay under an interdict
barmherzig — merciful
Bauch, der — belly, stomach
bedacht sein (auf etwas) — to be intent on something
bedenklich — grave
bedeutungsvoll — important, of great consequence
bedienen — to serve
Bedienung, die — service
bedingungslos — unconditional
bedrohlich — threatening
bedüngen (düngen) — to manure, to fertilize
bedürftig — needy
beengen — to confine, to restrain
Beerdigung, die — burial
Befangenheit, die — nervousness, timidity
Beffchen, das — clerical band
befliffen (sich befleißen, befleißigen) — to apply oneself, to study
befruchten — to fructify
Befürchtung, die — apprehension, fear
begehren — to desire, to covet
Begehungssünde, die — sin of commission
Begierde, die — cupidity, avidity
begnaden — to bless, to favor
begnadigen — to pardon, to grant mercy
Begräbnis, das — burial, funeral

begreifen (in sich) — to include, to comprehend
Begriff, der — conception, concept, idea
Beharrung, die — persevering in
Behausung, die — dwelling, domicile
behelfen (sich) — to make shift
beherbergen — to house, to lodge
beherzigen — to take to heart
Beichtanmeldung, die — announcement for confession and communion
Beichte, die — confession
Beichtstuhl, der — confessional
Beichtvater, der — father confessor
beifügen — to add, to append
beigeben — to add to, to attach to
Beitrag, der — contribution
beitreten — to join
beiwohnen — to attend
bejahen — to affirm
bekämpfen — to oppose, to fight against
Bekehrung, die — conversion
bekennen — to manifest, to confess
Bekenntnisschrift, die — symbolical book, confessional writing
beklagen — to mourn, to bewail
Beköstigung, die — boarding, board
bekunden — to display, to reveal
benedeien — to bless
beordern — to order, to command
beraten (sich) — to confer
bereden — to persuade
Beredsamkeit, die — eloquence
beredt — eloquent
bereuen — to repent
Bergpredigt, die — Sermon on the Mount
berichtigen — to rectify, to adjust
berufen (sich, auf) — to refer to, cite
beruflich — professional, vocational
beschaffen — to provide, to supply
beschämend — humiliating
beschämt — shaming, mortifying, abashed
bescheren — to bestow
beschirmen — to protect, to shield
beschneiden — to clip, to pare
Beschneidung, die — circumcision
beschränken (sich, auf) — to confine oneself to
Beschwerde, die — burden, trouble, hardship

beseelen — to inspire, to animate
besessen — possessed, demon-ridden
bespannen (der mit Ochsen bespannte Wagen) — wagon drawn by oxen
Bestrafung, die — infliction of punishment (brüderliche B. — brotherly admonition or reprimand)
beten — to pray
betonen — to emphasize
Betrachtung, die — meditation
betraut werden — to be entrusted
Bettelorden, der — order of mendicant friars
Bettwerk, das — bedding
beugen — to bend
beurteilen — to judge
bewährt — seasoned
bewegen (sich) — to stir
bewillkommen — to welcome
bezeugen (sich) — prove itself
bieder — upright, plain-spoken
bilden — to educate
Bilderstürmer, der — iconoclast
billig — reasonable, just, fair
billigen — to approve
Billigkeit, die — fairness
Bindemittel, das — binding agent
Bissen, der — morsel
Bitte, die — supplication, prayer, petition
Blutegel, der — leech
Blütezeit, die — golden age, season of bloom
Blutsauger, der — blood-sucker
Blutschänder, der — incestuous person
blutsverwandt — consanguineous
Blutumlauf, der — circulation of blood
Bohle, die — thick plank
borniert — narrow-minded
Borniertheit, die — narrowmindedness
Bosheitssünde, die — sin of malice
Botschaft, die — message
Botschafter, der — ambassador, messenger
brandmarken — to brand
Brüchigkeit, die — fragility
Brüdergemeinde, die (Herrnhuter) — Bohemian Brothers
Brüderschaft, die — brotherhood
brünstig — ardent, sensual
Büberei, die — villainy

Büchse, die — firearm
Bucht, die — bay, inlet
Bund, der alte und der neue — the old and the new covenant
Bundeslade, die — Ark of the Covenant
Bundesverheißung, die — pledge of the covenant
Bürge, der — surety, security, guarantor
Bürgschaft, die — guarantee
Busch, der — thicket
Buße, die — penitence, repentance
Buße tun — to do penance (in Sack und Asche — in sackcloth and ashes)
bußfertig — penitent
Buß= und Bettag, der — day of prayer and penitence

C

Chor, der — choir
Chor, der oder das — choir loft
Choralbuch, das — hymnbook
Chorrock, der — cope
Christabend, der — Christmas Eve
Christbaum, der — Christmas tree
Christenheit, die — Christendom
Christenlehre, die — instruction of the youth in the catechism; Sunday school
Christentum, das — Christianity
Christenverfolgung, die — persecution of Christians
christliche Zeitrechnung, die — Christian era

D

dafürhalten — to be of an opinion, to believe
dahinleben — to live indifferently
dämpfen — to suppress, to check, to subdue
Danksagungstag, der — Thanksgiving Day
darben — to suffer want, to starve
darbieten — to offer, to present
dargeben — to give, to sacrifice
Darlegung, die — presentation
darniederliegen — to lie ill
darreichen — to tender, to present
dartun — to prove, to substantiate
Dasein, das — being, existence
dekretieren — to decree

demgemäß — in conformity with that
Demut, die — humility
demütigen — to humble
derhalben (derenthalben, deshalb) — therefore
desgleichen — likewise
deutschländisch — German, pertaining to Germany
Diakon, der — deacon
Diaspora, die — dispersion of Christians in pagan lands
dienen — to serve, to minister
Diener, der — servant, minister
diesmalig — present, taking place at this time
Diesseits, das — the life here below
Dohle, die — Jackdaw
dolmetschen — to translate
Dom, der — cathedral
dortig — of that place or town
dran (daran) — on it, about it
drangeben — to give up, to abandon
dräuen (drohen) — to threaten
draus (daraus) — out of it
dreieinig — triune
Dreieinigkeit, die — the Holy Trinity
dreschen — to thrash
droben — above
dünkelhaft — conceited
durchmessen — to journey through
durchstoßen — to penetrate
durchstreichen — to strike out
durchweg — throughout
dürftig — needy
dürre — dry, withered

E

Ebenbild, das (Abbild) — image
Eckstein, der — cornerstone
Effekthascherei, die — straining after effect, playing to the gallery
Ehe, die — marriage, matrimony
ehebrechen — to commit adultery
Ehebrecher, der — adulterer
ehebrecherisch — adulterous
Ehebruch, der — adultery
ehelich — conjugal, matrimonial, connubial
ehelichen — to marry
Ehestand, der — wedded state, matrimony
Ehrendenkmal, das — monument erected in a person's honor
Ehrenreich, das — kingdom of glory
Ehrerbietung, die — reverence, respectfulness
Ehrfurcht, die — awe, veneration
Eid, der — oath
Eifersucht, die — jealousy
Eigenart, die — peculiarity
Eigenschaft, die — attribute, quality, characteristic
eigentlich — particularly
einbürgern (sich) — to become established
Einfalt, die — innocence, simplicity, singleness of heart
einfinden (sich) — to appear
eingeben — to suggest
eingeborne Sohn, der — only-begotten Son, Jesus Christ
Eingebung, die — inspiration
eingedenk (dessen) — keeping this in mind
eingehen (auf) — to enter upon, to consider
eingreifen — to influence, to effect
einigermaßen — somewhat, to some extent
einiges (etwas) — something
einimpfen — to inoculate into
einprägen — to engrave into the memory
einquartieren — to lodge, to quarter
einräumen — to yield
einrichten (sich) — to establish oneself, to furnish (a house)
Einrichtung, die — organization
einschärfen — to inculcate
Einsegnung, die — confirmation
einsetzen — to stake, to offer
Einsetzungswort, das — words of institution
einsperren — to shut in, to coop up
einstellen (sich) — to appear
einstweilen — for the time being
einträchtig — united, unanimous
einverleiben — to join to
Einweihung, die — dedication
Einwilligung, die — consent
Einwohnung, die — indwelling (of the Holy Ghost)
Einzelblatt, das — single sheet
Einzelschrift, die — monograph
einzigartig — unique
Einzug, der — moving in, entrance
Eisscholle, die — floe, floating ice

eitel (nichts als) — nothing than
ekeln — to feel a loathing or dislike for (es ekelt mir oder mich vor)
emeritiert — retired
empfänglich — receptive, susceptible
Empfang, der — reception
empfangen — receive, conceive
Empfängnis, die — conception
empfindsam (empfindlich) — sensitive
Empore, die — choir loft, gallery in a church
Enchiridion, das (kleines Handbuch) — manual, handbook
Endpunkt, der — terminus
Engel, der — angel
Engelgruß, der — angelic salutation (Luke 1:28)
entblößt — without, destitute
Entfaltung, die — development
enthalten (sich) — to refrain from
entheiligen — to desecrate, to profane
Enthusiast, der — fanatic
entlarven — to unmask
entlauben (entblättern) — to defoliate, to strip of leaves
entledigen (sich) — to rid oneself of
entlegen — remote, out of the way
entrinnen — to escape, to flee from
entschlafen — to depart this life (die Entschlafene — the deceased)
Entschließung, der (Entschluß) — resolve, determination
entsetzen — (with genetive) — to remove from
entsprießen — to issue from, to spring from, to flow from
Enttäuschung, die — disillusionment, disappointment
entweihen — to desecrate, to profane
entzünden — to enkindle, to put into proper mood for
Erbarmen, das — mercy, compassion
erbärmlich — wretched, miserable
Erbarmung, die — mercy
erbauen — to edify
erbaulich — edifying
Erbauung, die — edification
Erbauungsbuch, das — devotional book
Erbauungsschrift, die — devotional writing
erbeten — to obtain by prayer
Erbgut, das — inheritance

erbieten (sich) — to volunteer
erbittern — to embitter, to irritate
erbleichen (erblassen) — to grow pale
erblühen — to come into flower, to blossom
Erbsünde, die — original sin
erdichtet — imaginary
erdulden (bulden) — to endure, to suffer, to submit to
ereilen — to overtake
Erforschung, die — exploration
Erfüllung, die — fulfillment, the fulfilling
Ergänzung, die — supplement, complement
ergehen (über sich, lassen) — to suffer, to bear, to submit to
Ergehen, das — state of health, life, experience
ergötzen (erfreuen) — to gladden
Ergötzen, das — amusement, joy
Ergriffenheit, die — emotion
ergrimmen (sich) — to grow angry
ergründen — to fathom
erhaben (über) — beyond
Erhaltung, die — preservation
Erhebung, die — edification, devotion
erheischen (erfordern) — to demand
Erhöhung, die — exaltation
erhören — to hear, to grant, to answer
Erkenntnis, die — knowledge (Baum der Erkenntnis — tree of knowledge)
erkiesen — to choose
erlassen (einen Befehl) — to issue an order
Erleuchtung, die — enlightenment (spiritual)
erlöschen — to be extinguished
erlösen — to redeem, to deliver
Erlöser, der — the Redeemer, the Savior
Erlösung, die — redemption
ermahnen — to admonish
Ermahnung, die — admonition, warning, reminder
Erneurung, die — the renewal (of the Holy Ghost)
erniedrigen — to humble, to abase
Erntedankfest, das — Thanksgiving, harvest festival
Ernüchterung, die — disillusionment
Erörterung, die — debate, discussion

Glossary 225

ersäufen — to drown
erschallen — to resound
Erscheinung, die — form, manifestation
ersetzen — to replace
erstarren — to grow numb
Erstgeburt, die — the first-born
ersticken — to stifle
Erstlingslied, das — first song composed
Erwählung, die — election
erwehren (sich) — to ward off, to defend oneself against
Erwerb, der — gain, profit, pay
Erzengel, der — archangel
erzeugen — to produce, to engender
Erzeugnis, das — production, creation
Erzvater, der — patriarch
erzwingen — to extort, to force
Eutrapelia — levity, jesting
Evangelium, das — Gospel
Ewigkeit, die — eternity
Exemplar, das — copy

F

Fach, das — subject matter
Fährlichkeit, die (die Gefahr) — peril
falls (wenn) — if
Falschgläubige, der — heterodox
fassen (in sich) — to include, to comprehend
Fasten, das — fasting, abstinence
Fasten, die (die Fastenzeit) — Lent, period of fasting
Feder, die — spring
Fegfeuer, das — purgatory
Fehltritt, der — false step, slip
feierlich — solemn
Feiertag, der — holyday, Sabbath
Feldgeistliche, der (der Feldkaplan, der Feldprediger) — chaplain
Fels, der — rock
ferner — further, furthermore
fernerhin — further, furthermore
fesselnd — fascinating
Fest, das — feast, festival
festbannen — to hold firmly
Feste, die (des Himmels) — firmament
Fibel, die (das Abc-Buch) — primer
Filiale, die — branch

Finke, der — finch
Fittich, der — wing
flehen — to beseech
Fleisch, das — flesh
Fleischeslust, die — carnal lust
fluchen — to curse
flügellahm — with drooping wings
Flugschrift, die — pamphlet
Folge leisten — to obey
folgendermaßen — as follows
Folter, die — torture, rack
förmlich — formally, solemnly
Formular, das — prescribed form, formulary
Freidenker, der (der Freigeist) — freethinker
Freimaurer, der — Freemason
Frevel, der — wickedness, crime
Friedefürst, der — Prince of Peace
Friedhof, der — churchyard, cemetery
Frist, die (die Gnadenfrist) — respite, time of grace
frommen — to benefit a person
Frömmigkeit, die — piety, godliness
Fuhrmann, der — coachman
Führung, die — direction, guidance
Fuhrwerk, das — vehicle, conveyance
fürbilden (vorbilden) — to portray
Fürbitte, die — intercession
Fürbitter, der — intercessor
Furcht, die — fear, awe, respect
fürsehen (vorsehen, sich) — to beware
Fürsorge, die — solicitude, care
Fürsprache, die — intercession (einlegen — to make intercession for)
Fürsprecher, der — advocate, intercessor
fürwahr — indeed, forsooth, verily
Fürwitz, der (Vorwitz) — impertinence, prying curiosity

G

Gabe, die — offering, gift
gar — thoroughly cooked
garstig — loathsome
Gastfreundschaft, die — hospitality
Gattung, die — species
geartet — disposed, of a disposition
gebärden (sich) — to deport oneself
gebären — to bear, to give birth to
Gebiet, das — subject
Gebet, das — prayer
gebildet — educated, cultured

Geborgenheit, die — safety, security, shelter
Gebot, das — commandment
Gebrechen, das — infirmity, affliction
gebüren — to be due to
Geburt, die — birth
gedeihen — to prosper, to thrive, to succeed
Gedeihen, das — prosperity, success, growth
geduldig — patient
gefangen — captive, apprehended
Gefäß, das — jar, vessel, dish
Gefilde, das — open country, fields
gehaltvoll — rich, of great worth, substantial
Geheimrat, der — privy councilor
Gehöft, das — homestead
gehorchen — to obey
gehörig — properly
Gehorsam, der leidende, der tätige — passive and active obedience
Geist, der — spirit, ghost
Geist, der Heilige — the Holy Ghost
Geistesfreiheit, die — intellectual freedom
geistesvoll (geistvoll) — ingenious
geistlich — spiritual
Geistliche, der — minister, clergyman
Geistlichkeit, die — clergy
geistreich — clever
Geiz, der — greed
Geldgier, die — avarice, greed
geldsüchtig — money-mad, avaricious
geloben — to vow
gelten — to be intended for; gelten von — to apply to, to be valid of; gelten als — to be regarded as
gelten lassen — to approve of
Gelübde, das (das Gelöbnis) — vow
gelüsten — to lust after, to have a strong desire for
Gemach, das — comfort, ease, quiet (originally room, chamber)
Gemahl, das — husband or wife
Gemahl, der — husband
Gemeinde, die (die Gemeine) — congregation
Gemeindeglied, das — parishioner, member of a congregation
Gemeindeverband, der — congregation, parish
Gemeindeversammlung, die — congregational meeting

Gemeinheit, die — vulgarity, coarseness
gemeiniglich — usually
Gemeinschaft, die (der Heiligen) — communion (of saints)
Gemütsbeschaffenheit, die — disposition, nature
gen (gegen) — to, toward
Genie, das — clever or ingenious person
Genugtuung, die — satisfaction, atonement
Geplärr, das — babbling
geratewohl (aufs) — at random, at all risks
geraum — considerable
Gerechtigkeit, die — justice, righteousness
gereichen (zu) — to redound to, to contribute to
Gericht, das — dish; judgment
geringschätzen — to attach little value to
Gerste, die — barley
Gesalbte, der — the anointed, Christ
Gesangbuch, das — hymnbook
Geschicklichkeit, die — aptitude, skill
Geschlecht, das — generation
Geschmeiß, das (Gewürm) — vermin
Geschöpf, das — creature
Geschwätzigkeit, die — loquacity
Geselle, der — companion, comrade
Gesetz, das — law
Gesicht, das — vision
Gesinde, das (die Dienerschaft) — servants
Gespenst, das — ghost
gestalten — to create, to fashion
Gestrüpp, das — brushwood, underwood, briars
Gesuch, das — petition
getrost — cheerful, confident
getrösten (sich) — to confide in, to rest ones hope in
gewahren — to see, to notice
Gewäsch, das — idle talk, chit-chat
Gewissen, das — conscience
gewissenhaft — conscientious
Gewissensrat, der — keeper of one's conscience, councilor in matters of casuistry
Gewissenszwang, der — intolerance, religious compulsion

geziemen (sich) — to be becoming, to be meet
Glaube(n), der — faith, belief
Glaubensbekenntnis, das — confession of faith, creed
Glaubenseinigkeit, die — unity of faith
Glaubensfreiheit, die — freedom of religion
Glaubensgenosse, der — coreligionist, fellow believer
glaubensgeübt — tried in the faith
Glaubenstreue, die — steadfastness in one's faith
gläubig — believing
glaublich — believable, credible
gleichgesinnt — likeminded
Gleichnis, das — parable, likeness
gleichsam — so to speak, as it were
Glied, das — member
Glockenspiel, das — chime, set of musical bells
Gnade, die — mercy, grace
Gnadenbeistand, der — gracious assistance
Gnadenmittel, das — means of grace
Gnadenreich, das — kingdom of grace
Gnadenstuhl, der — mercy-seat, throne of grace
Gnadenwahl, die — predestination, election
gottbegabt — divinely endowed
Gottesdienst, der — divine service, worship
Gottesfurcht, die — fear of God
Gottesgelehrte, der — theologian
Gotteskasten, der — alms box
Gotteslästerer, der — blasphemer
Gottesleugner, der — atheist
gottgefällig — pleasing to God
Gottheit, die — godhead, deity
Gottlob — thank God!
Gottmensch, der — God-man
Gottseligkeit, die — godliness
gottvergessen — godless
gottwohlgefällig — God-pleasing
Götze, der — idol
Grämen, das — grief
greifbar — tangible
greulich — terrible
Griffel, der — stylus
grübeln — to brood, to rack one's brains about

Grundbekenntnis, das — basic confessional writing
Gründonnerstag, der — Maundy Thursday
Grundtext, der — original text
Grundton, der — keynote
Güte, die — goodness, kindness
Güter, die leiblichen und geistlichen — temporal and spiritual goods
Gulden, der — florin
Gunstbezeugung, die (Bezeigung) — mark of favor

H

Hader, der — dissension
halsstarrig — stiffnecked, obstinate
haltlos — unstable
Handauflegung, die — laying on of hands
Handbuch, das — manual, compendium
Handelsstadt, die — commercial city
Harnisch, der — armor
Hauptstück, das — chief part
Hausandacht, die — family devotion
Hausgesinde, das — domestic servants
Haushalter, der — steward
Hausherrin, die — mistress of the house
Hausinschrift, die — inscription on a house
Hausknecht, der — servant
häuslich — domestic
Hausrat, der (das Hausgerät) — furniture
Heerscharen, die — hosts
hegen — to foster
Heide, der — heathen, pagan
Heidenmission, die — mission in heathen lands
Heil, das — salvation
heilen — to heal
heilig — holy
Heilige Abend, der — Christmas Eve
Heilige Abendmahl, das — the Lord's Supper
heiligen — to hallow, to sanctify, to consecrate
Heiligenbild, das — image or picture of a saint
Heiligkeit, die — holiness
Heiligtum, das — sanctuary, temple
Heiligung, die — sanctification

Heilsbotschaft, die — good tidings, Gospel
Heilsratschlag, der — plan of salvation
Heilsratschluß, der — plan of salvation
heimgeben — to entrust
heimsuchen — to visit, to afflict
Hemmschuh, der — brake
herausfordern — to meet the demands of
Herausgeber, der — publisher, editor
herausquellen — to well forth
herausrütteln — to arouse from
herausstellen — to emphasize, to display
herb — sharp, acrid, harsh
Herberge, die — roadside inn, lodging house
hernach — later, subsequently
Herr, der — the Lord
Herrlichkeit, die — glory
Herrschsucht, die — craving for power
hervorgehen (aus) — to follow from
herzbewegend — touching
heucheln — to feign, to dissemble, to play the hypocrite
Heuchler, der — hypocrite
heutig — today's, of today
hierzulande — in this country
hiesig — local
Hilfsamt, das — assistant's office
Hilfsbedürftige, der — one in great need or distress
Himmel, der — heaven
Himmelfahrtstag, der — Ascension Day
Himmelsgewölbe, das — canopy of heaven
hin und her — here and there
hinreichend — adequate, ample
hinrichten — to execute, to put to death
hinscheiden — to depart, to die
hinterdrein — subsequently
hinwerfen — to dash off
hinwiederum — in return
hinzufügen — to add
Hiobspost, die — bad or alarming news
Hirt(e), der — shepherd
hobeln — to plane, to polish
hocherleuchtet — enlightened, inspired
Hochgenuß, der — real treat

Hochmut, der — pride
hochwichtig — very important
Hoffart, die — pride, haughtiness
Hoffnung, die — hope
Hohelied, das — Song of Solomon
Hohepriester, der — High Priest
Hoherat, der — Sanhedrin
Hohngelächter, das — sneer, scornful laughter
holdselig — most gracious, most graceful
Hölle, die — hell
Hörsinn, der — sense of hearing
Hostie, die — holy wafer, Host
Hülle, die — veil, cover, cloak
Hurendiener, der — whore, whoremonger
Hurer, der — fornicator, whoremonger
hurtig — speedily
Hut, die — keeping, care, custody
hüten — to keep watch
hüten (sich) — to beware, to be on one's guard

J (i)

inbetreff — with regard to
indes — however, still
indes (indessen) — meanwhile
Inhaberin, die — bearer, possessor
inliegend — enclosed
innehaben — to occupy, to hold
insonderheit (besonders) — in particular
inwendig — inward(ly), internal(ly)
irdisch — worldly, earthly
Irrlehrer, der — heretic, teacher of false doctrine

J (j)

Jahreswende, die — turn of the year
Jahrhundertwende, die — turn of the century
Jakobiner, der — the Jacobin
jämmerlich — pitiable, woeful
Jammertal, das — vale of tears
jauchzen — to rejoice, to exult
Ja=wort, das — word of consent
jeglicher (jeder) — every
Jenseits, das — the life to come, the other world
jucken — to itch
Jude, der — Jew

Judengenoffe, der — person converted to Judaism
Jünger, der — disciples
Jüngste Gericht, das — last judgment, day of judgment

K

Kachelofen, der — tile stove
Kampfgewühl, das — turmoil of battle
Kampfschrift, die — belligerent writing
Kanzel, die — pulpit
Kapelle, die — chapel
Kapitel, das — chapter
Karfreitag, der — Good Friday
kärglich — scanty, paltry
Karwoche, die — Holy Week
Katechet, der — catechist
Katechismus, der — catechism
kehrtmachen — to turn back
Kelch, der (der Abendmahlskelch) — chalice, cup
Kelter, die — wine press
Kerker, der — prison, dungeon
kernig — substantial
Kernlied, das — select or basic song
Ketzer, der — heretic
Keuschheit, die — chastity, purity
Kinderrecht, das — filial privilege
Kindschaft, die (Gottes) — sonship (of God)
Kirche, die — church
Kirchenbank, die — church pew
Kirchenbann, der — excommunication
Kirchengemeinschaft, die — church fellowship
Kirchengericht, das — spiritual court
Kirchenrecht, das — canon law
Kirchenschiff, das — nave
Kirchenversammlung, die — church council
Kirchenweihe, die — dedication of a church
Kirchenzucht, die — church discipline
Kirchhof, der — cemetery
Kirchspiel, das — parish
kitzeln — to tickle
Klagepsalm, der — psalm of lamentation, threnody
Kleinasien — Asia Minor
kleingläubig (kleinmütig) — of little faith, fainthearted
Kleingläubige, der — one of little faith
kleinmütig — fainthearted
Kleinod, das — jewel, gem, treasure
klimpern — to strum
Kloster, das — monastery, cloister
Klotz, der — block, knotted wood
knapp — scanty
Knecht, der — menial servant
Knirps, der — little fellow, shrimp
Knüppeldamm, der — corduroy road
Kollekte, die — collection, collect
Konfirmandenunterricht, der — instruction for confirmands
Kongreßabgeordnete, der — member of Congress
Konkordienbuch, das — Book of Concord
Konkordienformel, die — Formula of Concord
Konsistorium, das — consistory, spiritual court
Konzil, das — council
Kornboden, der — granary
kosen — to fondle, to caress
kosten — to taste
kraft (vermöge) — by virtue of
Kraut, das — herb, plant, cabbage
Kreuz, das — cross
kreuzigen — to crucify
Kreuzritter, der — crusader
Kreuzzug, der — crusade
Krippe, die — manger
kundtun — to proclaim, to publish
künftighin — for the future
Kurrendeschüler, der — poor chorister or choir boy
kuschen (sich) — to keep quiet, to crouch
Küster, der — sexton

L

Labsal, das — refreshment
Labung, die — refreshment
Lade, die — box, chest
Lager, das (das Bett) — bed
Laie, der — layman
Landpfleger, der — governor
Langmut, die (die Langmütigkeit) — patience
langwierig — lingering
Laster, das — vice
Lästerer, der — blasphemer

Lasterhöhle, die — den of iniquity
lästern — to blaspheme, to revile
lästig — irksome
lau — lukewarm
laut — in accordance with
läutern — to purify, to refine
Lebensgeist, der — spirit
Lebensgenuß, der — enjoyment of life
Lebensraum, der — living-space
Lederzeug, das — leathers
Legende, die — legend
Lehre, die — doctrine, dogma
Lehrgabe, die — talent for teaching
Lehrsatz, der — dogma
Lehrstreit, der — doctrinal controversy
Lehrstuhl, der — professorial chair
Lehrvortrag, der — lecture
leibhaftig — bodily
Leiche, die — corpse, funeral
Leichnam, der — mortal remains, corpse
leichtfertig — loose, wanton
Leid(en), das — suffering, sorrow
Leid tragen — to mourn
leidig — pernicious, miserable
Lenz, der (der Frühling) — spring
Lesart, die — version, variant
Lesepult, das — lectern
Letzte Gericht, das — last judgment
Leuchte, die — lamp
Leutseligkeit, die — kindness
Liebestätigkeit, die — charity, charitableness
Liedervermächtnis, das — legacy of song
Linderung — relief, alleviation
Lindigkeit, die — gentleness
Litanei, die — litany
Lobpreisung, die — praise
Loge, die — lodge
logieren — to lodge
lose — fickle, inferior
Lossagung, die — renunciation
Lossprechung, die — absolution
Lotse, der — pilot
Luftzug, der — current of air
Lüge, die — lie
Lust, die (die Weltlust) — carnal desire, concupiscence; delight
Luthertum, das — Lutheranism

M

Machtlosigkeit, die — weakness, impotence
Machtreich, das — kingdom of power
Madensack, der — carcass, bag of maggots
Magd, die — maidservant
Magister, der — schoolmaster
Mal, das — mark
mancherorts — in some places
Manko, das — deficit
Mantelkragen, der — cape
Märe, die — tidings
Marktknochen, der — marrowbone
Märtyrer, der — martyr
Maßnahme, die — measure
Maulbeerbaum, der — mulberry tree
Meineid, der — false oath, perjury
Menschensatzung, die — human ordinance
Menschensohn, der — Son of man
Menschenwitz, der — human judgment
Menschwerdung, die — incarnation
Mesner, der (der Meßdiener) — sexton, sacristan
Messe, die — mass
Messias, der — Messiah
Mietling, der — hireling
minderwertig — inferior
Mischehe, die — mixed marriage
Missetat, die — sin, iniquity
Missetäter, der (der Übeltäter) — evildoer
Missionar, der — missionary
mißbilligen — to disapprove, to condemn
Mißerfolg, der — failure
Mißglaube, der (der Unglaube) — unbelief
Mißgriff, der (der Fehlgriff) — mistake
Mißgunst, die — grudge, ill will
Miterlöste, der — fellow redeemed
Mitleid, das — pity, compassion
Mitteilung, die — communication
Mittelalter, das — Middle Ages
Mittelding, das — adiaphoron, something quite indifferent
mittelmäßig — mediocre
Mittelmeer, das — Mediterranean Sea

Mittler, der — Mediator
mitwirken — to co-operate, to take part
Mönch, der — monk
Möncherei, die — monasticism, monkery
Mönchtum, das — monasticism
Moralgesetz, das — moral law
Mord, der — murder
Mörder, der — murderer
Morgenland, das — Orient, East
Mühe, die — toil, labor
Mühsal, das — hardship, toil, difficulty
Münster, das — cathedral
Münze, die — coin
mustern — to pattern
Mut, der — mood, frame of mind, courage

N

nachdrücklich — impressive
Nachfolge, die (Christi) — discipleship, imitation
nachfolgen — to follow, to imitate, to succeed
Nachfolger, der — disciple, successor
nachfühlen — to feel with a person
nachholen — to make up for, to recover
Nachlaß, der — estate, property left
nächst — next to
Nächste, der — neighbor, fellow man
Nächstenliebe, die — charity, love for one's neighbor
Nachwuchs, der — new or rising generation
nähren (sich) — to support, or nourish oneself
namentlich — chiefly
naseweis — pert, impertinent
nebst — in addition to
nichtssagend — meaningless
niederschmettern — to crush, to dash to the ground
niederträchtig — vile, base
Nonne, die — nun
Notdurft, die — pressing need, necessity
Nothelfer, der — savior in time of trouble
nötigen — to compel, to drive
nüchtern — sober

O

Oberste, der — leader of his people
obig — above-mentioned, aforesaid
obliegen — to be victorious (with dative — to pursue, to attend to)
Obliegenheit, die — duty
Obrigkeit, die — government, authority
Odem, der — breath
offenbaren — to reveal
Offenbarung, die — revelation
offenherzig — frank
offenkundig — manifest
ohnegleichen — unequalled
Ohrenbeichte, die — auricular confession
Öl, das — oil
Ölberg, der — the Mount of Olives
ölen — to anoint
Ölung, die letzte — extreme unction
Opfer, das (die Opferung) — sacrifice, offering
Orden, der (der Mönchsorden) — monastic order
ordentlich — regular
Ordnung, die — institution, order
Orgel, die — organ
Ostern (das Osterfest) — Easter

P

Palmwoche, die — week before Easter, Holy Week
Papist, der — papist
Papst, der — pope
Päpstliche Stuhl, der — Holy See
Papsttum, das — papacy, popedom
Paradies, das — paradise
Parole, die — watchword, password
Passahfest, das — Passover
Passahlamm, das — Passover Lamb
Passionszeit, die — passiontide
Pastoralbrief, der — pastoral letter
Pate, der — godfather, sponsor
Patengeld, das — christening present
Pfaffe, der (contemptuous) — parson, cleric, priest
Pfarramt, das — ministry, pastoral office
Pfarrer, der — pastor, clergyman
Pfarrhaus, das — parsonage, manse
Pfarrherr, der (der Pfarrer) — minister

Pfarrkind, das — parishioner
Pfingsten (das Pfingstfest) — Pentecost, Whitsunday
Pflanzschule, die — nursery, seminary
pflegen — to administer, to attend to
pfropfen — to graft
Phrygien — Phrygia
Pilgerschaft, die — pilgrimage
Plagegeist, der — tormentor
planmäßig — systematic, well planned
polieren — to polish
politisieren — to discuss or to engage in politics
Polizeigesetz, das — political law
Posaune, die — trumpet
Postille, die — book of homilies
prägen — to stamp, to imprint
Präses, der (der Präsident) — president
predigen — to preach
Prediger, der — preacher
Predigt, die — sermon
preisen — to praise, to glorify
preisgeben — to surrender, to abandon
Priester, der — priest
Prunk, der — pomp

Q

Qual, die — torment
quälen — to torment
Quelle, die — fountain, source

R

Rache, die — revenge
rächen (sich) — to take revenge, to avenge oneself
Rat halten — to deliberate
rätlich — expedient, advisable, thrifty
Ratschlag, der — advice, suggestion
räuchern — to burn incense
Rauchopfer, das — incense
Rechenschaft ablegen (geben) — to render account
rechtfertigen — to justify
Rechtfertigung, die (durch den Glauben) — justification (by faith)
Rechtfertigungsgut, das — gift of justification
rechtgläubig — orthodox

rechtmäßig — lawful, legitimate
rechtschaffen (echt) — genuine, real
Redakteur, der — editor
Rede, die — speech, address
Redekundige, der (der Redner) — orator
Rednerbühne, die — speaker's platform
Reformationsfest, das — Reformation Day
Regieramt, das — administrative office
Reich, das — kingdom
Reisegefährte, der — traveling companion
Reiseprediger, der — itinerant preacher
Rektor, der — rector, headmaster
Religionsbekenntnis, das — profession of faith, creed
Religionsfreiheit, die (die Glaubensfreiheit, die Gewissensfreiheit) — religious freedom
Religionsgespräch, das — religious disputation
Religionszwang, der — intolerance, religious compulsion
Reliquie, die — relic
Rente, die — revenue, annuity
retten — to save, to deliver
Retter, der — Savior, deliverer
Rettung, die — salvation, deliverance
Reue, die — contrition, repentance
reuen — to be sorry for, to rue, to repent
richten — to judge, to direct
Richter, der — judge
Richterspruch, der — sentence
Richterstuhl, der — judgment seat
Richtschnur, die — plumb line, rule of conduct
rieseln — to trickle
riskieren — to risk
Ritze, die — crack
rohgezimmert — roughhewn
Rosenkranz, der — rosary
Rubrik, die — rubric, heading
ruchlos — wicked
Rüge, die — censure, reproach
rühmen — to praise
rumoren — to bluster, to kick up a rumpus
rumpeln — to rumble

Rüstzeug, das — tool (ein auserwähltes Rüstzeug — chosen instrument; cf. Acts 8:15)
rütteln — to shake, to alter

S

Sakristei, die — vestry
Sakristeipförtchen, das — vestry door
salben — to anoint
sanftmütig — gentle
sangeskundig — able to sing
Satzung, die — ordinance, precept
sauber — pure
Sauerteig, der — leaven
saufen — to booze, to drink excessively
Saumseligkeit, die — sluggishness, negligence
Schächer, der — malefactor
Schacherer, der — peddler, dealer
Schädelstätte, die — place of a skull, Golgotha
schaffen (erschaffen) — to create
Schalk, der — knave, rogue
Schalkheit, die — knavery, villainy
Schalksknecht, der — unfaithful servant
Schaluppe, die — sloop
schänden — to defame
schätzen — to estimate
Schaubrot, das — showbread (shewbread), bread of the Presence
Scheibe, die — sheath
scheiden — to divorce; to depart this life
Scheidung, die — the divorce, separation
scheinheilig — hypocritical, sanctimonious
Schenkel, der — thigh, leg
Scheune, die — barn, hayloft
scheußlich — revolting, atrocious, horrid
Schicksal, das (die Schickung) — fate, destiny
schlaftrunken — overcome with sleep
schlagfertig (sein) — to have a quick repartee or ready wit
schlängeln — to wind, meander
Schlapphut, der — slouched, broad-brimmed hat
schlenkern — to toss, to fling
schleunigst — with the utmost speed

schlichten — to adjust, to settle a dispute
schließen — to conclude
Schlitten, der — sled
Schlucht, die — ravine, gully
Schlüsselgewalt, die — power of the keys, office of the keys
schnarren (schnattern) — to cackle
Schnauze, die — snout
schnöde — vile
schmähsüchtig — insulting, abusive
Schmerzensmann, der — man of sorrows
schöpfen (aus) — to draw from
Schöpfer, der — Creator
Schöpfung, die — creation
Schrein, der — shrine, chest
Schrift, die — Scripture
Schriftgelehrte, der — scribe
Schriftsprache, die — literary language
Schuld, die — debt, sin
Schuldbewußtsein, das — guilty conscience
Schuldner, der (der Schuldiger) — debtor
Schuldopfer, das — guilt offering
Schuldregister, das — table or list of debts
Schutzengel, der — guardian angel
Schwärmer, der — fanatic, enthusiast
Schwärmerei, die — fanaticism, zealotry
Schwärmgeist, der — fanatical spirit
Schwindsucht, die — consumption
schwören — to swear
schwülstig — bombastic
Schwur, der — oath
Seele, die — soul
Seelenheil, das — salvation
Seelenhirt, der — pastor
seelenmörderisch — soul-destroying
Seelsorge, die — pastoral office, ministry, cure of souls
Seelsorger, der — pastor
seelsorgerisch — pastoral
seelsorgerlich — pastoral
Segen, der — blessing, benediction
segnen — to bless
seicht — shallow
Selbstgerechtigkeit, die — self-righteousness
Selbstmord, der — suicide
Selbstverleugnung, die — self-denial

selig — blessed, sainted
Seligkeit, die — salvation, blessedness
seligmachen — to save
seligmachend — saving
seligpreisen — to call blessed
Seligpreisung, die — Beatitude
Seminar, das — nursery
Sendung, die — mission
Senfkorn, das — mustard seed
sezieren — to dissect
Sichtung, die — sifting
Siegel, das — seal
Silvester (Sylvester) — New Year's Eve
Sintflut, die (die Sindflut, die Sündflut) — Flood, Deluge
Sittigkeit, die (Sittlichkeit) — morals
sonderlich (besonders) — especially
Spaltung, die — schism
Speckschwarte, die — rind of bacon
Speiseportion, die — ration
spenden — to administer (Holy Communion)
Spötter, der — scoffer
sprossen (sprießen) — to sprout, to germinate
Stand, der — vocation, station in life
Stand der Erhöhung, der — state of exaltation
Stand der Erniedrigung, der — state of humiliation
stäupen — to flog
Stellvertreter, der — substitute
stellvertretend — vicarious
Stempel, der — stamp, mark
Sternkundige, der — astronomer
steuern — to hold in check
Stich (im, lassen) — to forsake, to desert
Stieglitz, der — goldfinch
Stift, das — convent, monastery, charitable foundation
stiften — to found, institute, create
Stiftshütte, die — tabernacle
stimmen — to put into a mood, to tune
Stimmrecht, das — suffrage, right to vote
stolzieren — to strut, to boast of
Stoß, der — blow
stoßen (auf) — encounter, to meet
Strapaze, die — hardship, wearying toil

strapaziös — wearying
Strauß, der — ostrich
Strieme, die — stripe
Strophe, die — stanza, verse
Sühne, die — atonement, expiation
sühnen — to atone, to expiate
Sühnopfer, das — expiatory sacrifice
Sumpf, der — swamp, bog
Sünde, die — sin
Sündenbock, der — the scapegoat
Sündenfall, der — fall of man
Sündhaftigkeit, die — sinfulness
sündlich — sinful
Sündopfer, das — sin offering

T

tadelfrei (tadellos) — blameless
Tadler, der — critic
tagtäglich (täglich) — daily
Talar, der — robe, clergyman's official gown
Tatkraft, die — energy, pluck
Taubstummenmission, die — mission among the deaf
Taufbecken, das — baptismal font
Taufbund, der — baptismal covenant
Taufe, die — baptism
taufen — to baptize
Täufer, der — baptizer (Johannes der Täufer — John the Baptist)
Taufschein, der — certificate of baptism
Tausendjährige Reich, das — millennium
Termin, der — term, appointed time, respite
Teufel, der — devil
Thema, das — theme
tiefsinnig — profound
Tischgebet sprechen, das — say grace
Tischreden, die (die Tischgespräche Luthers) — Luther's Table Talk
toben — to rage, to fume
Todesschauer, die — dread of death
Todsünde, die — deadly sin, mortal sin
Tonsatz, der — musical composition, musical phrase or movement
Träger, der — bearer, incumbent
Tragweite, die — extent, range
Traktat, der — tract
trauen — to perform a marriage; to trust
trauern — to mourn

Traum, der — dream
träumen — to dream
Träumer, der — dreamer
Traurede, die — clergyman's address to the bridal pair
Trauung, die — marriage ceremony
treffend — excellent, appropriate
treiben — to pursue, to promote, to practice
Trennung von Kirche und Staat, die — separation of church and state
Tridentiner Konzil, das — Council of Trent
Trieb, der — force, propelling power, impulse
Triebfeder, die — motive
Trost, der (die Tröstung) — comfort, consolation
Tröster, der — comforter, Paraclete, Holy Ghost
tröstlich — comforting
trotzen (auf) — to glory in
Trübsal, die — distress, affliction, tribulation
Trug, der — deception, fraud
Tüchtigkeit, die — fitness, capability, proficiency
Tücke, die — trick, malice
Tugend, die — virtue
Tugendübung, die — exercise in morals

U

übeltat — misdeed
überbringer, der — bearer
überdauern — to outlast
überdruß, der — disgust, satiety, weariness
überfüllung, die — glutting, oversupply
überhand nehmen — to get the upper hand, to gain ground
überlieferung, die — tradition
überschuß, der — surplus, balance
übersetzung, die — translation
übertragen — to impute to, to transfer to
Umfang, der — extent, sphere, domain
umgraben — to dig up the earth (around)
umherirren — to stray
umschaffen — to transform

Umschau (halten) — to look about for, to reconnoiter
umsichtig — circumspect, cautious
Umtriebe, die — machinations
Umzug, der — removal, change of residence
unangetastet — untouched, intact
unartig — evil
unausbleiblich — inevitable, certain
unauslöschlich — indelible
Unbarmherzigkeit, die — mercilessness
unbeweglichen Feste, die — set festivals
Unduldsamkeit, die — intolerance
uneigennützig — unselfish
unentgeltlich — gratis
unerforschlich — inscrutable
unerschütterlich — unflinching, steadfast
Unfahrbarkeit, die — impassibility
Unfehlbarkeit, die — infallibility
ungeahnt — never dreamed of
ungebahnt — untrodden, unbeaten
ungekünstelt — natural, unaffected
Ungerechtigkeit, die — unrighteousness
ungeschickt — unfit, unskilled
ungesäuerte Brot, das — unleavened bread
ungestüm — impetuous, hot-headed
ungezwungen — unrestrained
Unglaube, der — unbelief
Ungläubige, der — unbeliever
Unkosten, die — expenses (decken — to defray the expenses)
unkundig — not conversant with
Unmenge, die — immense number
unmittelbar — direct, immediate
Unrat, der — dirt
unselig — deplorable
Unsterblichkeit, die — immortality
Unteramt, das — subordinate office
unterbleiben — to be left undone, not to take place
Unterkunft, die — shelter, refuge
Unterlassungssünde, die — sin of omission
Unterlaß, der — intermission (ohne — unremittingly)
untersagen — to forbid, to deny
unterschlagen — to embezzle
unterstreichen — to underscore
untertan — subject

unterweisen — to instruct
unterwinden (sich) — to venture, to hazard
untrüglich — unerring
unverfälscht — genuine, unadulterated
unverletzt — unharmed
unvermögend — destitute
unversieglich — inexhaustible
unzutreffend — incorrect
Unzucht, die — unchastity, lewdness
Unzulänglichkeit, die — inadequacy
üppig — luxuriant
Urbestimmung, die — original purpose
Urschlamm, der — primordial slime

V

Vaterunser, das — the Lord's Prayer
verabreden — to agree upon, to plan
verachten — to despise
veranlassen — to induce
veranlaßt (sich, sehen) — to find necessary
Verantwortlichkeit, die — responsibility
Verantwortung, die — responsibility
verargen (einem etwas) — to blame one for something
verbieten — to prohibit, to forbid
Verbindlichkeit, die — obligation
verblenden — to blind
Verbot, das — prohibition
verdammen — to condemn
verdammlich — damnable
Verdammnis, die — damnation, condemnation
verderblich — dangerous, fatal, injurious
verdienen — to merit
Verdienst, das — merit
verdienstlich — meritorious
Verfall, der — deterioration, decline
verfälschen — to falsify, to debase
Verfassung, die — constitution
verfehlen — to miss
verfließen — to elapse
verfluchen — to curse
Verfolgung, die — persecution
vergänglich — perishable
Vergebung, die — forgiveness
Vergehen, das — offense, transgression

vergehen — to pass away (sich vergehen — to offend or transgress against)
vergelten — to repay (Gott vergelt's — God bless you!)
vergeuden — to squander
vergöttern — to idolize, to deify
Vergütung, die — compensation
Verhalten, das — attitude, conduct
verheeren — to destroy, to consume
verheißen — to promise
verhelfen — to help to procure, to assist in obtaining
verhüllen — to cover up, to veil
Verkehrsmittel, das — means of transportation or communication
verklären — to transfigure, to glorify
verklärt — transfigured, radiant
Verklärung, die — transfiguration, glorification
verkörpern — to embody, to incorporate
verkümmern — to be stunted, to be dwarfed
verkündigen — to proclaim
Verkündigung Mariä, die — Annunciation
verlaufen (sich) — to lose one's way
verlegen (sich, auf) — to devote oneself to
verleihen — to bestow, to vouchsafe
Verleugnung, die — denial
verleumden — to slander
Verlobung, die — betrothal, engagement
vermahnen (ermahnen) — to admonish
vermeiden — to avoid
vermeinen — to be meant for
vermeintlich — alleged, supposed
vermessen (messen) — to measure, to gauge
Vermessenheit, die — presumption, boldness
vermittelst (mittels) — by means of, through
Vermittlung, die — mediation, intercession
vermöge — by virtue of
Vermögen, das — ability, power
Verneinung, die — negation
Vernunft, die — reason, understanding
veröffentlichen — to publish

verordnen — to decree, to appoint
Verrat, der — treason, betrayal
verraten — to betray
Verräter, der — traitor, betrayer
verrichten — to perform
Verrichtung, die — duty, work
verrücken — to displace, to disturb
verrufen — disreputable
Versammlung, die — meeting
verschaffen — to procure
Verschiedengläubende, der (der Andersgläubige) — heterodox
verschonen — to spare (Luther construes this verb with the genitive, occasionally with the dative)
verschulden — to be guilty of, to do a wrong
versehen — to commit an error; to provide, to supply
versenken — to sink, to submerge
versöhnen — to reconcile, to atone
Versöhnung, die — reconciliation, atonement
Versöhnungstag, der — Day of Atonement, Yom Kippur
verspüren — to feel, to perceive, to notice
Verständnis, das — the thought
verstockt — hardened, impenitent, unrepenting
Verstockung, die — impenitence, hardness of heart
verstoßen — to reject, to cast out
verstricken — to ensnare
versuchen — to test, to tempt; to attempt
Versuchung, die — temptation
versühnen (versöhnen) — to reconcile, to conciliate
vertiefen (sich) — to become absorbed in, to engage in profound study of
vertilgen — to extirpate, to destroy
vertragen — to conciliate
vertrauern — to pass sorrowfully
vertrösten — to console, to feed a person with hope
verunglücken — to come to grief
verunzieren — to mar, to spoil
verwahren (bewahren) — to safeguard
verwahrlost — neglected, uncared for
Verwahrlosung, die — neglect
verwaist — orphaned

verwalten — to administer
verweisen (auf) — to refer to
verwelken — to wither, to fade
Verweltlichung, die — growing worldly
verwerflich — objectionable
Verwerflichkeit, die — reprehensibility, damnableness
Verwesung, die — corruption, decay
verwischen (sich) — to become blurred
verwundert — astonished, in amazement
verzichten (auf) — to forego, to renounce
verzehren — to devour, to consume
vielbewegt — bustling, stirring
Vielgötterei, die — polytheism
Vielweiberei, die — polygamy
Volksgenosse, der — fellow countryman
vollauf — fully
vollbringen — to accomplish, to consummate
vollgültig — perfectly valid, unexceptionable
vollziehen (sich) — to take place
Vorbild, das — pattern, example, prototype
Vorgang, der — example, precedent
vorhalten — to bring to the attention of
Vorhang, der — veil, curtain
vorherrschen — to prevail, to predominate
Vorhof, der — forecourt
Vorkämpfer, der — champion, one who fights in the front ranks
Vorläufer, der — forerunner
vormalig (ehemalig) — former
Vornehmen, das — undertaking
vornehmen — to take up, to deal with
Vorrecht, das — privilege, prerogative
Vorrede, die — preface, prefatory remark
Vorsänger, der — precentor
Vorsatz, der — resolve, intention
vorsätzlich — deliberate, intentional
Vorschrift, die — precept, rule (Fürschrift — plea, intercession)
Vorsehung, die — Providence
vorsprechen — to call on a person, to pay a visit

Vorstand, der — board of elders
vorstehen — to manage, to superintend
Vorsteher, der — elder
Vortrag, der — lecture
Vorurteil, das — prejudice

W

Wächteramt, das — office of guardian
Waffen, das (die Waffe) — weapon
waghalsig — venturesome, foolhardy
Wahl, die — election
Wahn, der — delusion, illusion
wahrhaft — truly
Wahrhaftigkeit, die — truthfulness
wahrsagen — to soothsay
Waldbrand, der — conflagration of a forest
Wall, der — city wall
Walten Gottes, das — God's providence
Wandlungslehre, die — dogma of transubstantiation
warten (with genitive) — to attend to
Wassersucht, die — dropsy
Wasserwogen, die — billow, wave
wegdenken — to imagine as absent, to be without
wehklagen — to lament
wehren — to prevent, to check
weiden — to feed
Weihe, die — consecration, ordination
weihen — to consecrate
weihevoll — solemn
Weihnacht(en), die — Christmas
Weihnachtsabend, der — Christmas Eve
Weihrauch, der — incense, frankincense
Weise, die — custom; tune, melody
Weisen aus dem Morgenlande, die — the three kings from the East, Magi
weissagen — to prophesy
Weisung, die — order, instruction, direction
weithin — widely, extensively
weitläufig — detailed, at great length
welken — to wither
Weltall, das — universe

Weltanschauung, die — view of the world or life
Weltgericht, das — Last Judgment
Weltkluge, der — worldly-wise
weltlich — worldly
Weltwesen, das — way of the world
Wendung, die — phrase, idiomatic expression
werben (um) — to appeal for
Werkgerechtigkeit, die — work righteousness
Werkheiligkeit, die — work righteousness, sanctimoniousness
Wesen, das — essence; conduct, behavior
wetterfest — weatherproof
widerlegen — to refute
widerspenstisch (widerspenstig) — rebelling, refractory
Widerstreben, das — resistance, opposition
widerwärtig — untoward, disagreeable
widmen (sich) — to dedicate oneself
weichselig — tender, soft
wiedererstatten — to restore
wiedergeboren — reborn, regenerated
Wiedergeburt, die — regeneration, rebirth
Wiederherstellung, die — restoration
Wiederkunft Christi, die — Second Coming of Christ
Wiedertäufer, der — Anabaptist
wiederum (wieder) — again; on the other hand
wiewohl (obwohl) — although
Willensfreiheit, die — free will
Willenskraft, die — force of will, strength of mind
willkürlich — discretionary, arbitrary
Windlicht, das — candle protected by a shade
Winkel, der — corner
wirken — to work
Wirrnis, die — confusion
Wissenschaft, die — science
wohlgefallen (sich, lassen) — to be well pleased
wohlgemut — cheerful, of good cheer
wohlgezogen — well-trained, wellbred
Wohnsitz, der — residence
Wollust, die — lust, sensual pleasure

Glossary 239

Wollüstling, der — libertine, voluptuary
Wunder, das — miracle
Wunderglaube, der — belief in miracles
Wundertäter, der — worker of miracles
Wundmal, das — scar, stigma (die Wundmale Christi)
Würdelosigkeit, die — shame, disgrace
würdigen — to deem worthy
Würze, die — spice
wurzeln (in) — to be rooted in
würzig — aromatic, spicy
Wüste, die — wilderness, desert
Wüterich, der — madman, cruel tyrant

3

zagen — to be fainthearted
zappeln — to fidget
Zauber, der — enchantment, magic
Zauberei, die — sorcery, magic spell
zaubern — to practice magic
Zedersumpf, der — cedar bog or fen
Zehnte, der — tithe
Zeichen, das — sign, token
Zeisig, der — siskin, small, sharp-billed finch
Zeitgenosse, der — contemporary
zeitlebens — for life, all one's lifetime
zeitlich — temporal, transient
zeitweilig — temporary
Zeltmacher, der — tentmaker
Zephyr, der — zephyr
zerquetschen — to squash, to crush
zerreiben — to rub, to grind, to reduce to powder
Zerrissenheit, die — dissension
zerschmettern — to shatter to pieces
zersetzen — to disintegrate
Zerwürfnis, das — discord
Zeuge, der — witness
zeugen — to beget; to witness, to bear witness
Zeugnis, das — testimony
Zier (Zierde), die — ornament, adornment
zieren — to adorn, to grace, to set off
Zögling, der — pupil, scholar (der Kost=Schüler — boarder)
Zölibat, das — celibacy
Zöllner, der — publican

Zucht, die — discipline
züchtig — decent, chaste
züchtigen — to discipline, to correct
Züchtigung, die — correction, discipline
zücken — to draw
zufallen — to join a movement, to make common cause with
Zuflucht, die — refuge
Zug, der — voice, impulse
Zugabe, die — supplement, addition, something thrown in
Zugang, der — access, admittance
zugegen (sein) — to be present
zugehen — to come to pass, to happen
Zügellosigkeit, die — licentiousness
zugreifen — to help oneself
zugutehalten — to pardon, to overlook
Zulauf, der — concourse
zulegen — to add to
zumeist — in most cases, for the most part
zumessen — to allot, to mete out to
zumute werden — to begin to feel
zumuten — to expect (einem etwas zumuten — to expect a person to do a thing difficult or unpleasant)
zunächst — first of all
zunehmen — to increase
Zungenreden, das — speaking in tongues
zunichte (werden) — to come to naught
zurechnen — to impute
zureden — to urge, to encourage
zurichten — to prepare
Zurückfallen, das (der Rückfall) — relapse, return
zurücklegen (einen Weg) — to cover (a way)
zusagen — to promise
zusammenraffen (Kräfte) — to summon up one's strength
Zusammenschluß, der — formation, union
Zusammentreffen, das — coincidence
zuschwören — to swear allegiance to
zusetzen — to press hard, to importune
zusprechen — to award, to grant; to cheer up
Zuspruch, der — promise

zustehen — to come under the jurisdiction of, to be the right of
zustopfen — to stuff up
Zutat, die — ingredient
zuteilwerden — to fall to one's lot
Zuversicht, die — trust, confidence
zuvorkommen — to get the start of a person
zuwege (bringen) — to effect, to bring about
zuweisen — to assign to
zuziehen (sich) — to contract or catch (zu Rate ziehen — to consult)
Zwang, der — restraint
zweckmäßig — suitable to one's purpose
zween (zwei) — two
Zweifel, der — doubt
zweifeln — to doubt
Zweifler, der — doubter
Zwiebel, die — onion
zwiefach — twofold
Zwietracht, die — discord, dissension

Comparison of Fraktur and Roman Scripts

𝔄 a	𝔅 b	ℭ c	𝔇 d	𝔈 e	𝔉 f	𝔊 g	ℌ h
A a	B b	C c	D d	E e	F f	G g	H h
ℑ i	𝔍 j	𝔎 k	𝔏 l	𝔐 m	𝔑 n	𝔒 o	𝔓 p
I i	J j	K k	L l	M m	N n	O o	P p
𝔔 q	𝔑 r	𝔖 ſ s	𝔗 t	𝔘 u	𝔙 v	𝔚 w	𝔛 x
Q q	R r	S s s	T t	U u	V v	W w	X x
𝔜 y	𝔝 z	𝔄 ä	𝔒 ö	𝔘 ü	ß	tz	ch ck
Y y	Z z	Ä ä	Ö ö	Ü ü	ß (ss)	tz	ch ck

www.ingramcontent.com/pod-product-compliance
Lightning Source LLC
Chambersburg PA
CBHW030232170426
43201CB00006B/189